U0532176

此书得到"云南大学双一流世界史学科建设经费"和"云南大学区域国别历史与文化研究创新团队经费"的支持

张立可 著

中世纪伯格音运动社会背景研究

云南大学世界史研究序列丛书

中国社会科学出版社

图书在版编目（CIP）数据

中世纪伯格音运动社会背景研究/张立可著. — 北京：中国社会科学出版社，2024.4

（云南大学世界史研究序列丛书）

ISBN 978 - 7 - 5227 - 3090 - 5

Ⅰ.①中… Ⅱ.①张… Ⅲ.①宗教改革运动—宗教史—研究—西欧—中世纪 Ⅳ.①B979.56

中国国家版本馆 CIP 数据核字（2024）第 037482 号

出 版 人	赵剑英
责任编辑	张 浛
责任校对	姜志菊
责任印制	李寡寡

出　　版	中国社会科学出版社
社　　址	北京鼓楼西大街甲 158 号
邮　　编	100720
网　　址	http://www.csspw.cn
发 行 部	010 - 84083685
门 市 部	010 - 84029450
经　　销	新华书店及其他书店
印　　刷	北京君升印刷有限公司
装　　订	廊坊市广阳区广增装订
版　　次	2024 年 4 月第 1 版
印　　次	2024 年 4 月第 1 次印刷
开　　本	710×1000　1/16
印　　张	14.75
字　　数	245 千字
定　　价	98.00 元

凡购买中国社会科学出版社图书，如有质量问题请与本社营销中心联系调换
电话：010 - 84083683
版权所有　侵权必究

总　序

　　习近平总书记说过：当今世界正经历百年未有之大变局，和平与发展仍然是时代主题，同时不稳定性和不确定性更加突出，人类面临许多共同挑战；我们要具备战略眼光，树立全球视野；我们要从各种乱象中看清实质，从历史的维度中把握规律。[①]时至今日，人类如何借鉴过去、思考当下、把握未来，更加迫切地摆在了我们的面前。历史学承载着过去、现在和未来，承载着人类的记忆和民族的希望。在社会进步和发展顺利的时候，需要总结历史；在遭遇挑战、充满变数的时刻，更需要了解历史，我们不仅需要了解我们民族和国家的历史，也需要了解世界其他国家和地区的历史。

　　云南大学世界史学科开始于20世纪40年代末，在20世纪50—90年代，在云南大学历史系和西南亚研究所中聚集的一批从国外学成归国的老先生，如纳忠、杨兆钧、张家麟、武希辕、李德家、施子愉等，和众多国内培养的著名专家和学者，如方德昭、邹启宇、赵瑞芳、吴继德、左文华、唐敏、黎家斌、徐康明等，共同奠定了云南大学世界史学科的基础。1981年，云南大学世界史获得了地区国别史的硕士授予权，2000年，云南大学世界史学科获得博士授予权，肖宪教授、贺圣达教授、刘鸿武教授、杨曼苏教授、徐康明教授、吕昭义教授、许洁明教授、何平教授、赵伯乐教授、李杰教授、李晨阳教授等人先后成为云南大学世界史的博士生导师。在长期的发展过程中，云南大学世界史薪火相传，在东南亚史、南亚史、西亚中东和非洲史、阿拉伯史等研究领域形成了特色和优势。近年来，云南大学世界史也注重加强欧

[①] 综合引用习近平总书记在"2019年3月26日在中法全球治理论坛闭幕式上的讲话"；"2018年8月27日在推进'一带一路'建设工作5周年座谈会上的讲话"；"2019年4月26日在会见联合国秘书长古特雷斯时的讲话"。

美史的研究，并取得了初步的成效。2017年，云南大学成为了首批"双一流"建设高校之一，为云南大学世界史在人才引进、人才培养和学科建设方面提供了极大的支持。

回顾过去，我们倍感自豪，但展望未来，我们倍感责任重大。当前，国内高校的世界史学科建设飞速发展，一日千里，云南大学世界史更应当尊重学科发展规律，加快学科建设和学位点建设。出版"云南大学世界史研究序列丛书"，就是要集中推进云南大学世界史研究成果，增进和学术界的交流合作，进一步昌明学术、造就学者、发展学科、培养人才。

历史学的研究需要求真、求新、求变，云南大学世界史学科的发展则需要冷静、坚守和执着。"为天地立心，为生民立命，为往圣继绝学，为万世开太平"，这是中国传统知识分子的使命与担当。希望我们每一位世界史研究者都能够不忘使命与担当，遵循学术发展规律和问题导向，紧跟时代步伐，回应社会关切，继承和发扬老一辈的科学探索精神和优良传统，潜心学术，立身、立业、立言，多出精品力作，共同推动云南大学世界史学科发展，共同为发展和繁荣我国历史学科做出新的贡献。

钱金飞
2022年7月

目　　录

总　论 ·· 1

第一章　古代晚期的基督教 ·· 16
　　第一节　基督教与等级制度 ·· 17
　　第二节　基督教对西部社会的反作用 ····································· 28
　　第三节　基督教与经济秩序 ·· 35
　　本章结论 ·· 40

第二章　法兰克时代的教会 ·· 41
　　第一节　法兰克人的皈依与对基督教会的影响 ······················· 42
　　第二节　教会"上层化"趋势的延续 ····································· 48
　　第三节　法兰克时代可见的问题 ··· 57
　　本章结论 ·· 69

第三章　克吕尼改革 ··· 73
　　第一节　10 世纪的西欧社会与修道主义 ······························· 75
　　第二节　西部的修道院与克吕尼改革 ····································· 81
　　本章结论 ·· 104

第四章　隐士生活与禁欲主义 ·· 106
　　第一节　禁欲主义的历史 ·· 109
　　第二节　11 世纪：禁欲主义的回归 ····································· 113

第三节	11世纪的隐修主义	119
第四节	新隐士的生活——秩序与"自由"	123
第五节	内部秩序的建立	128
第六节	隐士运动与女性	142
第七节	隐士与上层教会	145
本章结论		151

第五章 方济各修会运动 153

第一节	方济各与早期的方济各会	155
第二节	方济各会面临的挑战	164
第三节	方济各会与修女	181
本章结论		188

第六章 伯格音运动 191

第一节	伯格音运动的时代背景	193
第二节	伯格音的发展	200
第三节	玛格丽特·博雷特的《简单灵魂之镜》	207
第四节	哈德维希的思想	215
本章结论		219

结　论 221

参考文献 225

总　　论

一　伯格音运动及对其性质的认识

伯格音运动（The Beguine Movment），是"中世纪欧洲宗教史上惟一的由妇女发起，并以妇女为主体的宗教运动"①。关于伯格音运动的概念与特征，国内学者已经有了很清晰的梳理与总结。"所谓伯格音，是人们对欧洲中世纪后期俗女修道运动参加者的称呼。'伯格音'是这样一群妇女，她们过着贞洁、清贫、奉献的仿使徒生活，发扬基督精神，但却不用像修女那样发守贞、守贫、服从的三重誓愿并恪守终生；不必像修女那样过脱离世俗、完全禁闭的宗教生活，她们生活在世俗中，可以参与任何世俗事务，不必放弃在世俗社会中的身份和地位，可以积极地活跃在世俗社会的舞台上；她们敢于挑战教会权威，用民族语言翻译《圣经》，四处布道，宣传自己的宗教思想。伯格音独特的修道模式吸引了大批妇女，这种模式广为流传，致使伯格音运动逐渐发展壮大，进而成为一场颇具影响的宗教运动。"② 同时代的人和后人都曾对她们组织的特点进行概括。"1274年，图尔奈的方济各会修士吉尔伯特（Gilbert de Tournai）提出疑问：'在我们当中，有一些妇女我们不知道该叫什么，普通的女人还是修女？因为她们既没有生活在教会团体之内，也没有生活在教会团体之外（live neither in the world nor out of it）。'一般认为，伯格音的性质是不易确定的：既不是纯粹修女，也非世俗妇女；既不信奉宗教誓言，也不属于特定的修道院团体。她们游走于世俗生活与正式宗教团体的中间地带。如何定义伯格音，也困

---

① 李建军：《试析中世纪晚期的伯格音运动》，《史学理论研究》2007年第3期。
② 张小晶：《欧洲中世纪伯格音运动探析》，硕士学位论文，东北师范大学，2011年。

扰着当时的教会当局。卡罗尔·尼尔指出，'13世纪对伯格音的描述往往集中在她们不是什么，而不是她们是什么'？事实上，至少以严格的中世纪等级制度为标准，（她们）这些尴尬的社会和宗教立场使得这一运动的研究变得困难，因为她们的传统历史范畴不足以描述其复杂性。"① 从成员的性别结构来看，这次运动是一场与众不同的、主要由女性参加的社会运动；而从其成员的追求来看，"通过基层宗教组织形式追求纯洁信仰"的原则，又和同时代的很多修会运动，如托钵僧运动（Mendicants）有着很强的相似性——伯格音的代表人物与同时期托钵僧的很多代表性人物，关系也很密切。伯格音运动的主观追求，和历史上一些宗教改革发起者的追求也很相似：反对教会世俗化，一定程度上否认教皇和教会组织的权威（伯格音成员加入、退出组织的仪式都很简单），号召成员依靠自身的虔诚行为去追求纯洁的信仰。同时，从成员挑战教会（教廷）权威、使用民族语言翻译《圣经》，以及女性成员团结在一起形成准社会组织这些特征来看，这场运动又具备了一些近代西欧社会的特征。那么，我们应该如何认识伯格音运动？它是不是一场"运动"？如果是，它是一场什么样子、什么性质的运动？是一场修会运动、是一场女性运动，还是一场神秘主义运动？它是一场典型的中世纪式的运动，还是近代早期欧洲社会的一次运动？而如果它不是一次运动，我们应当如何定义它（方便起见，本书仍将其称为"伯格音运动"）？

诚然，将伯格音运动定义为"女性运动"无可厚非。毕竟其多数成员的性别是女性，自然让人想到"性别"问题。有人认为，性别对立的历史在人类历史中一直存在，"从抽象的角度来看，这自然属于历史上一系列似乎没有尽头的人类相互排斥的历史，包括女性的历史、殖民地居民和有色人种的历史"②。这样的观点说明，性别的差异确实是"一个问题"；但同时也说明，性别的对立问题并不是孤立存在的。在两性地位并不完全对等的男权社会里，如同可以将女性问题归于"排斥史"范畴一样，我们看到的女性运动往往伴随其他性质的社会问题一起出现。此时"性别问题"也

---

① 华晓露：《中世纪晚期欧洲伯格音运动及其衰落原因探究》，硕士学位论文，云南大学，2019年。
② Adam J. Goldwyn, *Byzantine Ecocriticismw Women, Nature and Power in the Medieval Greek Romance*, Switzerland: Springer International Publishing AG, 2018. p. 13.

许并不是一个现象的本质。从社会角色的角度来说，中世纪的"女性问题"不完全是孤立的存在，女性和在其他等级标准下处于"被统治"地位的人群有着很强的共性和共生性。而且，在任何社会中，性别的对立都不可能是极端的。同样，一个现实的历史运动的属性往往也是多元的。因此，我们可以追问，伯格音运动反映的主要问题是否是当时社会"男性对女性的排斥"？部分修会的男性成员与伯格音成员有着良好的关系，而且有些伯格音成员本身也是男性，这很大程度上说明，伯格音运动不只是一次单纯的女性运动；而这一运动本身性质的多元性，似乎也让我们很难对这场运动本身的性质做出简单的判断。国外学界对这一运动性质的认识并不一致，张婷在其硕士学位论文中做了很好的总结："关于伯格音运动参与者的动机问题的探讨始于20世纪30年代赫伯特·格劳德曼的著作《中世纪的宗教运动》。在这部著作中，格劳德曼批判了19世纪德国学者忽视伯格音运动参与者宗教动机的做法……格劳德曼通过对早期伯格音的家庭背景和社会地位的分析，指出伯格音运动并非下层阶级对上层阶级的反抗，而是一种富裕阶级自身对当时的宗教复兴的反应……欧内斯特·麦克唐奈则提出了关于伯格音运动参与者动机的新看法，将过去分析得出的伯格音运动发展的社会经济因素和宗教因素调和起来……"[①] 从这段论述中，我们可以看到，学者们对于这次运动本质的认识是多元的。但是，不止一位学者将问题的焦点集中在宗教和经济领域。社会经济的变化涉及上文提到的伯格音运动的时代背景，而宗教与相关的要素，则需要在长时段的西欧基督教历史中去认识——即使将其定义为女性运动，也仍然要回答，既然男性和女性的对立问题一直存在，为何在12世纪出现了伯格音运动，即女性会以一种相对独立的姿态出现在历史舞台之上？有学者认为，从12世纪起欧洲社会经济、贸易的恢复，让部分女性经济独立，并刺激了她们自我意识的觉醒。"尼德兰南部的社会经济状况也为女性从事经济活动提供了机会。伴随着11、12世纪城市的兴起，农村女性不断涌向城市，特别是大城市和服务业中心，以便获得更多的工作机会。"[②] 这只是揭示了伯格音运动兴起的短

[①] 张婷：《13—14世纪尼德兰南部伯格音运动探析》，硕士学位论文，华东师范大学，2008年。
[②] 张婷：《13—14世纪尼德兰南部伯格音运动探析》，硕士学位论文，华东师范大学，2008年。

时段因素。而如果我们将其放在一个更大的概念中，似乎可以进一步阐释这一运动的性质。

从组织性和结构性等关键特征来看，伯格音并不像一场现代意义的运动：和很多中世纪的宗教运动一样，伯格音运动并不是一次在一个政治框架内、有严密组织、有明确现实目标的运动，而是一个有着中世纪特征的现象：尽管其代表性人物的写作内容具有某种革命性质，但是从其他特征来看，它更像一个自发现象。那么这一现象出现的原动力在哪里？如果将伯格音运动放在整个中世纪基督教历史之中去认识，就会发现在伯格音之前，此次运动所包含的诸多重要元素已经存在或在酝酿，这些要素构成的非体制的信仰社会和信仰运动，也是中世纪基督教社会和历史的重要组成部分。当这一运动出现在我们的视线中时，其包含的要素在短时段的时代背景和长时段的中世纪基督教史背景中，均已经有了充分的发展、变化——如同美国学者刘易斯·芒福德在讨论城市的历史时强调的："我们如果要鉴别城市，那就必须追溯其发展历史，从已经充分了解了的那些城市建筑和城市功能开始，一直回溯到其最早的形态……"① 上述该运动体现的一些特征，如果放在中世纪，尤其是中、晚期的西欧社会当中，我们也会发现这样的特征并非突然出现的。尤其重要的是，伯格音代表性人物作品的思想特征，也和此前类似的信仰运动中体现出的思想及价值观，有着较强的传承关系。这就决定了，我们不能只在其兴起、发展的时间段内去认识这一现象。本书的重点不在于对这一运动进行正面的描述，而是试图从长时段的角度，对伯格音运动在内的信仰运动的历史进行简述，在中世纪基层运动史中去了解这一现象，并总结出一些中世纪西欧基督教社会的规律性问题。

二 基督教社会的"上"与"下"

学者大卫·罗拉森（David Rollason）认为基督教的发展存在"自下而上"和"自上而下"两种模式。② 也就是说，自古代晚期以来，基督教存

---

① ［美］刘易斯·芒福德：《城市发展史》，宋俊岭、倪文彦译，中国建筑工业出版社2005年版，第3页。

② David Rollason: *Early Medieval Europe 300-1050, The Birth of Western Society*, New York: Routledge, 2012, p. 232.

在着"上"和"下"两个传播源头。

正如列宁所说，宗教的产生就是因为"被剥削阶级由于没有力量同剥削者进行斗争，必然会产生对死后的幸福生活的憧憬，正如野蛮人由于没有力量同大自然搏斗而产生对上帝、魔鬼、奇迹等的信仰一样"①——这样的概括同样适用于犹太教和最初的基督教。基督教诞生、壮大于地中海世界，最初的信徒基本属于罗马帝国的底层民众或边缘性群体。因此，基督教最初的教义内容和成员组成都有很强的基层特点。但是，随着基督教的发展和整个社会环境的改变，基督教信众及其自身的原则也出现了变化。保罗时期，基督教传播范围扩大，其信众面临着处理信仰同当时的主流秩序关系的问题。因此，教会的一些原则随之也发生了变化。以对待当时的下层民众——奴隶的态度为例，保罗并没有完全对奴隶表示出同情，更没有谴责奴隶制度。而且，"这些圣保罗的经文在后来的几个世纪里不断被重复，但总是以对奴隶最不利的方式来解释，这样的做法是为了使奴隶制合法化"②。当然，这是基督教发展到一个节点必然遇到的问题：与城市，与体制建立联系。和平建立这种联系的代价，未必是让信众完全顺从于统治阶级，但至少也减弱了教会的反抗色彩。此后，君士坦丁大帝通过《米兰敕令》宣布基督教合法，狄奥多西大帝将基督教正式定为国教，基督教开始逐渐成为一种上层乃至官方的意识形态。而古代晚期至中世纪早期，社会的动荡、人群的流动等现象，让相当长时间内西欧社会的下层民众与上层权贵普遍形成了共生性的关系。西欧的基层信仰运动在这一时期似乎并不活跃。

尼西亚会议后，基督教在组织上和教义上也呈现出另一种特性，即体制性的特性。此后，在地中海西部，随着西罗马帝国的衰亡，一些教会开始受新权贵的委托，承担起部分政府式的职责，"它部分地反映了在帝国的基督教化进程中，教会性质发生的改变"③。或者说，由于帝国政府和传统贵族的衰落，很多上层的经济、政治资源转移给了教会组织并重塑了教会，

---

① [俄]列宁：《社会主义和宗教》，《列宁全集》（第12卷），人民出版社2017年版，第131页。

② Pierre Bonnassie: *From Slavery to Feudalism in Southwestern Europe*, New York, Cambridge University Press, 2009. p. 26.

③ [美]彼得·布朗：《穿过针眼：财富、西罗马帝国的衰亡和基督教会的形成，350—550年》，刘寅、包倩怡等译，社会科学文献出版社2021年版，导读，第15页。

这让教会的发展与世俗上层社会的关系更加紧密，地方化、世俗化的特征越发明显。此后，地中海世界拜占庭、罗马城、法兰克人、哥特人、伦巴德人等势力之间的复杂矛盾，让罗马主教（此时也可以称教皇）有了更多代表罗马城参与斗争的机会，无形中增加了教皇跨区域、跨领域的权威。到了中世纪中期，尤其是11世纪后，西欧社会趋于稳定，"公元1000年后，战争减少、大贵族选择定居、不再迁徙，……欧洲的政治才渐渐步入正轨"①。在这样的背景下，整个西欧基督教社会进一步出现了上层教会整体官方化趋势，在法理层面，教皇权力再次凸显，"教皇制的理论具有一定的传统，11世纪之前诸多的宗教文献和法令中已包含了丰富的关于教权问题的论述，而教皇权力至上的思想也在其中被表达出来"②，这说明"教皇已经度过了韬光养晦的时代"③。紧接着，"12、13世纪，基督教教会已经形成了权力语境，并由此创建了权力话语系统"④；现实层面，西部的教会也承载了很多社会经济和政治职能，成为基层民众依附的对象之一。两种现象导致体制化的教会出现所谓的"世俗化"程度越来越高：一方面是与世俗权贵合作所致，另一方面是因为自身吸收了世俗世界的人员和功能。历史现实决定了西部的教会体系必然包含较多的世俗成分，这也是贯穿西部中世纪教会发展的一条线索。这反过来又成为教会的一个重要问题：历史赋予具备了西部教会世俗政府一般的责任，而教会本身作为一个有着自身价值观、专业性很强的组织，又不能完全放弃自身特点，彻底世俗化。这样的情况，也与中世纪西欧不曾出现长期存在、统一的世俗政权有关。这一情况让中世纪西欧的教会面临着一次次世俗化严重的问题，但也让教会拥有了上层资源，让西欧教会有了体制化发展并以体制的形式影响社会、进一步传播的机会——不难看出，基督教世界的上层化和世俗化有着复杂而直接的关系。当基督教社会获得了足够的资源时，可以以官方的身份出现在西欧社会或与新的世俗势力合作，并传播教义，是为基督教"自上而下"传播的历史逻辑。

但是，这种"自上而下"传播形式的出现，也决定了基督教教会进一

---

① 朱孝远：《欧洲文明的文化内涵》，《光明日报》2014年6月25日第015版。
② 刘林：《制造教皇权力》，《新史学》第十五辑，大象出版社2014年版，第36页。
③ 顾銮斋：《在王权与教权之间》，《文史哲》2019年第1期。
④ 顾銮斋：《在王权与教权之间》，《文史哲》2019年第1期。

步发展，会面临着"变质"的可能。现实中，这一过程确实伴随着教会和外部世界之间的界线不时更加模糊的现象。这种情况下，教会内部的不同势力往往会出于不同动机，针对这样的现象进行改革。改革一般有两种形式，一种发自教廷或教皇，同样为"自上而下"进行，如格里高利改革，出现的基本原因可以概括为教皇同其他上层世俗势力的矛盾激化，或说想摆脱某些势力的控制；另一种重要的形式有一定的自发性，源于下层。基督教最初的信仰群体是基层民众和边缘人群，即使在上层社会接受、皈依了基督教之后，这样的教内阶级结构也没有消失。基层民众那种自发、非体制、相对纯粹的信仰方式是一直存在的，甚至时常体现出与上层教会的对抗性。"在社会下层，教士们以自己的权利对抗主教。"① 正因为如此，宗教式的追求和与依附世俗甚至被世俗价值观同化现象之间的矛盾，让西部社会不止一次出现以"恢复教会信仰的纯洁性"为口号的运动。而这样的运动，和伯格音时代的修会运动一样，多是以自发的形式发起的。只是直到中世纪的中期，基层信众还没有能力扛起信仰运动的旗帜，这样的运动一般由教内的专业人士发起。如在10世纪之前，就出现了克吕尼改革等运动，基本要求为教会去世俗化（当然，不同时代"世俗化"的内涵是不一样的），重返虔诚信仰的状态。而当基层民众有了一定的能力和自我意识后，这样纯洁教会的运动和基层与上层的矛盾以及基层的独立、觉醒相结合，便出现了伯格音、托钵僧这样的基层发起的修会运动。即使伯格音运动没有提出明确的政治性口号，却同样以与教会相对的方式追求信仰，这和一些学者强调的"伯格音并不是如托钵僧一样将贫穷作为基本品德和目的"② 并不矛盾。因此，从这个意义上说，12世纪开始出现的包括伯格音在内的修会运动，不完全是基督教史中一种全新的运动。这类运动的出现是由中世纪西欧的社会特征决定的：参与者主张放弃某些世俗体制给予教会、教会通过与世俗势力合作在内的手段取得的上层或说世俗利益，以一种"返璞归真"的姿态追求信仰的纯洁性、虔诚性，进而实现运动发起者自身的价值；或以对抗上层或世俗社会的姿态宣扬自身的价值观。运动一般具有反体制，至少是一定程度上要求独立于教廷为代表的权威之外的特

---

① 顾銮斋：《在王权与教权之间》，《文史哲》2019年第1期。
② 如 Fiona Bowie：*Beguine Spirituality*, translated by Oliver Davies, New York：Crossroad, 1990。

征，甚至为追求反世俗的目的而具有某种反社会的特点；也有抛弃教会体系上层的体制性的要求，重新自下开始建设教会或说基督教社会，以达到独立追求某种价值观或者以自己的观念影响社会的目的。同时，下层的特点是自发性较强，但组织性较弱，因此中世纪西欧的情况也决定基督教成为主流意识形态之后，"自下而上"的运动的有效性不是在所有的时段内都十分明显。基层信众的组织同"外部世界"的界线也并不清晰，很容易在运动泛化或与上层矛盾尖锐后被拥有话语权的一方定为"异端"——伯格音运动这样的特点尤其明显。在现实中，基层的理想化追求也难以完全成为现实。因而，伯格音运动的命运，也可以在这样的历史脉络或者规律性中看到一定的端倪。综上，基督教社会内部的结构分散与非同质性问题，基层社会对信仰的理解与对某些原则的坚持，"上层化"的同时存在"世俗化"的问题，让基督教社会不止一次自发地出现强调自身专业性的改革运动，是本书考察的伯格音运动的第一个重要历史背景。

三 教会与世俗社会

教会上层化过程与世俗世界复杂而直接的关系，往往激发包括基层信众参与的宗教改革运动。因而教会和世俗社会的关系问题，是伯格音运动的第二个历史背景。首先，我们要确定什么是教会或基督教社会。在某种程度上，自基督教诞生之后，当时的基督教和"地域""族群"等物质性存在结合，形成了一个与外界界线不明显的、非闭合的基督教社会。但此时，在"信仰是第一身份认定标准"的地中海世界，不能说基督教社会的外部是世俗社会，或说二者以互补的形式构成了整个社会——即使是一栋建筑，其承载的社会符号往往也是教俗兼备的。正如乔治·杜比（Georges Duby）所言，"重建的大教堂是麦基洗德与扫罗王结盟之象征，即教权和王权的结合"[1]——在基督教成为主流意识形态之后，西欧世界成员逐渐至少在形式上全部成为基督教的信仰者。如果此时将专业教会人员构成的世界定义为"基督教社会"，那么外部的世界也许应该定义为"非专业人员构成的社会"，而不是"世俗社会"。教与俗的二元社会往往只是我们的一个认知模

---

[1] [法]乔治·杜比：《大教堂时代》，顾晓燕译，南京大学出版社2022年版，第145页。

式。但即使我们建构了一个"宗教社会"和一个"世俗世界",也需要注意二者的关系是彼此相互交织、渗透的,如伊利亚德所言,"我们决不能找到一个世俗状态的存在"①——而不是互补构成完整社会体系的关系。也如同斯宾塞所言,"各种宗教都与它公开的教义截然相反"。② 这里,斯宾塞并非议论基督教与世俗的关系,但是我们可以借用这样一句话来形容西欧的基督教会与世俗的关系,即我们不应该完全按照概念化的定义去认识现实的基督教和相对应的世俗社会。所以说,和上层化与世俗化存在的复杂关系一样,基督教世界教与俗的关系也是错综复杂的。我国学者张新刚在形容以城邦为代表的政治共同体时说,"它们一方面叠床架屋的层级结构,另一方面彼此之间又有相互交织和渗透"。③ 这样的描述,同样可以用以形容中世纪西欧的社会状况:即使存在基督教社会与世俗两个世界,那么两个共同体的界线也绝非泾渭分明。教会体系并不像一些概念定义或其自身教义设定的那样,自成一个统一的系统,教会成员也不可能不顾客观条件追求纯粹的、理想化的信仰。尤其在罗马帝国末期,在帝国西部政治实体衰落的情形之下,完整、统一的教会结构似乎难以寻求。同样,在中世纪早期到伯格音运动兴起的中世纪中、晚期,西欧仍没有出现一个长期存在的大一统政治体,来扮演"世俗势力"。即使存在,在世俗为物质基础、教会为上层结构的情况下,教、俗二元社会也很难说是完全对等的概念——很难想象教会可以和一个大一统的王朝分庭抗礼,而不是成为其一个部门——众所周知,纵观整个中世纪,西欧也鲜有大一统的王朝。因此,教会和世俗的二元结构更像是我们认识中世纪社会的一个模板,是认知历史的一条线索,但是在现实中,很难说存在一个现实体系,完整地与"教会"和"世俗势力"等概念相对应。更多的时候,这样的概念是一个集合体,内部由不同的、变化的势力组成。这样的势力,随时可以横向与另一领域的某一势力联合,形成另一个体系或准体系。基督教与罗马体系也并不完全是爱德华·吉本在《罗马帝国衰亡史》中所说的那样,是

---

① [罗马尼亚] 米尔恰·伊利亚德:《神圣与世俗》,王建光译,华夏出版社 2002 年版,第 3 页。
② [法] 涂尔干:《宗教生活的基本形式》,渠东、汲喆译,上海人民出版社 1999 年版,第 29 页。
③ 张新刚:《友爱的共同体》,北京大学出版社 2020 年版,第 27 页。

"取代、前者促使后者灭亡的关系"。二者的关系，更像列维-斯特劳斯（Lévi-Strauss）在《忧郁的热带》（Tristes tropiques）里所提到的"食人理论"（anthropophagique）描述的那样，是一种中和敌对力量，最终吸收这种敌对势力的成分并将其消化、同化、中和的关系。① 当基督教以普世化的形式出现时，基督教世界与罗马世界不可能是时间和空间上无交集的取代关系，这也预示了此后基督教社会与世俗社会之间的复杂关系。不只是在中世纪的社会空间上，在时间维度上，合法、上层化的基督教与"异教的"罗马世界也并非无交集的存在。对此，我国学者王晓朝先生认为，基督教在罗马世界的崛起是罗马文化转型为基督教体系的过程。② 如果说第一时期物质存在对基督教会的影响是空间层面的，那么古代晚期对罗马帝国遗产的接受就是基督教社会在中世纪之前时间维度的"世俗化"过程。关于"基督教"概念的复杂性、系统性，王晓朝先生亦有经典总结："在传统的研究中，人们习惯于从宗教的角度理解基督教，把基督教理解为一种教义、一种信仰，或一种迷信，没有看到基督教本身亦是一种文化体系，而且是一个具有文化创造力的系统"。③ 而"教"和"俗"在任何情况之下都是相对性较强的概念，这也决定了在认知中世纪的很多现象时，我们需要将这样的概念再进一步具体化。教会上层与世俗上层，未必是非同质的两种势力；上层的、组织化教会与基层信众，也未必是同质性很强、总拥有同一立场的存在。

在日耳曼各部进入到地中海世界并建立王国后，学界一般将日耳曼王国以及日耳曼与地方势力合建的新王国称之为世俗势力。这样的情形，同样也决定了上文提到的"上层社会"概念的复杂性。一般来说，上层指的是基督教成为主流意识形态之后，以罗马教廷为代表的体制化教会和世俗贵族——包括日耳曼和非日耳曼贵族构成的复杂上层社会。理论上，教会的上层应该是教阶制实行之后教会内部的高级神职人员。但众所周知，由于3世纪危机后西罗马帝国逐渐消失，西欧却没有出现一个对等的政治实体取而代之，这就导致基督教成为主流意识形态之后，没有一个统一的、

---

① 参见［法］列维-斯特劳斯《忧郁的热带》，王志明译，中国人民大学出版社2009年版，第476-478页。
② 参见王晓朝《罗马帝国文化转型论》，上海世纪出版集团2017年版，第279-282页。
③ 王晓朝：《罗马帝国文化转型论》，上海世纪出版集团2017年版，第283页。

结构化的世俗上层社会整体上作为这个意识形态的载体而存在。因此，从古代晚期开始，很多地方教会的生存主要依靠地方权贵而不是罗马教皇，教皇在很长时间内也是受到罗马城内贵族的制约，无力组建一个统一的教会组织。这样的现实情况决定了中世纪相当长的时间内西欧并没有一个结构化的、统一的教会组织。教会的上层和世俗的上层尽管有些时候会存在着社会身份的不同和价值观的分歧，但更多时候二者是共存互融而非对立的关系。在人事上，世俗贵族和教会的高级教士，往往出自一个家族，二者存在某种委托关系。当然，世俗权贵从各方面来说，也很少出现完全同质的状况。分散、性质不同的上层势力发展基督教的目的并不相同：在整个社会中，世俗贵族由于种种原因也会努力地影响，甚至控制教会，尤其是地方教会。上层贵族，即我国学者顾銮斋先生提到的"封建群体"，"在高端权力之下……也一直在宣称他们对租税、劳役、司法、审判、话语等的权利"。① 这些情况推动了不止一次以宗教为名的教会运动、改革，这些运动往往有意无意地影响了整个西欧社会。但其中所谓的基督教"自上而下"的传播并不是一个有组织、有部署、在一个统一的结构里完成的过程，推动其产生、发展的第一动力在于物质社会的矛盾和斗争。这也决定了，作为上层建筑，基督教社会的上层很难被定义为一个由纯粹的教会人员组成的阶级。古代晚期开始，教会上层人员和世俗社会有着千丝万缕联系，可以说和世俗人员之间的界线并不清晰。即使在查理曼帝国这样一个统一的世俗帝国，教、俗界线相对清晰的时代，教会和宫廷的高级人员也往往是同一批人，即一批当时的知识分子同时服务于教会和加洛林宫廷。这样的情况，提醒我们在认识伯格音在内的修会运动时，不宜将体制化的教会视为所有修会的天然盟友，更不宜将二者始终视为一个结构化的体系内的两个战友。以伯格音代表人物玛格丽特·博雷特（Marguerite Porete）最终被教皇与巴黎教会联合设置的宗教裁判所判处火刑为例，我们可以看到教廷，主动或被动与世俗上层联合，一起镇压了同样以信仰为旗帜的基层修会运动。这很大程度上说明，在整个社会中，宗教和宗教机构本质上属于上层建筑，即使是在对现实、物质层面作用很大，或说本身包含中质因素很多的中世纪基督教会，这样的基本性质同样不能忽视。由于自身生存、

---

① 顾銮斋：《在王权与教权之间》，《文史哲》2019 年第 1 期。

发展的需要，可以独立与世俗对抗的上层教会并不容易出现。这也是在特定情况下，下层一次又一次高举信仰旗帜，肩负起追求虔诚任务，或以此为口号寻找自我价值的原因之一。不过同时，我们也不能忽视教会体系中也存在客观的统一条件和内部统一的主观努力。这和当时西欧不同地区整体经历的相似性有关，也和教会在中世纪扮演的特殊角色有关。因此，尽管教会尤其是上层存在着同世俗关系密切，以及为生存而和现实——未必完全是世俗势力——妥协的现象，但是同样不能低估教会一直存在的这种内部希望统一、与现实抗争的愿望与某种程度上的同质性的存在。

以教廷为代表的上层教会的矛盾心理，在对伯格音的政策的变化中体现得淋漓尽致。而这样的问题，在伯格音运动之前便可以看出。"在13世纪50年代，传教士会卷入了一场与巴黎大学的冲突，因为它有权无视大学法律。这使得多明我会会员在1253年处于非常被动的位置：在大学的压力下，教皇取消了他们的特权。（这就意味着）没有各自教区的允许，他们再也不能听忏悔或公开布道了。在所有指控中，这项禁令使教团最关心，因为它直接影响到他们的职业。当亚历山大四世恢复他们的特权时，当时多明我会的总会长，罗马人亨伯特，采取了一些预防措施：充分发展该教团的章程和组织结构，并完善礼拜仪式"。[①] 可见，这样的修会，和教皇或说罗马教廷的关系是复杂的：一方面，教皇希望出现一支不受地方贵族约束的、能听命于自己的国际化的教会组织，这有利于教廷实力的提升以对抗地方权贵；但另一方面，当修会的发展方向与教皇的利益不符，或者与地方势力发生冲突，教皇面对着现实的压力甚至威胁时，他又不得不做出反对修会的姿态。此时教皇对修会的态度，至少是表面态度，就会发生转变。当然，教皇或说教廷的态度多大程度上能决定修会的命运，这是需要另外探讨的问题。不过，当教皇的态度反映了教会上层和世俗上层最终妥协的结果时，这样的态度在很大程度上还是可以决定基层修会的发展空间。伯格音，从其组织形式发起者和成员的阶级属性来看，无疑也属于这样的修会——虽然其成员性别和组织的严密程度与其他修会存在明显区别。而伯格音在这样的矛盾结构中的位置，也为我们判断其性质提供了参考。

---

① Sally J. Cornelison、Nirit Ben-Aryeh Debby、Peter Howard: *Mendicant Cultures in the Medieval and Early Modern World Word, Deed, and Image*, Turnhout: Brepols, 2016. p.6.

所以说，教、俗的复杂关系，以及社会上层与基层的关系，是基层宗教运动不止一次出现的另一个重要原因。每当教会的世俗化程度较为严重，或说上层教会势力和世俗势力矛盾突出的时候，一种以追求纯真信仰、再次以"自下而上"之形式重建教会的运动就会出现——尽管运动的起点和本质未必是纯信仰层面的。以伯格音运动为例，此前的格里高利改革尽管没有成功，但是改革为此后教会的发展绘制了切实可行的蓝图。此后，教皇为了进一步让地方教会摆脱地方权贵的控制，建立起一个由教廷统一管辖的教会组织，开始充分利用这一时期兴起的、国际化的修会组织，伯格音最初也是这样被利用的对象。这也是基督教社会上与下的一次合作，反映的是上层教与俗势力之间的矛盾。因此，基督教的历史是极为复杂的历史。作为一种意识形态，它必须依附于一个具体的、物质性的社会形态。但是，古代之后，西欧再没有一个长期存在的政治实体，却有一个较为统一的意识形态。这样的情况为我们展示出了一幅复杂的画面：看似统一的基督教历史，在不同时期，有着不同的表现形式和具体内容。如果把伯格音运动作为"自下而上"传播的一种形式，那么与之相关的同时期、不同时期教会内部乃至于整个西欧社会的、与伯格音时期类似的教会与世俗社会的关系与矛盾，以及教与俗概念内涵的复杂性与二者内涵与外表的矛盾性，都是本书的关注重点。这种矛盾的形成与发展，也是这一运动的长时段的背景。

四　时代背景

如上所述，"自下而上"的传播方式并不总是能转化为运动，甚至不能总是让人意识到其存在。而在伯格音运动兴起的时代，社会的总体变化，以及这变化导致教、俗上层内容以及二者关系的变化，无疑是刺激又一轮"自下而上"宗教运动兴起的原因。时代因素，如经济发展、人口增加、城市数量增多等对伯格音运动的影响，国内外学者已经有较为具体的分析，故本书只在与本书主题相关性较强处略做强调，不再将其作为重点论述。如前所述，既然我们可以将伯格音视为一个现象，那么个人认为将同时代类似现象，即将同时代的其他修会运动作为认识伯格音的一个重要背景，是有必要的。

如果只从人员构成看，伯格音运动和其他运动相比有其特殊性；但是如同认识女性运动不等于要将女性和男性社会完全对立起来一样，伯格音运动没有体现出和男性修会运动以及男性社会彻底对立的立场。相反，它在后期和男性修会一起，一定程度上构成了有别于当时上层信仰社会的一种力量。因而，在一些反应伯格音运动本身的材料不足的情况下，我们可以通过分析同时期的方济各会、奥古斯丁会与多明我会的特点、历史轨迹来对伯格音运动的性质等有一个类别式的认识。同时，这些同时期修会的关系也并不是相互平行的，而是有意无意地逐渐呈现出一定的阶级性，形成了一定的等级关系，并相互作用，进而强化了各修会的自我意识，塑造了各修会的特点。例如，多明我会逐渐成为"教皇的宠儿"，方济各会呈现出中间阶层的特性。发展至一定阶段，该修会的成员分化为接受教皇赋予的官职者和坚持自我修行者两部分。伯格音成员，则扮演了更为"基层"的角色。不同的身份，决定了在中世纪末期，地方教会再度和地方权贵出现了合作迹象之时，罗马教廷出于种种现实层面的考虑，对各修会的态度会有所不同——同时期修会的兴起、发展和伯格音有相似的时代背景。而同伯格音性质相似的修会，也直接、间接地反映出伯格音运动的命运。因而，本书将同时代其他修会的历史与特征作为伯格音运动的重要背景，对这些修会的发展史和各阶段呈现出的特点，将有相应章节进行介绍。

当然，作为一种社会现象，上层的态度和政策未必能完全决定这种基层运动的命运——如果我们认为，"教皇宣布伯格音为异端"这一事件就决定了伯格音运动的命运，那么我们也有理由认为，基督教在戴克里先时代就应该被消灭。伯格音衰落的原因是一个复杂的问题，其中之一，正如彼得·布朗在书里所言，当时西部上层社会的皈依，是决定基督教成为主流意识形态的关键。[①] 这样的判断说明上层的、体制式的教会自有发展某种意识形态的优势，而此时依靠自发性、缺乏组织的伯格音，或许没有办法完全依靠自身力量实现自己追求的目标，即依靠纯粹的虔诚，建立一个以基层信仰形式为主的独立社会。和当年的上层教会一样，此时与教廷合作的其他修会占领了上层位置，占据了上层资源。基层的修会则与这种体制化的教会渐行渐远，某种程度上也与主流渐行渐远。同时，伯格音运动出现

---

① 参见 [美] 彼得·布朗《穿越针眼：财富、西罗马帝国的衰亡和基督教会的形成，350—550年》，刘寅、包倩怡等译，社会科学文献出版社2021年版，导言，第28—29页，第一章，第29页。

的时代是一个变革的时代。尽管革命尚未到来，但是民主、民族等现代社会的要素已经初现雏形。新的城市中，一些世俗性质比较强的基层组织、机构也开始出现。"与此同时，一些共同体如行会、大学、兄弟会、修道院等，也竞相为权力而奋争"①。包括修会在内的共同体们，和上层教会组织相比，在一定程度上呈现出参与人群更基层的特点。而一些与时代脉搏更为贴近的共同体，例如行会，又和半修半俗状态的伯格音由于生产、销售等经济问题产生了矛盾与冲突。代表未来趋势的世俗基层组织对这样的运动也抱有敌意，伯格音运动的生存空间逐渐被压缩。这些问题和伯格音运动走向低潮不无关系。因此，时代的世俗性特点，也是本书考查的伯格音运动的背景之一。

---

① 顾銮斋：《在王权与教权之间》，《文史哲》2019 年第 1 期。

第一章 古代晚期的基督教

我不知道是否有人明确地追溯过"古代晚期"一词的起源,它似乎是在19世纪晚期的艺术历史学家的作品中首次出现的。致力于这一领域研究的学者们,试图为那些在罗马古典艺术鼎盛时期之后、在"中世纪"艺术品大量出现之前产生的艺术形式找到一个相对中性的时间标签。换句话说,他们正在为基督教艺术寻找一个标签,因为这种艺术在许多方面重新诠释了经典的形式和主题,给它们注入了新的元素,并逐渐地有了新的视觉表现。著名的艺术历史学家埃尔斯诺(Jàs Elsner)这样说:"古代晚期的艺术体现了西方艺术史上的一个重大转变。它标志着自公元前5世纪以来,希腊罗马形式的古典经典第一次在整个表征艺术谱系中发生转变。"[①]

从这一段表述可见,"古代晚期"不仅被认定是古代向中世纪过渡的时期,也被视为是基督教文明崛起的开端。就本章的主题来说,这是基督教社会建立的时代,或说基督教主题在西欧乃至地中海世界确立的时代。这一时期的基督教社会,逐渐将罗马—蛮族、贵族—平民、城市—乡村等二元结构所体现出的阶级成分吸纳进自身的体系之中。但是,基督教内部的上层与下层的分化与对立尚不是这一时期的主旋律,基督教文明在西欧社会各个层面、各个维度上地位的确立是这个时代基督教历史的重点。

超越族群界线的基督教社会是在古代晚期、罗马帝国精神信仰层面形

---

① Thomas F. X. Nobel: *From Roman Provinces to Medieval Kingdoms*, New York: Routledge, 2006, Introduction, p. 2.

式与内容出现了变化的背景下产生的。"戴克里先统治时期的'神权政治'的表现比以往任何时候都突出。在罗马统治时期已经有很强的宗教因素，这种因素在帝国走向其晚期时更加深化。对皇帝的崇拜早在元首时期就已经开始了"。[1] 基督教体系本身迎合了这一客观变化。此后西部帝国解体，地中海西部最高权力层面出现了真空，而基督教作为一种普世且可塑性较强的意识形态，在这一时期迎合、适应了"政治势力分散"等趋势后发展起来，在西地中海世界逐渐建立了一个理论上统一、物质层面分散且成分复杂的基督教社会。这一社会囊括了西部的各个地区、各种人群以及各个阶层；而这样的情况，也促成了基督教内部各维度都不统一的分化局面。不同成分不断变化并相互作用，为多个世纪之后基层宗教运动的出现埋下了伏笔。当然，基督教的上与下的分化过程不是简单地在内部完成的——我们也很难说在世界上存在一个闭合的基督教社会——而是在整个社会的变化过程中，与不同时期的物质社会，以及世俗社会充分互动的基础上逐渐形成的。本章涉及的时间段距离伯格音运动时期较远，但是这一时间段出现的基督教社会的改变、基督教思想对阶级分化这一事实的接受、开放的基督教社会的形成以及与世俗社会复杂关系的产生等现象，是此后伯格音运动在内的修会运动所体现的"基层与上层对立""教廷对基层运动利用又打击"等背景与关键矛盾的形成时期。本章试图通过梳理这一时期基督教社会的两个关键变化，即基督教对阶级分化问题的接受和西欧基督教社会的形成，来对此后伯格音在内的修会运动时期凸显出的重要问题的历史进行追溯。

第一节 基督教与等级制度

最初的基督教教义之中包含着诸多否定现实等级制度的内容。但随着基督教的发展，在现实层面，等级制度还是进入了基督教社会。众所周知，最初的基督教形成于希腊化犹太人之中，和犹太教有着千丝万缕的联系。

---

[1] [英]保罗·福拉克主编：《新编剑桥中世纪史》第一卷，徐家岭等译，中国社会科学出版社2021年版，第22页。

尤其在宗教情感层面，最初的基督教很大程度上继承了犹太教的情感。

从词义上看，"基督教"一词在字面上并无宗教（religion一词来源于拉丁语religio，其基本含义是"联系"）的含义。这一概念来源于犹太教的"弥赛亚"，基本意思是指"信仰耶稣基督是救世主的人"。现在的"基督教"（Christianism）一词最初应该来自德尔图良的著作："他大概是第一次用Christianismus（4次）和Iudaismus（24次）这些词的人。"① 在人人有宗教信仰的年代，信仰更是身份认同的重要基点。按照约拿散·Z.史密斯（Jonathan Z. Smith）的说法，"'宗教'这个术语拥有很长的历史，但至少在16世纪之前，没有一个与当代'宗教'概念相应的词汇"②。而W.C.史密斯（Wilfred Cantwell Smith）在其关于东方宗教的报告中宣称："在19世纪之前的文献中，我尚未发现相当于'宗教'一词的术语。"③ 从词义的考证来看，在基督教诞生之时，还远没有"宗教"这一概念。这可以说明，"基督教"最初并不是一个抽象、只表示社会某一领域的术语，它是一个人群的文化汇总，与其产生的历史、文化、习俗、祭祀、语言等文明要素息息相关——此后历史上很多冠以"基督教宗教运动"之名的历史事件，其本质也许并不是现代意义的宗教运动。如德国著名学者阿道夫·哈纳克（Adolf Harnack）所言："宗教、道德、哲学不过是这一思想体系的包装，其真正的动力是经济。基督教的起源是一个社会运动。耶稣作为下层人们的拯救者出现，掀起了一场社会运动。"④ 和词义传递的信息以及哈纳克的解读一样，古代晚期和此后西欧的基督教世界反映出来的问题，并不只是单纯的现代意义上的宗教问题，而是其创建者包括自身价值观在内的文化体系。从源头来说，地中海世界政治层面的冲突和文明结构的变化，促进了基督教的出现。在东地中海世界，犹太民族起义的失败让部分犹太人散居在东地中海各处，犹太人和希腊人的文化因素交叉，构成一种独立性较

---

① Steve Mason: "Journal for the Study of Judaism", *Jews, Judaeans, Judaizing, Judaism: Problems of Categorization in Ancient History*, 38 (2007), pp. 457-512, p. 471.

② Jonathan Z. Smith: *Religion, Religions, Religious, Critical Terms for Religious Studies*, Chicago, University of Chicago Press, 1998, p. 269.

③ Wilfred Cantwell Smith: *The Meaning and End of Religion: A New Approach to the Religious Traditions of Mankind*, New York: Macmillan, 1963, p. 61.

④ Adolf Von Harnack: *What is Christianity? Lectures Delivered in the University of Berlin during the Winter-Term 1899-1900*. http://www.ccel.org/ccel/harnack/christianity.

强的亚文明形态。而在这一亚文明之中的文化，就包括被阶级化的民族反抗情绪。因此，如上所述，最初的基督教的情结尤其是对阶级问题的态度，是和犹太人的历史以及他们当时在罗马世界内的处境有关的。如果说罗马帝国对于一些民族来说是一个强加于身的秩序，那么异教和异端的出现与发展就是这些民族的反抗形式之一。因此，犹太人的宗教情结本身也蕴含着对帝国（或说现实）社会的反抗情绪。在《新约》之中，我们可以轻易找到很多对下层、边缘化的民众的同情，以及对上层的反抗情结。

此后，在使徒保罗的时代，基督教就开始逐渐从边缘地区渗透到罗马帝国的城市当中。也有学者认为，正是这个时代，基督教发生了本质变化——这个时候，基督教必须面对现实世界的主流秩序并处理同它的关系。一个族群的文化体系，面临普世化、意识形态化的过程。保罗时代，基督教有两个变化是值得注意的：一是为了适应城市中的环境，基督教会组织化程度逐渐加强——此前，2世纪的伊格纳提乌斯（Ignatius）在给小亚等地区主教的信中，已经明确提出了建设教阶制的主张；二是由于基督教组织自身发展的需要，基督教内部，至少是部分人逐渐接受了等级制度或说阶级思想。这段历史应该就是此后基督教社会内部结构和思想上出现上、下阶级之分的关键酝酿时期。以当时阶级问题的代表奴隶制度为例，相当长的时间内，教会对待奴隶制的态度是矛盾的。"一方面，它宣称在上帝面前人人平等；另一方面，它非常明确地肯定了奴隶制。当时及此后著名的导师圣奥古斯丁和格里高利七世的言论最具代表性。"[1] 当然，这并不是等于说基督教已经完全上层化，这是一个缓慢的自我调节、发展的过程。针对此后富人逐渐进入教会的现实和基督教普世性宗教的定位，这一情况的出现和进一步演化是可以理解的。何况，教会主观上也在极力保持着自身的价值观，对奴隶制并不是无条件接受的："然而，在实践中，教会的教义倾向于促进奴隶制度的削弱，但只在两个方面——一是鼓励传教，宣传平等，这包括在虔诚的工作行列中；二是禁止将基督徒降为奴隶。"[2] 不过，现实层面中，尽管教会"在两个方面促进奴隶制的削弱"，人们也只是在"经济

---

[1] Pierre Bonnassie: *From Slavery to Feudalism in Southwestern Europe*, translated by Jean Birrell, New York: Cambridge University Press, 2009, Introduction, pp. 2-3.

[2] Pierre Bonnassie: *From Slavery to Feudalism in Southwestern Europe*, translated by Jean Birrell, New York: Cambriclge University Press, 2009, Introduction, p. 3.

形势允许的情况下才会听到这些话"①。总体来说，虽然教会主观上坚持原则，但基督教社会依然在各层面出现了缓慢的、为适应客观环境而产生的变化。此变化的结果，后世学者一般认为是基督教内部对奴隶制或说阶级的态度逐渐偏向保守。乔治·杜比（Georges Duby）曾说过，"基督教并不谴责奴隶制，它对这种制度的攻击只是轻描淡写"②；罗伯特·弗希尔（Robert Fossier）也说过，"教会在奴隶制缓慢的消亡过程中，没有起到任何推动作用"③。尽管也有学者为教会辩护，强调这样的结果情有可原，例如弗希尔曾说，"逐步消除奴隶制绝不是基督教民族（peoples）的工作。教会提倡听天由命，许诺来世人人平等，让人们假定上帝单单挑出那些不幸的人。并且在当时，（现实社会决定，教会）对于饲养一大群长着人脸牲口的存在并不感到内疚"④——但是，从用词来看，弗希尔本人很可能也并不认为这态度是正确的。此时包括保罗本人，对奴隶制度的态度已经显示出暧昧之特点。从教义上讲，教会对这个问题的所有思考都源自圣保罗，我们不妨详细回忆一下他的立场。使徒书信中有三段谈到奴隶制：

> 各人蒙召的时候是什么身份，仍要守住这身份。当你被召唤的时候，你是奴隶吗？不要让那事困扰你……因为一个奴隶被召作基督徒的人，就是主所释放的人……我的朋友们、你们各人当照所蒙的召、仍要守在神面前。（第一哥林多前书7：17-20）你们作仆人的，要战战兢兢，独自顺服你们地上的主人，好像服待基督一样。不可只献上表面的事、要讨人喜欢。总要像基督的仆人、诚心诚意遵行神的旨意。给那些侍奉上帝的人愉快的服务……你们做主人的，也要这样对待他们。不要使用威胁；记住，你们在天堂都是同一位主人，他没有偏爱

---

① Pierre Bonnassie：*From Slavery to Feudalism in Southwestern Europe*，translated by Jean Birrell，New York：Cambridge University Press，2009，Introduction，p. 3.

② Georges Duby：*Guerriers et paysans VIIe-XHe siecle：premier essor de Veconomie europeenne*，translated by Howard B. Clarke，New York：Cornell University Press，1974，p. 32.

③ Robert Fossier：*Histoire sociale de l' Occident medieval*，Pierre Bonnassie，*From Slavery to Feudalism in Southwestern Europe*，translated by Jean Birrell，New York：Cambridge University Press，2009，p. 5.

④ Robert Fossier：*Enfance de l'Europe，translated by Jean Birrell，New York：Cambridge University Press*，2009，*vol* 1，*L'homme et son espace*，Pierre Bonnassie，*From Slavery to Feudalism in Southwestern Europe*，translated by Jean Birrell，New York：Cambridge University Press，2009，p. 6.

的人。(以弗所书6：5-9) 保罗向腓利门宣告，要打发他的一个仆人，阿尼西姆，回他那里去，他是投靠腓利门的。保罗就求腓利门温和地接待他，如同亲兄弟一般。(腓利门书)。①

从这三段不难看出，此时面对奴隶制，基督教经典中使徒的态度反映了两方面内容。第一，是强调要"顺从人间的主人并接受你自己的身份"，这反映了作为一种意识形态，上述基督教在发展过程中对现实的适应过程——这是一种普世主义宗教的基本特性——尤其这一时期的基督教，内部成员尚没有掌握很多的物质资源，其对社会的影响还不是很明显，充其量可以让一些既成现象基督教化。这样的适应现实的态度，也是基督教此后能成为合法宗教、罗马帝国主流意识形态的关键原因之一。第二，面对现实，基督教代表性人物并没有一味顺从，而是保留了自己的立场和价值观：让主人同样善待奴隶，强调在上帝面前，人世间的差异不值得一提，认为人间的个体有平等的一面。虽然主观上的坚持此时更可能不过是一种姿态。

在君士坦丁大帝颁布《米兰敕令》和狄奥多西大帝宣布基督教为主流宗教之后，基督教覆盖了整个罗马世界。再后来，罗马帝国分为东、西两部分，西罗马帝国渐渐消失，西欧在被日耳曼各部进占的情况下进入了中世纪。在中世纪，《新约》中的上述三段有关奴隶制的记述，尤其是保罗的言论，被一再修改，顺从的意味在逐渐加强。"这里发展了两种紧密相连的观点，一是奴隶制是对人所犯的罪的惩罚，二是这种惩罚只惩罚某些人而不惩罚另一些人，因为既然上帝不能犯错误，那么惩罚的人就是有罪的。"② 这样的价值观，在教会接受现实的背景下，自然会在教会代表性人物的作品中得到反映。"奴隶起源的神圣性，奴隶身份的非正常遗传，以及奴役作为通过忏悔来救赎人类的一种手段的必要性——这些都成了司空见惯的想法。在加洛林时期，这些说辞可以在阿尔昆（Alcuin）、奥尔良的约纳斯（Jonas of Orleans）、普里伊姆的雷吉诺（Regino of Priim）、罗巴奴

---

① Pierre Bonnassie: *From Slavery to Feudalism in Southwestern Europe*, translated by Jean Birrell, New York: Cambridge University Press, 2009, translated by Jean Birrell, pp. 25-26.
② Pierre Bonnassie: *From Slavery to Feudalism in Southwestern Europe*, translated by Jean Birrell, New York: Cambridge University Press, 2009, pp. 26-27.

斯·马努斯（Rabanus Maurus）和其他许多人的著作中找到。"①

这样的情况首先反映了早期基督教教义的非系统性的特征。《新约》讲述或说记录的是耶稣的言行，至于言行背后属灵的含义，需要后人去解释。不同时期对教义的解读，很大程度上反映了某个时期的时代特性和解读者的立场。因而，当时人们的解读反映了中世纪早期西欧地区的社会特性之一，即社会的变化导致了奴隶制这种阶级化程度严重的制度的复苏。"让我们从马克·布洛赫（Marc Bloch）的观点开始。他断言，……'在日耳曼人入侵的时候，在他们王国建立的早期，欧洲各地仍有许多奴隶……这一现象，甚至比罗马帝国早期的情况还要严重'。日耳曼人的到来，根据布洛赫的观点，导致了奴隶贸易的复苏。其中有两个原因：一是5世纪的战争导致大量战俘出现，二是因为这些战争造成了贫困现象，致使很多人出售自己或自己的孩子。因此，'在中世纪初期，人类商品又被赋予合理的价格而变得丰富起来'。"② 作为一种意识形态，社会的上层建筑，基督教对这一切只能适应，充其量做出一定号召式的调解——此时的基督教会只是形式上覆盖西欧社会，还没有完成自身内部相对系统的整合，更没有很强的反作用于物质社会，或说世俗社会的能力："在350年前后的拉丁世界中，基督教会处在一个很显眼的尴尬地位，就好像空有一具骨架，而真实的社会权力的筋肉还没在上面生长出来。"③ 因此面对物质层面的变化，结构性并不很强的基督教社会似乎也只能去适应。不可否认，这样的适应过程对基督教组织本身来说是有意义的，它塑造了早期基督教的一些基本特征，让基督教的可塑性变强，也让日耳曼统治者和基督教的相互适应过程更顺利，更让基督教和古代晚期西地中海世界地方化、分散化的趋势相适应，让基督教组织，例如地方教会和修道院等，以分散、不统一但是数量较多、规模较大的形式出现在西欧各地，让此后的基督教可以根据历史条件而生长"筋肉"。但同时，这一过程也让基督教社会内部的成分变得复杂。客观上，

---

① Pierre Bonnassie: *From Slavery to Feudalism in Southwestern Europe*, translated by Jean Birrell, New York: Cambridge University Press, 2009, p. 27.

② Pierre Bonnassie: *From Slavery to Feudalism in Southwestern Europe*, translated by Jean Birrell, New York: Cambridge University Press, 2009, p. 3.

③ ［美］彼得·布朗：《穿过针眼：财富、西罗马帝国的衰亡与基督教会的形成，350—550年》，刘寅、包倩怡等译，社会科学文献出版社2021年版，第63页。

对于"奴隶制"这样的阶级制度，基督教总体态度也如上所述，变得由暧昧到接受，甚至支持。

这样的过程是漫长的，以奴隶制为例，"不是在墨洛温王朝，甚至不是在加洛林王朝，古代奴隶制的终结是发生在后来的 11 世纪。就像罗马的高卢、像早期的德国，1000 年的法国也是一个奴隶社会……从本质上讲，旧奴隶制的消失必然与一种新结构的出现有关。这种新结构把它的范围扩大到所有的农民，而不区分司法地位。在领主的铁蹄下，中世纪早期奴隶的后代，在一种新的依赖形式中同化了大量的自由农民，而这些农民反过来，也处于奴隶主的统治下。在封建革命的骚动中，最后的奴隶被吸收到农民群众中去了。"① 我们也可以看到这一时期，这种阶级制度体系化的过程："孤立的奴隶主必然无法使他们的奴隶长期稳定地处于从属地位；绝对必要的是，他们的权威必须以有效和连贯的镇压制度为基础。每次国家结构的危机都必然伴随着奴隶制度的危机，这些结构的每一次恢复也都使奴隶制的复活成为可能。"② 这样的背景对于西部教会，一个理论上统一但是却建立在分散物质或说现实社会上的存在来说，是一个发展的机会。或说这些现实的矛盾和动力在物质层面塑造了基督教社会，它们就是西部教会史的一部分——"基督教的主教们经常要填补世俗事务管理的空缺，地方贵族也随着帝国政府在地方管理层面作用的消退而增加了自身的权威。"③ 但是这样的机会也决定，泛化了的基督教社会吸纳了西欧社会的诸多现实结构和矛盾，其形态也越发被物质层面的世俗矛盾所左右。于是，地方的客观问题渗入了教会。就奴隶制度的问题来说，很多地方教会自身也成为奴隶主，或说能够成为奴隶主的人成为主教。"实际上，似乎只有教区教堂没有奴隶。例如，在西班牙，托莱多第十六次会议认为，一个乡村教堂不能供养全职教士，除非它至少有十个 mancipia 在为其服务（如果只有十个，它被称为 pauperrima）。在修道院院长和主教的遗嘱中，经常出现奴隶数十人，甚至数百人的字样：圣阿雷迪乌斯为 32 人（其中还应加上 45 名解放的奴

---

① Pierre Bonnassie: *From Slavery to Feudalism in Southwestern Europe*, translated by Jean Birrell, New York: Cambridge University Press, 2009, p. 7.
② Pierre Bonnassie: *From Slavery to Feudalism in Southwestern Europe*, translated by Jean Birrell, New York: Cambridge University Press, 2009, p. 17.
③ ［英］保罗·福拉克主编：《新编剑桥中世纪史》第一卷，徐家岭等译，中国社会科学出版社 2021 年版，第 34 页。

隶），圣赛巴德为175人。在修道院领地，奴隶数量甚至更大。当圣埃利尤斯捐钱给索利尼亚克修道院时，他'只捐赠了一百名奴隶为其服务……'。"① 博纳希耶甚至认为，上层教会在针对奴隶制的态度实际上是包庇的：

> 实际上，如果教会愿意的话，它有两种手段促成奴隶制的废除：一方面，扩大逃亡奴隶的庇护权；另一方面，以身作则，鼓励释放奴隶。但实际上它采用了什么手段？4世纪至9世纪的所有调和立法，都是为了通过各种手段，防止奴隶享有庇护权。圣保罗已经把腓利蒙的奴隶阿尼西穆还给了他的主人；因此，把逃亡的曼西亚归还给他们是正确的。这一原则已经被实践。例如，圣波因（St Pourcain）的经历告诉我们，他自己曾沦为奴隶，逃到修道院避难，后来修道院院长把他送回了主人身边。②

导致教会如此态度的原因之一，是上述"世俗化"导致的有些上层教会成员本身也是奴隶主的情况，因此他们的态度和立场也很明显：

> 无论如何，即使教会鼓励俗人解放他们的奴隶，它本身仍然是公开拥有奴隶的。主教和修道院院长被要求禁止解放在他们负责的领地上工作的曼西皮亚人（mancipia）。宗教会议（Coucils）一再以最明确的措辞强调这一点，他们引用的理由都是一样的：奴隶和教会的其他财产一样，都属于上帝，任何人都无权剥夺上帝的遗产。这一点有时是详细阐述的；教会只有通过奴隶的劳动才能满足穷人的需要；解放奴隶会伤害穷人。这一论点发人深省——乞丐和穷人处于社会阶梯的最底层，因此神职人员对他们给予慷慨的关怀。但是这样的理论将奴隶置于何处？显然，是社会之外（Outside society）。③

---

① Pierre Bonnassie: *From Slavery to Feudalism in Southwestern Europe*, translated by Jean Birrell, New York: Cambridge University Press, 2009, p. 29.
② Pierre Bonnassie: *From Slavery to Feudalism in Southwestern Europe*, translated by Jean Birrell, New York: Cambridge University Press, 2009, p. 27.
③ Pierre Bonnassie: *From Slavery to Feudalism in Southwestern Europe*, translated by Jean Birrell, New York: Cambridge University Press, 2009, p. 27.

我们可以发现，在教会关注穷人的现实逻辑中，需要制造出一个不属于穷人范围的社会之外的人群，这足见当时基督教社会内部等级化的严重程度。这一现象，彼得·布朗在他的《穿过针眼》一书中有所提及："6世纪西部的绝大部分穷人是社会科学家所谓的'并发性穷人'，他们的家庭被农业衰退（一些现代研究者假设，这可能不幸地表明了当时的气候异常）和战争摧毁，他们不得不以拦路抢劫为生……为了应对这一危机，地方教区被鼓励要供养他们本地的穷人，而不是将这些穷人赶到其他地方去寻求救济。"① 在彼得·布朗看来，穷人太多的情况，无疑让当时的教会在完成救济任务时承受了巨大的经济压力，教会应该没有能力不折不扣地完成救济所有人的任务，因此在这样的历史背景下，上层教会这样的态度似乎是可以理解的。但同时，这样有悖于最初教义的"合理"行为，对后世会有什么样的影响？如上所述，基督教社会也吸纳了现实社会的矛盾，并为自己埋下了分裂的隐患。此后包括伯格音时代的修会运动在内的基层信仰运动，不止一次地提出了"回归原始"的口号，并与上层教会之间产生了矛盾。这说明这一时期基督教社会对上层社会和等级制度的接纳，在让其发展、壮大的同时，也孕育着内部的分裂"危机"。

对于基督教会是否有能力切实庇佑奴隶这一问题，学者们有不同的看法。但是对于基督教"作为社会主流最终会如何选择"，学者们似乎争议不大。当时基督教社会选择这样的态度，恐怕还和其自身的性质有关。除上述历史因素外，社会结构层面、物质生产层面被称为"有闲阶层"的教士和修士需要有人为之劳动、提供基本生活资料。而奴隶制度，就是这一时期解决这一问题的手段之一。教会此时的任务是适应物质社会，其次是进一步塑造自身体系。加之上文提到的，早期伊格纳提乌斯等提出的"教阶制是教会建立的必要措施"，是内部建设的需要，因而此时的教会，接受了阶级制度，这也意味着基督教社会内部在理论上已孕育出最初的基督教所反对的因素。"教会从高到低，都回避与奴隶制的斗争，或直接对其支持；一方面，教会在意识形态上证明了奴隶制的合理性，另一方面，教会的壮

---

① ［美］彼得·布朗：《穿过针眼：财富、西罗马帝国的衰亡和基督教会的形成，350—550年》，刘寅、包倩怡等译，社会科学文献出版社2021年版，第884页。

大又以奴隶制制造的物质繁荣为基础"。①

作为侍奉上帝的专职人员,让职业奴隶从事体力劳动,而自身从事侍奉上帝的事务,是这一时期职业神职人员的生存状态之一。但是这导致了严重的问题:毋庸置疑,这样的对等级制度的接受,是上层教会开始世俗化的重要表现。相对于劳动者的有闲阶层式的生存方式,往往和教会进一步的世俗化问题有着直接的因果关系,这也是此后基督教历史中反复出现的问题。"这些新情况产生了新的弊病。财富开始像潮水般地涌入教会基金内,同时由此带来了各种腐蚀的影响,在第四世纪他们竟达到了破坏教会的神圣的地步。"② 但是这样的问题,又是基督教尤其是上层教会在变化的时代生存、发展带来的必然后果,上层教会很难似乎也没有动机在这一时期依靠自己解决这一问题。况且,保证教内职业人员以专业人士的形式生存,是很多人认为保持教会虔诚性和专业性的基础,是上层社会认为教会必须存在的一个基本特征。坚持该观点者的根本动机尚且不论,这样的观点客观预示了上层体制教会人员和基层信众在"如何保持教会虔诚性"这一问题上将会产生的分歧。因此,此后教皇有机会摆脱世俗力量控制时,或者教会与世俗权势产生矛盾、基层某一人群形成势力并厌恶了上层的腐败,或者自身的自我意识进一步觉醒时,或某些上层势力需要以此为借口掀起有利于自己的社会运动时,都会有以"维护教会神圣性"及"反对世俗化"为旗帜的宗教运动兴起。伯格音在内的修会运动也可以视为这类运动中的一部分——在运动发生时,参与者们一般都会主张抛弃一切世俗给予的利益,让教会回到最初(也许要早过保罗的时代)的纯洁状态。教会人员当如何生存,以及其引发的一系列问题,就会成为运动参与者讨论和针对的焦点性问题。其中,在不止一个时代,运动的参与者也做出了自己亲自劳动的姿态,以防止体力和脑力分工导致的内部阶级分化和世俗上层式的各种腐败现象。修士、隐士等运动发起者对"是否要坚守贫穷","是否要亲自劳作"等问题的以身作则式的回答——不可否认,这些参与者确实有西欧社会历史和文化塑造的虔诚性质——甚至会引发"是否要以教廷

---

① Pierre Bonnassie: *From Slavery to Feudalism in Southwestern Europe*, translated by Jean Birrell, New York: Cambridge University Press, 2009, p. 29.
② [美]汤普逊:《中世纪经济社会史·上册》,耿淡如译,商务印书馆1997年版,第177页。

为绝对权威"等敏感问题的讨论。伯格音运动半修半俗、独立自主的状态，也算是对上述问题的又一次回答。因此，这是一个值得注意的问题，即如果不要世俗式的等级制度，教会人员当如何生存？如果亲自劳动，如何解决劳作与专业侍奉上帝问题之间的矛盾？这是中世纪基督教历史发展中的一个基本问题，也是基督教社会不同时期的基层运动参与者以相似的态度回答的一个问题。但是显然，自食其力、放弃世俗利益这样的态度和选择，不会是上层教会的答案。这是由基督教上层为适应时代与世俗社会产生的复杂关系决定的。

当然，如上所述，在西欧的古代晚期和法兰克时期，上层教会对奴隶制度与等级问题态度的出现，不是部分人有意为之，很大程度上是时代造成的必然。就奴隶问题来说，这一时期社会动荡，下层民众成为弱势群体，只能放弃自由，寻求各种强者的保护。因此，不能说类似奴隶制的制度再次兴起完全意味着强者对弱者的统治，这更像是动荡年代各阶级的一种共生策略。"因此，一种非常古老的罗马制度——庇护制，在这个时代就变得极其重要"①，这似乎不仅是一个历史现象，也是一种社会现象："为什么市民社会在这种敌人种群（乞丐与流民）面前放下武器？……勒特罗涅解释道，如果人们在这些原始状态的人权面前放下武器……因为我们已经把这种自卫的权力托付给了权力机关。"② 而这一时期，这种现象和罗马传统结合，也就是彼得·布朗一再提到的"重回社会的保护人制度。"③ 因此，基督教体系在这一时期顺从了现实的形势，也接受了阶级制度。同时，这一时期基督教的载体也出现了很大变化，社会上层的皈依，将他们的价值观和立场带进了基督教社会，时代赋予了基督教社会上层因素，或者说，西部基督教社会的建立和西部社会权力地方化、世俗化等中世纪新秩序建立的过程是同步的。"在高卢，主教的职位渐渐成了城市显贵们在世俗官员

---

① [美] 彼得·布朗：《穿过针眼：财富、西罗马帝国的衰亡和基督教会的形成，350—550 年》，刘寅、包倩怡等译，社会科学文献出版社 2021 年版，第 34 页。

② [法] 米歇尔·福柯：《惩罚的社会——法兰西学院演讲系列》，陈雪杰译，上海人民出版社 2016 年版，第 44 页。

③ 详见 [美] 彼得·布朗《古代晚期的权力与劝诫》，王晨译，生活·读书·新知三联书店 2020 年版，第一章。

生涯中的一个标准选择，和异教时代的情况没什么两样。"① 当然，这是一个漫长而复杂的过程，详细内容可见克里斯·威克姆《罗马帝国的遗产》第三章以及彼得·布朗《古代晚期的权力与劝诫》。两部著作对这一问题研究的结论可以概括为：整个社会基督教化之后，世俗物质性的阶级结构也被带到这个已经扩大了的基督教社会之中，基督教价值观和基督教徒的概念被泛化。"它部分地反映了在帝国的基督教化进程中，教会的自身性质所发生的改变。"② 同时，"在这一视角下，罗马社会的'皈依'体现为社会领袖从原有的公共空间（城市）向新公共空间（教会）的转移，以及这些社会领袖的自身认同的变化"③。这些无法避免的现象的出现意味着教会内部大规模等级制度开始建立，这是基督教社会体系建立的开始，更是基督教在这一时期世俗化的开始。也是以后基督教社会内部一些专业人士，规范基督教的教规和教徒的行为规则，并在社会变化时以此为名掀起宗教或说社会运动的历史逻辑的形成期。

第二节 基督教对西部社会的反作用

古代晚期，西欧的社会结构发生了改变。皇权的消散，为其他势力填补社会权威的真空提供了条件。但是，这样的填补并不是在理想、有序的条件下进行的，而是伴随着混乱和无序。这一时期西欧社会结构的特点是碎化和地方化④，各种势力构成的地方政权的"崛起"，占领了"国家"层面权力衰退让出的权力空间。这种变化也直接影响了逐渐"上层化"的基督教社会。在行省或日耳曼国家的层面，教会往往扮演着"智库"的作用。"教会活跃的政治作用主要从589年开始，在华丽的王城托莱多召开的一系

---

① [美] 克里斯·威克姆：《罗马帝国的遗产》，余乐译，中信出版集团2019年版，第64页。
② [美] 彼得·布朗：《穿过针眼：财富、西罗马帝国的衰亡和基督教会的形成，350—550年》，刘寅、包倩怡等译，社会科学文献出版社2021年版，导读，第15页。
③ [美] 彼得·布朗：《穿过针眼：财富、西罗马帝国的衰亡和基督教会的形成，350—550年》，刘寅、包倩怡等译，社会科学文献出版社2021年版，导读，第15页。
④ 详见李隆国《从"罗马帝国衰亡"到"罗马世界转型"——晚期罗马史研究范式的转变》，《世界历史》2021年第3期。

列全国性大宗教会议上。在这些会议中，教会似乎扮演着王权与显贵之间的仲裁者的角色，但仔细品读这些会议的决议，会发现教会愿意与世俗贵族团结一致、相互支持的趋势。"① 上层化的趋势让这一时期的教会在立场和教义上有了较明显的转变，上一节以对奴隶和奴隶制度的态度为例，分析了这一时期上层教会出现后对整个基督教社会的影响。同时需要指出的是，如果结合上述时代特征，以及根据彼得·布朗等学者的著作的内容来简单分析这一社会，就会发现这个上层教会也并不是结构性、统一性很强的组织。一些史料可以证明，在日耳曼王国之中，上层教会的成员可以在国王的召集下临时组成一个机构，但是这样的机构，究竟可以影响到社会的什么层面，也还是一个问题。10世纪之前，尤其在公元800年以前，移民给西欧社会带来的冲击一直没有减弱②，社会无法稳定，无法出现沃格林所谓的"启唤"形成的条件③，因此形而上的基督教以及基督教会在西欧社会的作用应该也是有限的。当然，这不等于基督教发展的步伐停滞了。同时代，一些独立于体制教会之外的修道行为开始兴起，这可以说明，基督教社会非体制的生存方式和反体制的行为（虽然中世纪早期的教会还未必可以定义为"组织"）是在教会体制化的进程中一直存在的。在西部，和"正统"与"异端"同时出现一样，在教会上层化的同时，与之相反的趋势同时出现。政治结构的碎化、教会的上层化和基督教的普及，说明这个时候即使没有出现如伯格音这样的修会式的基层基督教组织，但是在广大信众之中，出现体制教会之外的信仰混沌空间的可能是完全存在的。这即使不是修会运动的雏形，至少也是此后基督教社会史中修会运动的土壤和社会动因。体制化趋势出现后，整个基督教社会中，"基督教宗教生活的历史就像钟摆一样，在统一的改革冲动和多样化、激进化或所谓的'衰落'倾向之间摇摆不定。"④

在彼得·布朗看来，基督教真正覆盖了整个西部社会的关键步骤或说标

---

① [英] 保罗·福拉克主编：《新编剑桥中世纪史》第一卷，徐家岭等译，中国社会科学出版社2021年版，第389页。

② 详见 [英] 彼得·希瑟《帝国与蛮族》，任颂华译，中信出版社2020年版。

③ 详见 [美] 沃格林《政治观念史稿·卷二·中世纪（至阿奎那）》，叶颖译，华东师范大学出版社2009年版，第一章。

④ Judith Bennett and Ruth Karras：*The Oxford Handbook of Women and Gender in Medieval Europe*，Oxford：Oxford University Press，2013，p. 444.

志，是西部中间阶层的皈依。这一问题是布朗的重要结论之一，也是本书关注的问题之一。中间阶层不是一个稳固的阶级，但是在很多时候，他们对上层地位的渴望，可以有效地加固上层社会；对上层的反抗，则可以带动下层宗教运动的酝酿、开展。当他们被上层抛弃或被上层的矛盾、斗争推到上层的对立面时，他们有能力以自己的方式与上层分离、决裂，甚至进行反抗。修士和隐士中的很多代表性人物，可以归于基督教世界的中间阶层之列：他们不仅在经济上有着独立性，还有着较高的文化水平，有着自己的追求，在思想上也有着较强的独立思考能力。修会时代的方济各、伯格音运动中的玛格丽特·博雷特和麦克希尔德（Mechthild）等，从对教义的掌握和写作的能力以及对独立追求信仰的要求来看，似乎也可以划入这一阶层。

关于这一阶层的存在，彼得·布朗似乎不太认同罗斯托夫采夫的观点："'二战'后罗马史研究最突出的进展之一，就是证明了晚期帝国中间阶层消亡、两极分化日趋严重这种传统观念（以罗斯托夫采夫为代表）并不符合历史事实。"[1] 如上所述，布朗认为中间阶层在西部皈依的过程中，是仍然存在的，他们的皈依是社会皈依的关键和标志。"教会的社会地位在4世纪后期之后的上升，着重体现在新兴的宗教精英在思想和实践中完全'征服'了这个中间阶层，基督教徒的认同覆盖了他们其他形态的共同体意识（城市、帝国），这使教会得以在地中海西岸建立全方位的领导权。"[2] 这样的现象，一方面证明了在这一时期，基督教社会在地中海西部已初具形式，一方面如上所述，证明了基督教社会内部结构开始进一步复杂化，这决定了此后的种种内部矛盾与斗争中，失利的一方可能以反世俗的姿态继续存在，成为一种在思想层面有影响力的中间阶层。此后在整个基督教社会世俗化严重的时候，这一阶层会成为基层社会参与变革社会的引领者，他们可能再度扛起纯粹信仰的旗帜，发起宗教或说社会运动，让基督教社会再次出现自下而上的传播形式，并可能让基督教产生新的内容。"例如，我们称之为'宗教改革'的文化运动，即是对基督教传统进行激进的重要解释

---

[1] [美]彼得·布朗：《穿过针眼：财富、西罗马帝国的衰亡和基督教会的形成，350—550年》，刘寅、包倩怡等译，社会科学文献出版社2021年版，导读，第3—4页。

[2] [美]彼得·布朗：《穿过针眼：财富、西罗马帝国的衰亡和基督教会的形成，350—550年》，刘寅、包倩怡等译，社会科学文献出版社2021年版，第28页。

的一个生动例证。"①

布朗认为，古典晚期，基督教社会内部已经出现了各种有着阶级色彩的声音。只是此时，时间还处在古代晚期，这样的不同声音是以罗马时代的形式表现出来的。"事实上，直到本书讨论的这段时期的末尾，伴随着基督教在罗马西部世界的兴起而出现的恐慌和兴奋，都只发生在古代城市这一灯光闪耀的舞台上，从超级大都市罗马，到像米兰、迦太基、波尔多、巴塞罗那和阿尔勒这样的城市，再到数不清的像马卡塔尔这样的北非小镇和其他地方的小镇。在4世纪，只有在奥古斯丁的非洲，我们才能听到乡下基督徒的声音。直到5世纪后，在高卢、西班牙和意大利的乡下，一种乡村基督教才从一种彻底的沉默中爆发。"② 4、5世纪西部的基督教社会内部延续了2世纪以来的问题——从2世纪起，基督教内部的主要问题是教派的分化，而教派问题主要是由于各地的历史与文化不同，以及罗马帝国内部不同人群的地位与主流文化的关系不同产生的，因而教派分立与矛盾是以地区为形式表现出来的。而4世纪，在地中海的西部地区，此前的地区差异和罗马时代阶级意味很浓的城乡对立结合在一起，让西部基督教社会出现了等级对立的情况。

但是这不是一个基层独立发声的时代。其重要原因之一是基督教社会还在组建的过程之中——或说在混乱中挣扎，以方向性不明确的形式扩展着——更重要的是，如第一节所述，由于社会陷入混乱，此时的上层与下层往往体现出一种共生，而非对立状态。"如果存在一种传统罗马的机制能够把分裂的精英阶层捏在一起，这种机制就是久经考验的庇护制。"③ 同时，这也是一个西欧政治地方化、碎化的时代，"在4世纪，存在太多的庇护人，他们来自彼此间有潜在冲突的群体。不再存在一个单一的庇护链，能够从上到下地满足一个单一、固定的群体"④。这样的情况，让基督教社

---

① ［英］彼得·伯克：《〈廷臣〉的命运：一部文艺复兴时期经典著作的欧洲之旅》，闵凡祥译，北京大学出版社2023年版，第5页。
② ［美］彼得·布朗：《穿过针眼：财富、西罗马帝国的衰亡和基督教会的形成，350—550年》，刘寅、包倩怡等译，社会科学文献出版社2021年版，第9页。
③ ［美］彼得·布朗：《穿过针眼：财富、西罗马帝国的衰亡和基督教会的形成，350—550年》，刘寅、包倩怡等译，社会科学文献出版社2021年版，第35页。
④ ［美］彼得·布朗：《穿过针眼：财富、西罗马帝国的衰亡和基督教会的形成，350—550年》，刘寅、包倩怡等译，社会科学文献出版社2021年版，第35页。

会的黏合剂的性质得到了进一步强化。内部的阶级性问题更不是这一时期的主要矛盾。同时，基督教在这样的环境中被进一步塑造，并已经开始对当时的西欧社会产生了影响与反作用。"在一个与4世纪末的米兰状况相同的城市中，总是需要基督教会满足其现实需求。如我们所知，基督教会应该像社会学意义上的'都市绿肺'一样吸引尽可能多的民众。在一个精英阶层与次精英阶层已严重分裂且相互争斗的社会中，教会可以为那些有不同社会背景的团体提供汇聚一堂的场所，而社会地位的强硬界限（在外部世界明显地划分人等）将在教会之墙内有所缓和。此外，置身教会之中不仅会使潜在的、易诱发冲突的诸特权阶级齐聚到温和的环境之中，而且能有力地支持上层贵族、中产阶级与普罗大众——当然还有穷苦百姓——之间的上下联系。"① 这样的历史任务，就当时的西欧来说，只能由教会承担。"由基本食物供给导致的冲突令他们与平民之间的关系恶化了。基督教会的情况则不同，与现实世界相比，教会中发生的事情就显得不那么现实了，而那些不得不面对充斥着重压的世界的人对此则倍感珍惜。"② 米兰的安布罗斯在领导当地民众与宫廷对抗时，"成功建立了'一个古代世界罕见的、向大众敞开的智识共同体'。"③ 而在安布罗斯这个个案中，我们还可以看到第一节我们提到过的，基督教作为一种有着自己价值观的意识形态，对现实不同人群有着黏合作用。"我们看到，安布罗斯使他设想中的、穷人与其他民众间差异模糊的社会团体成为现实，并将穷人纳入大公教会之中。另外，安布罗斯还以实践表明，富人对穷人的关怀是全体基督徒团结一致的必然结果。最后，同样重要的一点是，安布罗斯所展现的紧密团结的米兰大公教会团体揭示了使人类社会成为整体的核心要素，即各自分散的人类个体能通过皈依大公教会重获久违的团结。正是在这种大期望之下滋生的对社会问题的关切，使安布罗斯塑造出一套话语。这套话语被证明很能适应一种终于敢第一次以'主流信仰'自居的宗教雄心，此时，蓬勃发展

---

① [美]彼得·布朗：《穿过针眼：财富、西罗马帝国的衰亡和基督教会的形成，350—550年》，刘寅、包倩怡等译，社会科学文献出版社2021年版，第223页。
② [美]彼得·布朗：《穿过针眼：财富、西罗马帝国的衰亡和基督教会的形成，350—550年》，刘寅、包倩怡等译，社会科学文献出版社2021年版，第224页。
③ [美]彼得·布朗：《穿过针眼：财富、西罗马帝国的衰亡和基督教会的形成，350—550年》，刘寅、包倩怡等译，社会科学文献出版社2021年版，第226页。

的基督教会正如'渐圆而明亮的皓月',高悬于罗马世界的上方。"①

古代晚期,基督教对社会起到黏合作用的另一体现,或说基督教自身进一步发展的另一个机遇,除了上述在社会变化过程中稳定了原有的行省人群和社会之外,就是让此时较大规模涌入原罗马世界的日耳曼人皈依,为他们提供了一种可遵循的秩序。其实对罗马帝国来说,人群的流动与民族的融合也并不是一个新鲜事,但是当帝国在地方的存在感逐渐消失、外部人群又大规模涌入的时候,这一现象就变得有着划时代的意义。没有了帝国,"用什么方式将不同人群置于一个体系之下",就成了一个问题。此时,基督教成为回答这一问题的答案——尽管形而上的意识形态和物质性较强的帝国相比,有着太多的不同。而蛮族和基督教,在以爱德华·吉本为代表的学者眼中,正是一起削弱罗马帝国的两大因素。"在他看来,罗马后来屈服于'野蛮'和'宗教'(他有时称其为'迷信')。对他来说,宗教主要是指基督教。对吉本来说,新信仰是一股外来的、令人衰弱的力量,它削弱了罗马的意志,转移了罗马的人力和物力资源。野蛮主义指的是成群的野蛮人对罗马世界的打击,罗马世界已经被'宗教'削弱了,当然,还有严峻的政治、社会和经济挑战。"② 当今学界一些的观点,显然已经和吉本的观点有了很大不同。"关键的一点是,各个领域的学者开始在被称为'古代晚期'的时期发现创造力、活力和独特性的迹象。随着这种观点的流行,很明显,人们不能把罗马帝国的'衰落'说成是某件在某地发生过的事,或某人某群体所致。没人否认公元600年的罗马世界与公元300年的罗马世界不同。"③ 但是值得注意的是,基督教体系在西部的建立,与日耳曼民族对西部产生影响是同步的,最典型的事例是此后法兰克王国的建立。而在此之前,在古代末期的社会重组阶段,基督教已经起到了黏合日耳曼人与原罗马地域的作用。"相比之下,在当时的基督教观察者看来,异教从根本上说是野蛮的:对他们来说,异教是一种'内在'的迷信和外在的

---

① [美]彼得·布朗:《穿过针眼:财富、西罗马帝国的衰亡和基督教会的形成,350—550年》,刘寅、包倩怡等译,社会科学文献出版社2021年版,第260—261页。

② Thomas F. X. Nobel: *From Roman Provinces to Medieval Kingdoms*, New York: Routledge, 2006, Introduction, p. 2.

③ Thomas F. X. Nobel: *From Roman Provinces to Medieval Kingdoms*, New York: Routledge, 2006, Introduction, p. 3.

'无产阶级'身份。当野蛮人接受了基督教，他们融入基督教世界的一个最重要的障碍就消失了。"① 再解读吉本的理论，会发现其重点也许不是在"蛮族与基督教导致罗马帝国的衰落"，而是在于"罗马帝国衰落的时候，曾经帝国结构内，边缘化的民族和意识形态一起崛起了"。如上所述，尽管日耳曼迁徙至罗马土地的历史，"甚至要追溯到基督教时代之前"②，但是在帝国影响力消失的时代，日耳曼和基督教在罗马土地上的角色与之前是不可同日而语的。基督教在帝国衰落的时候结合外来的日耳曼民族的需要建构了自己的社会体系。按照王晓朝教授的"继承理论"分析，基督教社会也有可能继承了罗马帝国的主流和边缘的等级结构，将它们纳入自己的体系之中，并由此强化了自己内部的等级制度。

再以第一节提到的奴隶制为例，从布洛赫等学者对于这一问题的分析来看，基督教在面对奴隶制这样的现实问题时，至少可以看到三个方面的问题。一是教会上层化现象出现之后，其教义和立场至少并不是与世俗的上层对抗的，这也预示了此后教会内部的阶级性问题，以及上层教会联合世俗的动机和反对对象。二是教会自身结构无论是否统一，各个体都普遍具有一个统一的性质，即属于整个社会的上层建筑范畴。即使主观上教会想要服从教义，实现自身的价值观，也要有物质条件为前提。同时，对于教会来说，经济问题一直影响着其独立性与专业化问题。当教会的经济来源过于依靠世俗时，教会的世俗化程度自然严重，此时如第一章所述，就会出现形式上带有自下而上性质的教会改革运动。而这样的运动往往主张经济独立。很多时候，教士们给出的独立答案，在理论和实践层面都有努力抛弃人为的"上层社会"性质的意味。这在基督教历史上是一个有着循环色彩的现象。三是可以看到，教会在教义上追求的是永恒的真理，但是实际上，不同时期各层教会都有很强的时代特色。例如弗希尔提到的，在奴隶普遍的时代，教会成员面对奴隶时并不感觉有何不妥。同样，这样的时代性质的特征在此后也会不止一次出现。

这样，基督教社会在古代晚期，较为稳固地建立了起来。但是，这个

---

① Thomas F. X. Nobel: *From Roman Provinces to Medieval Kingdoms*, New York: Routledge, 2006, pp. 46-47.

② Thomas F. X. Nobel: *From Roman Provinces to Medieval Kingdoms*, New York: Routledge, 2006, p. 196.

概念还是一个泛称，它的物质基础是分散的、不稳定的，因此此后自发的基层运动才会较为顺利地自然而然地随着时代的变化而出现。最后，布朗还提醒我们，基督教可以和现实结合，以及基督教可以作为引领社会的旗帜的原因。"不过，针对这种广为人知的古典友谊理想（西玛库斯这样的人总是说得冠冕堂皇），奥古斯丁颇为焦虑地加进去了一剂急救药。对他来说，人类社会并不是靠某种广泛而原始的纽带联结起来的；社会必须要有凝聚力，靠的只是人类情感的自由而危险的博弈；每一种友谊都是一场赌博；每个团体都是脆弱的，都是意志博弈的产物；社会是充满危险的，它能够创造并维持团结，只有依靠微妙的共同情感和相互忠诚。"① 而基督教，正是这一时期的历史决定了可以创造想象的共同体出现在西部，以维持人群之间的情感和忠诚。这个感情社会先天就和物质或说世俗社会有着纠缠不清的关系。同时，在这一时期也可见其内部阶级分化的痕迹。

第三节 基督教与经济秩序

基督教社会内部等级制度的建立，最典型、最基础的问题就是对世俗社会经济等级制的接受。这时的基督教会并不是一个统一的实体，基督教对某一事物的接受，是建立在某种现实基础之上的现象，而非一个有主观立场的社会组织的有意选择。古代晚期开始，西部社会逐渐皈依基督教，是上层社会将自己的财富带入基督教社会之中，由此引发了一系列变化。这也是造成基督教社会内部阶级分化，以及世俗化程度加深的重要原因。对此，我国学者王亚平教授曾有过概括："教会利用这些特权排挤小农，迫使他们典卖土地，沦为教会的农奴。教会不再是由穷人和中等阶层组成的宗教社会，而变成一个分等级、有阶层、官僚式的团体，一个充斥着争权夺利的团体。教会所拥有的土地、财产，享有的经济特权，无疑吸引着中上层分子。他们争先恐后地皈依基督教，在教会中谋取神职。"② 国外学者对这一现象也多有研究，本节以彼得·布朗专门研究这一现象的著作《穿

---

① [美]彼得·布朗：《穿过针眼：财富、西罗马帝国的衰亡和基督教会的形成，350—550年》，刘寅、包倩怡等译，社会科学文献出版社2021年版，第276—277页。
② 王亚平：《修道院的变迁》，东方出版社1998年版，第52—53页。

过针眼》中的结论为基础，简单回顾这一段历史。

布朗对经济改变教会问题的分析，是从这一时期西部社会穷人的概念入手的。从教会同这一概念的关系中，我们可见当时社会的变化，以及教会组织在这样的变化的时代如何被进一步塑造。第二节，我们提到了布朗所说的古代晚期西部社会的穷人概念。但对于"谁是穷人"这一问题，当时的社会则另有定义。总体来说，如上一节提到的奴隶，当时存在一个可能被建构出来的边缘群体，作为非正常人，不在教会的保护、帮助范围内。古代晚期，教会人员成分的上层化和内部的秩序化的过程是同时开始的。"基督徒需要在与其信仰的巨大精神抱负相称的尺度上，创造其自身的社会意象。他们倾向于通过在社会中放置一系列鲜明的——甚至是令人震惊的——'标记'来实现这一点。"① 当然，此时的内部主要是观念上的，而不是尚未完备的组织层面上——实际上，早期的教会更像一个想象的共同体。至中世纪中期，情况并无大的变化。毕竟这一阶段，西部社会的物质基础在碎化，"10世纪和11世纪早期的欧洲教会史，实质上是许多地方教会的历史。"② 很多地方教会此时有意无意扮演了类似地方政府的角色，很多地方权贵和教会社会也产生了交集，他们家族的一些成员加入了教会，这就决定了此时教会能够普遍接受的观念有一定的中庸特征。以对穷人的态度为例：教会对穷人还是有救济的态度和措施的，只不过救济范围有限。这一方面出于现实的考虑，另一方面出于下面提到的传统的原因，还有教会对自身的定位问题。否则，如果教会救助所有民众，那么在经济层面，在社会结构层面，教会势必出现激进革命的特征，进而和世俗权贵发生冲突。因此，此时教会的经济态度多少有些折中之意——"归根结底，基督教的主教们地位日隆，既非通过对极度贫穷者的育养，也非通过说服非常有钱的人把他们的慷慨行为从竞技场转向教会，而是通过赢得中间阶级"③——在面对过于铺张，尤其是有古典色彩的奢侈行为和社会阶层时，教会"号召人们像基督徒那

---

① [美]彼得·布朗：《穿过针眼：财富、西罗马帝国的衰亡和基督教会的形成，350—550年》，刘寅、包倩怡等译，社会科学文献出版社2021年版，第137页。
② [英]提姆西·路特主编：《新编剑桥中世纪史》第三卷，顾銮斋等译，中国社会科学出版社2021年版，第146页。
③ [美]彼得·布朗：《穿过针眼：财富、西罗马帝国的衰亡和基督教会的形成，350—550年》，刘寅、包倩怡等译，社会科学文献出版社2021年版，第145页。

样,把钱财捐给穷人,而不是此前的那种花法"①。此时西部的圣贤奥古斯丁的价值观也是如此:"在迦太基和其他地方,它们依旧被充满热情地操办着,这赤裸裸地体现了如此多的钱是以何种机制流向了奥古斯丁眼中错误的方向——远离穷人和教会的方向。"② 但是涉及救济问题时,"恩主"告诉我们,并不是所有的穷人都是"穷人":"城市中恩主们的赠予对象是他们的'公民伙伴',而非穷人。"③ 这是古典社会结构塑造的价值观的延续,也是地方权贵保持同基层关系的一种必须,"总而言之,民众并不等于穷人,也不希望被当作穷人对待。对一个城市的恩主来说,越过'民众',向成千上万的乞丐或游荡在城市边缘的移民显大方,并不是一种慈善的行径。这是对公民体的冷落,只有最倨傲的人才会威胁要这么做"④。因此,"如奥古斯丁所见,和大约两个世纪前斯米拉德的马格里乌斯所在的时代相比,世界并没有发生改变:民众依旧是赛会的'主人';民众不喜欢穷人"⑤,个体之间也会产生矛盾与冲突,"'对城市的爱'和'对穷人的爱'互相竞争"⑥。这样的事实,让当时的教会有需要对精神乃至物质上的救助对象进行规范。

上层教会势力参与了西欧全社会秩序的寻求或说重建之中,现实决定了他们经济上依赖奴隶又不视其为正常人的态度。尽管没有统一的组织,但是共同的背景和阶级立场导致同样态度的出现,这也是西欧教会在一定程度上有统一趋势和相似价值观的原因。至伯格音在内的修会运动兴起的前夕,分散性和统一趋势仍然是西欧教会拥有的两个特征。有学者认为,教会保存的教会法合集以及礼拜仪式、教会历史、音乐等首先反映的是教

---

① [美]彼得·布朗:《穿过针眼:财富、西罗马帝国的衰亡和基督教会的形成,350—550年》,刘寅、包倩怡等译,社会科学文献出版社 2021 年版,第 99 页。
② [美]彼得·布朗:《穿过针眼:财富、西罗马帝国的衰亡和基督教会的形成,350—550年》,刘寅、包倩怡等译,社会科学文献出版社 2021 年版,第 133-134 页。
③ [美]彼得·布朗:《穿过针眼:财富、西罗马帝国的衰亡和基督教会的形成,350—550年》,刘寅、包倩怡等译,社会科学文献出版社 2021 年版,第 120 页。
④ [美]彼得·布朗:《穿过针眼:财富、西罗马帝国的衰亡和基督教会的形成,350—550年》,刘寅、包倩怡等译,社会科学文献出版社 2021 年版,第 122 页。
⑤ [美]彼得·布朗:《穿过针眼:财富、西罗马帝国的衰亡和基督教会的形成,350—550年》,刘寅、包倩怡等译,社会科学文献出版社 2021 年版,第 134 页。
⑥ [美]彼得·布朗:《穿过针眼:财富、西罗马帝国的衰亡和基督教会的形成,350—550年》,刘寅、包倩怡等译,社会科学文献出版社 2021 年版,第 134-135 页。

会的非同一性。来自基督教会内部和外部的对宗教的挑战，以及西欧社会内部不同阶层社会成员对这样挑战的回应，很大程度上说明现有证据首先反映的是地方关切和区域差异。① 同时，"整体来看，这些证据不仅展现出9世纪加洛林教会的脉络相承，还揭示了10世纪千差万别的教会有着多种一致性和统一的要素"②。而基督教信仰与教会组织恰恰又是在地方差异凸显的时期覆盖了西欧社会，因此基督教的教义和教会内部很多人的内心，开始逐渐普遍接受这个社会的不平等，尤其是经济这一基础领域的不平等。

古代晚期的教会，形成中的组织内部也在等级制度的基础上，出现了分工。首先，如上所述，基督教继承了很多古典思想的内容。"这样去看待穷人对基督徒来说是一种挑战，因为他们吸收了非古典社会的精神资源，而这种精神资源缓慢但稳步地成了想象世界的一部分。"③ 除此之外，还有对教会内部思想体系的继承，即对《旧约》内容的继承。"在4世纪到6世纪，基督教共同体对希伯来《圣经》语言和历史的吸收……和以色列的穷人一样，他们也是兄弟。和其他所有'上帝之民'的成员一样，面对压迫者，他们有向正义'呼号'的权利。"④ 当然，对《旧约》和对罗马阶级观念的继承，让教会异化了一些类似于奴隶的下层民众，但也让自己适应了现实社会，让教会以发展的姿态在现实中生存了下来。同时，正如同教会要保持自身特性以避免完全被世俗同化一样，这样的继承并不完全是对现世秩序的屈从。对《旧约》思想的继承，为教会保持精神上的独立性，保存自身的价值观保留了可能。"很快，很多城市的民众就意识到，以色列的穷人更像他们自己，而非基督教布道词里凄惨的穷人。"⑤ 和当时的许多问题一样，由"如何定义穷人"的困境，便可见基督教此时既要生存、发展，又要保持自身特性和价值观的矛盾。这一矛盾，也是此后修会运动兴起的

---

① [英]提姆西·路特主编：《新编剑桥中世纪史》第三卷，顾銮斋等译，中国社会科学出版社2021年版，第146页。
② [英]提姆西·路特主编：《新编剑桥中世纪史》第三卷，顾銮斋等译，中国社会科学出版社2021年版，第146页。
③ [美]彼得·布朗：《穿过针眼：财富、西罗马帝国的衰亡和基督教会的形成，350—550年》，刘寅、包情怡等译，社会科学文献出版社2021年版，第142页。
④ [美]彼得·布朗：《穿过针眼：财富、西罗马帝国的衰亡和基督教会的形成，350—550年》，刘寅、包情怡等译，社会科学文献出版社2021年版，第143页。
⑤ [美]彼得·布朗：《穿过针眼：财富、西罗马帝国的衰亡和基督教会的形成，350—550年》，刘寅、包情怡等译，社会科学文献出版社2021年版，第144页。

重要历史渊源。这样的意识对当时群众的影响也是复杂的。但是从长久的角度来说，和当时异化底层的现象相比，至少让当时的市民找到了自己和他者（即此前的犹太教徒）的相似性，加强了基督教的传承性。这样的意识，对于教会独立性的建立和自身宗教性质的保持是有益的，同时也给教会自下而上建设的出现埋下了种子，这也是与现世的妥协产生的副作用。不难想象，不是所有人都支持这样的等级制度，同时期兴起的修道运动即说明了这一点。因此，当社会稳定后，反等级的基层运动很可能会大规模兴起。这也预示着此后，基层形式的宗教运动往往和纯粹的宗教传统更具相关性，而与上层教会相比之下似乎则承担着更多适应现实的任务。

上述基督教接受了等级制度——接受的原因可分为生存需要和发展需要两个原因——作为结果，可以揭示一个问题：古代晚期，西部基督教社会进一步发展的时期，基督教社会本身就吸收了可能比我们想象得还多的世俗因素，中世纪西欧基督教社会历史的起点就是包含大量世俗成分的。而后果之一，是信仰的形式化现象。"和在犹太会堂里一样，富裕的基督教捐赠人宣称，通过向教会奉献，他们将上帝给予他们的大量财富中的一小部分回献给上帝"[1]，以及信仰的手段（非目的）化现象的出现："虔诚的赠予从来不是同情心的随意表达，教会的领袖们小心地把它导向一个清晰的目的"[2]；"'有钱人，或律师，或一位前任行政官员'竟可以在没有神职经历的情况下被会众选为主教"[3]。……经济准则制造的世俗化成分，在基督教社会内部塑造了和世俗社会类似的政治原则。"就像已经讨论过的，这个社会革命无异于对传统精英的一次重构，其方法是确保指向宫廷的道路前所未有的多，而指向传统的社会权力中心的道路前所未有的少。"[4] 进而，在教会里，"平信徒必须在严格意义上成为平信徒——一个身在教会，同时属于教会的人群（laos）。他们必须在与神职人员休戚相关的特定建筑

---

[1] ［美］彼得·布朗：《穿过针眼：财富、西罗马帝国的衰亡和基督教会的形成，350—550年》，刘寅、包倩怡等译，社会科学文献出版社2021年版，第69页。
[2] ［美］彼得·布朗：《穿过针眼：财富、西罗马帝国的衰亡和基督教会的形成，350—550年》，刘寅、包倩怡等译，社会科学文献出版社2021年版，第72页。
[3] ［美］彼得·布朗：《穿过针眼：财富、西罗马帝国的衰亡和基督教会的形成，350—550年》，刘寅、包倩怡等译，社会科学文献出版社2021年版，第75页。
[4] ［美］彼得·布朗：《穿过针眼：财富、西罗马帝国的衰亡和基督教会的形成，350—550年》，刘寅、包倩怡等译，社会科学文献出版社2021年版，第76页。

的围墙之内与神职人员发生关联。"① 因此，经济问题也是此后的基督教社会不止一次掀起纯洁教会的宗教运动的重要动力。

本章结论

古代晚期，罗马帝国的秩序在西部衰落时，西部的基督教社会开始发展。不过，这个社会本质上仍然是一个上层建筑，它所依赖的物质社会的结构很大程度上决定了教会本身的根本性质和内、外矛盾。古代晚期，地中海西部碎化的政治社会决定了此时的西部教会的结构，也是碎化的、非统一的。同时，西部的社会也在寻找秩序，又一定程度上决定了此时西部的现实秩序也会以教会为旗号进行组建——彼得·布朗的《穿过针眼》对这一问题有着详细的梳理和分析——这又进一步决定，不同于东部教会，西部教会历史的开端便同世俗世界的关系复杂。但是此时的西部，世俗世界的构成也在发生变化。传统地方势力和日耳曼人势力混合，这又决定了此后的教廷，面对的虔诚者、可依赖者以及虔诚的定义，根据是不同的。这也让中世纪的很多概念，很难找到始终如一的现实对应者。这些概念和此后的"克吕尼修士""隐士"等概念一样，更像是一种生活模式或立场。

这一阶段历史，决定了中世纪西欧教会的许多历史特性。以阶级为例，接受这一结构，是教会生存、发展的需要；对世俗阶级观在内的一些观念的修正，又是教会保持其自身特性的需要。这样的矛盾一定程度上预示了此后修会兴起的原因。总体来说，古代晚期的基督教社会出现了等级，也吸收了大量的世俗因素，这为此后西欧基督教历史中再次出现自下而上的、以恢复信仰的纯洁性为旗号的宗教运动，埋下了伏笔。

---

① [美]彼得·布朗：《穿过针眼：财富、西罗马帝国的衰亡和基督教会的形成，350—550年》，刘寅、包倩怡等译，社会科学文献出版社2021年版，第82页。

第二章 法兰克时代的教会

法兰克时期，西部基督教各上层势力与新的政治实体联合，开启了基督教历史的新时代。尽管这一时期西部教会名义上还从属于拜占庭皇帝，但"自希拉克略皇帝以来……教皇的选举已经不受任何外来的干预，完全由罗马城自身的处境来决定……"①。在错综复杂的政治矛盾中，罗马教皇的威望提高，但要想获得现实权力和控制社会的能力，还需要继续寻找西部新的世俗政权支持。"墨洛温王朝的王权是建立在以血缘关系为基础的家族君权神圣性之上的，而加洛林王朝则是通过涂油来使其王权合法化。贵族地位的新基础被清晰地概括为'感谢上帝'的公式"②，在这一时代，教皇逐渐间接、直接地获得了法兰克统治者的支持。在这个时代，加洛林统治者的需求和基督教发展的要求产生交集，前者的支持让基督教社会中的上层社会得以继续存在、发展，也维持了基督教自上而下传播的形式。这一时期，在法兰克统治者的帮衬下，西部天主教文明区雏形初现，为此后传统拉丁地区和欧洲北部地区的基督教运动的互动打下了空间基础。同时，这一时期的历史可以说明，西欧基督教上层只是一个松懈的、组织化程度很弱的存在。这让基督教上层社会的发展，不可避免地伴随着教会世俗化、地方化程度的提高。这一现象也决定此后修会运动的出现。

---

① [比]亨利·皮朗：《穆罕默德与查理曼》，王晋新译，商务印书馆2021年版，第307页。
② Judith Bennett and Ruth Karras: *The Oxford Handbook of Women and Gender in Medieval Europe*, p.74.

第一节　法兰克人的皈依与对基督教会的影响

从克洛维时代开始，对于法兰克统治者来说，基督教作为一种本土的意识形态与文化符号，自身有着特殊的功能与意义，可以在形而上的层面赋予外来的法兰克势力统治权威。"墨洛温王朝当时的威望是至高无上的，而能对这种权威做出唯一诠释的是基督教会，因为当时日耳曼人拥有的任何观念都无法对王室这种威望予以解说。"① 对于西欧基督教上层来说，这是一个可以依靠新的政治势力扩大影响的时代。此前各民族迁徙带来的动荡，在这一时期趋于缓解。"加洛林王朝的胜利一度在西欧重建了秩序与和平"②，查理曼的加冕更是让上层教会看到了以基督教为旗帜建立新时代秩序的希望。但查理曼去世之后，新的外部势力又冲毁了秩序建立的基础。尽管如此，法兰克王国仍为后世的基督教世界留下了遗产。法兰克王国解体后，以教会话语为形式的"克吕尼运动"立刻兴起，参与运动的力量，也是在法兰克时期发展出来的——很多学者将法兰克王国的解体视为此后基督教会专业化运动——克吕尼改革的条件。"9世纪中期以后，西欧封建采邑制中所潜伏的离心力逐渐显现出来，最终导致法兰克帝国的分崩瓦解……各王国封建制度发展的不同程度，对基督教的各种组织机构产生了不同的作用，导致修道院改革运动和教会改革运动的发生"③。法兰克王国不再，但法兰克时代的遗产，却直接推动了后法兰克时代基督教社会的运动。

如上一章所述，至少在理论上，法兰克时期的教会得到了世俗因素的较大支持，这主要表现在法兰克王室政治层面与西部教会的合作上。究其原因，如莱斯利·艾布拉姆斯（Lesley Abrams）对中世纪早期教会的本质与作用的阐释："如果人们渴望一种共同的文化，那么模板就是罗马文化，而不是日耳

---

① ［比］亨利·皮朗：《穆罕默德与查理曼》，王晋新译，商务印书馆2021年版，第265页。
② ［法］乔治·杜比：《大教堂时代》，顾晓燕译，南京大学出版社2022年版，第5页。
③ 王亚平：《权力之争——中世纪西欧的君权与教权》，东方出版社1995年版，第94页。

曼文化。尽管'罗马'对不同的中世纪早期政权来说有不同的含义，但它所包含的所有人渴望的荣耀——军事荣耀、文化领导、精神权威（过去和/现在）——被证明比狭义定义身份的文化和政治权威更有用。"① 基督教会继承了罗马的荣耀，也逐渐成为法兰克帝国主义梦想的代理机构，② 在社会变化的时期，拥有了特别的身份与作用。

法兰克皈依正统基督教的具体过程，已多有著作详细记述，这里不再重复。本节首先以法兰克与正统教会合作的原因为由，对二者上层合作的缘由以及对基督教社会的影响进行简单评述。首先，二者的相互选择同样是一个长期过程。当时西部阿里乌斯派在日耳曼人当中影响较大，最早接触基督教的部族很多皈依此派。是宏观形势的变化让法兰克人在正统教派和阿里乌斯派之间有了选择的必要与机会。二者关系的建立也有着一定的巧合性：罗马帝国曾经的边界制造了两个世界，但是此时，边界模糊了，曾经的外部民族成为罗马境内的公民，曾经只属于边疆地区的问题内化了。这其中包括西部阿里乌斯派和正统教派的矛盾问题：阿里乌斯派曾经是主要存在于边疆地区的异端，但正因为如此，阿里乌斯派较早和很多日耳曼部族接触，并赢得了他们的支持。在这样的情况下，没有皈依阿里乌斯派的法兰克人③，和正统派有了为各自利益而合作的机会。"作为一个明智的统治者，克洛维清楚地看到，要统治这样一个比本民族文明得多的地区，就要借鉴这个地区原有的行政管理方式。但是，罗马帝国的行政机构已经随着帝国的灭亡而解体，唯一存留下来的只有基督教会。"④ 罗马教皇的主观努力，使这样的联盟成为可能。此后法兰克首领克洛维宣布皈依："国王克洛维来到巴黎城。他对王后以及部众说道：'信奉阿里乌斯派教义的那些哥特人竟然霸占着高卢最好的那片土地，这让我深为郁闷。我们干脆凭借上帝的襄助，前去攻打他们，把他们从那片土地上赶走。之所以要这么干，是因为，把这片土地置于我们的控制之下，肯定要比目前这种状况好得

---

① Thomas F. X. Noble and Julia M. H. Smith: *The Cambridge History of Christianity*, *Early Medieval Christianities c. 600–c. 1100*, New York: Cambridge University Press, 2008, p. 108.
② David Keep: "Cutural Conflicts in the Missions of Saint Boniface", *Studies in the Church history*, Vol. 18, 1982. p. 49.
③ 也有学者认为，法兰克人也曾皈依该派。参见 Jeffrey Richard: *The Popes and Papacy in the Early Middle Ages*, 476–752, New York: Routledge, 2014。
④ 王亚平：《修道院的变迁》，东方出版社1998年版，第61页。

多.'对于这一建议,法兰克的高官显贵们都深表赞同"①。而两个教派的区别此时也有了新的意义:西部的正统教派和阿里乌斯派相比,前者对组织性的强调,让自己似乎显得更代表未来的历史趋势,也更符合要在原罗马帝国领土建立王权的政治家的需求。"阿里乌斯派的持续成功证明了教会的潜在作用,但它本身如果不是一种种族观念,至少也有很强的种族色彩……"②这样的特征,显然不利于新形势下的族群融合。罗马教皇代表的正统身份以及对法兰克统治者的争取,让他们意识到与正统教派的合作是他们合法身份的来源,以及获得罗马荣光的途径。如前所述,在新的环境和时代里,进入罗马帝国土地的日耳曼各部也不是要完全延续过去的社会和统治模式,而是要根据新的环境和历史建立新的秩序并重塑自我。对正统教派的接受,不只是为入乡随俗,还要借正统教派之名,继承这片土地的上层合法权益和可利用资源,为新的政权服务。这一需要帮助了正统教派。③ 这样的选择对于双方而言都有巨大的影响。

当然,法兰克人的皈依并不等于教皇马上拥有了忠实的拥趸。正统教会作用的显现与双方关系的深化,都是一个过程。法兰克人的动机首先是现实的,"法兰克人皈依基督教,是基督教在中世纪得以延续的重要转折点。法兰克国王克洛维的皈依,不是出于宗教的原因,而是他建立国家,对外进行扩张的一项政治措施"④。这样的动机,导致罗马教皇在早期的政教关系中仍然处于较为被动的局面。他有着统一西部教会并用教会主导西部社会的愿望,但是即使在后来的公元753年,教皇仍需要以"第一次主动翻过阿尔卑斯山"的姿态主动拉拢法兰克统治者。就当时而言,"在短期内,这一联盟的影响对任何一方都不是决定性的。教皇仍相对较弱……在接下来的20年里,伦巴第继续威胁教廷在罗马的利益,而法兰克人一般都不愿意致力于在阿尔卑斯山数百英里之外的军事行动,以履行义务保护教

---

① 《法兰克人史纪》,陈文海译注,人民出版社2018年版,第108页。
② Thomas F. X. Noble and Julia M. H. Smith: *The Cambridge History of Christianity*, *Early Medieval Christianities c. 600–c. 1100*, New York: Cambridge University Press, 2008, p. 108.
③ 王亚平:《修道院的变迁》,东方出版社1998年版,第61页。
④ 王亚平:《权力之争——中世纪西欧的君权与教权》,东方出版社1995年版,第54页。

皇"①。这说明在这一政教联盟的初期，教皇似乎没有我们想象的那么大的主动权。此后，尽管形势让法兰克的君主支持教会，但自然也会控制教会。"墨洛温王朝君王们仰仗罗马教会的大力支持，同时，他们对于基督教教会也给予保护并加以实际控制"②，具体表现包括国王曾控制教会神职的授予权。

但是不管怎样，可以肯定的是，法兰克统治者是特别需要正统教会的，无论是高卢地方教会还是罗马教廷。这样的关系，从长期来看，也有助于正统教派地位的确立和进一步的发展。首先，如艾布拉姆斯指出，正是法兰克人对正统教会的选择，让正统教派迅速战胜了异端阿里乌斯派。"在法兰克国王克洛维（公元511年）改信天主教之后，大陆的阿里乌斯派输给了当地居民的正统基督教。"③ 尽管双方的合作有一定的巧合性，但是正是这样的巧合透露了教会与新兴政权结合的必然与双方的利益共同点：正统教派赋予的身份，对法兰克统治者在高卢地区站稳脚跟有利——教皇对罗马化程度较高的高卢地区教会的影响应该是较大的。现实中，也发生过高卢的罗马军队，在得知西部皇帝不在，又进一步得知法兰克人皈依了正教的情况下，才让出防区让其通过的情况。同时，这也让法兰克人在与其他日耳曼部族的竞争中，寻找到了一个支持自己的盟友。

其次，联盟维系了教会体系发展、壮大的势头。这一时期，对于东部教会来说，在各种意识形态、各种发展趋势并存的东地中海世界，东罗马即拜占庭帝国的存在的意义是明显的。同样，对于西部教会来说，在社会尚未稳定的情况下，一个国家层面政治力量的出现与支持，对于基督教在西部上层社会的发展和整个基督教社会的发展，也有着重要意义。除了教皇，对于其他西部的地方贵族势力来说，这一时期的法兰克王国对教会的支持，为他们提供了和平进入新时代的机会。"在这些'蛮族'国家中法兰克人建国的方式与众不同，在征服的过程中，法兰克人没有完全没收高

---

① Marios Costambeys、Matthew Innes、Simom Maclean：*The Carolingian World*, New York, Cambridge University Press, 2012. Introduction, p. 2.
② ［比］亨利·皮朗：《穆罕默德与查理曼》，王晋新译，商务印书馆2021年版，第265页。
③ Thomas F. X. Noble and Julia M. H. Smith：*The Cambridge History of Christianity*, *Early Medieval Christianities c. 600-c. 1100*, New York, Cambridge University Press, 2006. Introduction, p. 108.

卢罗马教俗贵族的土地，以此获得了他们的支持，打败和兼并了其他'蛮族'部落。"① 古代晚期，很多地方贵族已经开始对皈依基督教产生了兴趣，此时联盟很可能进一步刺激了当地贵族对教会的兴趣。"教会为法兰克人提供了一个以共同信仰为基础，建立在基督教原则上的、有秩序的、比较稳定的统治机构的典范。因此，法兰克把教会纳入自己的统治集团中，主教和修道院长成了王室的重要官员。而这些主教和修道院长都出身于高卢罗马元老贵族家族。7世纪前法兰克的教会中尚未有法兰克血统的僧侣，墨洛温王朝对教会和修道院的政策，为那些无力抵抗法兰克人进攻的罗马大贵族提供了避难所，许多世俗大贵族携家带产避入修道院。教会和修道院财产的神圣性、不可侵犯性，保证他们继续占有原有的财产。更重要的是，进入修道院是他们获得王室官职的唯一的仕途。这些无力通过在战场上建功立勋获得官职的罗马大贵族，以修道院作为踏脚板，竞相钻营教会的职务，进入法兰克王国的统治集团中。世纪著名的编年史家格雷戈里在《法兰克人史》中，不止一处地记载了罗马贵族贿买主教和修道院长的事例。法兰克的氏族大贵族和罗马的元老大贵族，就是通过教会融合在一起，形成了新的统治阶级集团。"② 这样的联盟巩固了新的社会结构，也让基督教因素更深入、系统地嵌入西部社会。这样的联盟也规范了西部教会内部的秩序，正统教派的位置得到巩固——战胜阿里乌斯派之后，正统派受到的新的挑战还是不容小觑的。"有迹象表明，在进入罗马世界后，日耳曼人选择并继续致力于这种日益非正统的基督教形式，作为维护他们的社会身份和文化独立的一种手段。"③ 应该注意的是，法兰克统治者与教皇的合作，并不只是双方最上层统治者之间的合作，更是两种社会融合后在政治层面的反映。因此双方意愿的达成一定程度上说明这一联盟对欧洲社会的规范，对以上问题的解决有着意义与作用。

对于教皇来说，虽然暂时受到一些控制，但是教会在这样的联盟中并非完全处于被动的位置。这一时期，地中海世界一分为三，阿拉伯帝国对地中海贸易的影响，让墨洛温王朝逐渐衰落，西部社会的政治结构又一次

---

① 王亚平：《修道院的变迁》，东方出版社1998年版，第25页。
② 王亚平：《修道院的变迁》，东方出版社1998年版，第32页。
③ Marios Costambeys、Matthew Innes、Simom Maclean：*The Carolingian World*，New York，Cambridge University Press，2012. Introduction，p. 107.

第二章　法兰克时代的教会

逐渐碎化。"……在工商业和城市消失的影响并不严重的奥斯特拉西亚地区，王室行政管理体系也未得到高度发展，当地社会的注意力全部转向贵族豪门——这是一种不断取得明显优势的势力。"①"不断取得明显优势"，说明这一趋势存在的长期性。西部社会政治结构的碎化，给基督教带来了扮演特殊角色的机会——"罗马晚期，在宗教和其他方面，都是一个破碎化的时代"②——如果克洛维寻求罗马帝国原有的行政管理方式，或说秩序，也只能在教会中找到其影子。"这可能是让基督教在其后几个世纪中可能起到最大作用的最佳背景。"③ 当然，可以扮演这一角色不只是因为它是教会，如前所述，更因为它是某种意义上的地方、官方权威。"基督教与希腊罗马的融合是一个基督教本土化的过程……一旦基督教转为国家宗教，它的荣辱也就与帝国捆在一起了。"④ 这也是基督教随着社会结构的变化而改变自己内涵和外延的时代。而自法兰克时代，这样的社会结构开启了教皇对王权合法化过程的参与。⑤ 此时高卢地区的教会和此后法兰克王国面前的教皇，一定程度上就是在有形的罗马帝国逐渐消散的过程中，携带着高卢当地和某种罗马帝国权威，拥有可以赋予法兰克人的统治以合法外衣的力量——这甚至也被认为是法兰克时期王室大规模修建修道院的一个动机，"众所周知，在加洛林王朝时期修道院是王权的基础。"⑥

从中世纪早期开始，法兰克与其他日耳曼各部的冲突以及其他各部与阿里乌斯派结合这一现实，让日耳曼各部的斗争与基督教内部的教派之争乃至西地中海新秩序的重建过程结合在一起。这让法兰克统治集团有动机在新的形势下，寻找一个可依靠的、支持自己的力量，同时也借此加强对内的集权统治。尽管法兰克人和正统教派并不是天然的盟友，"法兰克人一

---

① ［比］亨利·皮朗：《穆罕默德与查理曼》，王晋新译，商务印书馆2021年版，第279页。
② Thomas F. X. Noble and Julia M. H. Smith: *The Cambridge History of Christianity*, *Early Medieval Christianities c. 600–c. 1100*, New York, Cambridge University Press, 2008. Introduction, p. 21.
③ Thomas F. X. Noble and Julia M. H. Smith: *The Cambridge History of Christianity*, *Early Medieval Christianities c. 600–c. 1100*, New York, Cambridge University Press, 2008. Introduction, p. 44.
④ 王晓朝：《罗马帝国文化转型论》，上海世纪出版集团2017年版，第292页。
⑤ Marios Costambeys、Matthew Innes、Simom Maclean: *The Carolingian World*, New York, Cambridge University Press, 2012, Introduction, p. 2.
⑥ Noreen Hunt: *Cluniac Monasticism in the Central Middle Ages*, London and Basingstoke: The Manmillan Press LTD, 1971, p. 16.

开始的倾向是模棱两可的，因为他们与其他地方的阿里乌斯派定居者关系密切"①，但一旦选择了正统教派，这样的联盟中，基督教的特殊作用就会显现。这样的情形，在西部教会并不像东部那样成体系，后人较为容易地系统书写神学叙事的情况之下，给西部教会在整个西部社会的发展带来了"相关的挑战和机遇（尤其是对罗马主教而言）"②。这在很大程度上解释了这一时期以及此后的其他世俗力量与基督教会寻求联合、建设教会的动机。

法兰克时代，西部的社会内部结构的同质化程度仍不是很高，即使是世俗贵族，也存"当地"与"日耳曼"之分。即使是法兰克人，内部同质性也未必是很强的。"法兰克人在墨洛温时代由于政治上的分裂而未形成统一的族群意识。'法兰克人'一词并不包含所有生活在卢瓦尔河以北直至莱茵河的人群，如《法兰克史书》所载，'法兰克人'专指纽斯特里亚人，并不包含与之对峙的奥斯达拉西亚人。"③但正是这样的情况，让基督教教会在世俗社会有了更多的起到黏合作用的机会。我国青年学者朱君杙认为，这种新型文化认同意识（基督教信仰）的形成是中古早期欧洲各个族群之间的关系重新整合、重新界定的结果，而法兰克人是推动族群关系重新整合、界定的主体性族群。④墨洛温后期开始，法兰克王室在血统和文化上开始了地方化的进程。此后，法兰克王室自身和原住民逐渐都不再将其视为外来统治者，基督教在这一过程中的作用无疑是巨大的，这样的过程对于基督教的继续发展的反作用，也无疑是巨大的。

第二节 教会"上层化"趋势的延续

教会的上层化，不只是各地区上层人员分散地、形式上地皈依基督教的经过，更是基督教借助某种力量加强内部统一性，并出现体制化结构特

---

① Noreen Hunt: *Cluniac Monasticism in the Central Middle Ages*, London and Basing stoke: The Manmillan Press LTD, 1971, p.41.

② Thomas F. X. Noble and Julia M. H. Smith: *The Cambridge History of Christianity*, *Early Medieval Christianities c.600-c.1100*, New York, Cambridge University Press, 2008, p.30.

③ Bernard S. Liber: *Historiae Francorum*, Coronado Press, 1973, p.10.

④ 朱君杙：《"欧洲"还是"罗马"——基于历史文献对于法兰克人"欧洲"认同意识形成的探讨》，《西部史学》2019年第1期。

征和内部管理力量的过程。法兰克时代，法兰克统治者有意无意对这一过程起到了一定的推动作用。只是由于种种原因，这样的过程并不像一些人想象的那样，完成了教会的统一与内部秩序的建立，教会进一步发展的问题仍然存在。此处还是要强调一下上一节提到的两个概念。一是上层教会，这是一个统称，泛指社会上层建立的教会，和此后的修会有阶级属性上的不同。但其内部同质性不强，背后支持它们的势力也不尽相同。在面对一个具体问题时，各自的立场也未必相同。一些地方教会的代表是地方势力，从后来圣卜尼法斯（St. Boniface）传教的经历来看，法兰克一些地方上的教会同教皇和法兰克王室都存在矛盾，这也是法兰克统治者支持卜尼法斯传教的原因之一：因为他代表教皇，号召统一教会。因此，在很多情况下，不宜将这一时期的上层教会视为一个统一的政治势力。二是在这一概念基础上的上层化概念，也是一个笼统的说法。各地方势力皈依的动机不一，情况和影响也不尽相同，这是此后克吕尼运动兴起的背景之一。不过总体来说，这样的过程对于西部教会体系化的进程来说，还是有促进作用的。

对于正统教派来说，作为上层建筑，其组织和教义一样，早期自身发展的过程与自身的历史，很大程度上就是与其他教派竞争、与现实社会适应的过程。法兰克王国支持教皇并开始参与教会上层的本土化过程之后，正统教派也在拉丁文化腹地战胜了阿里乌斯派，开始吸纳更多的社会资源。此后，古代晚期开始出现的教会人员上层化的趋势也得以继续——这一时期，加洛林宫廷的高级文职人员基本都为教会人员兼任。且在法兰克人建立了宫廷之后，教会的上层更是有了官员化、体制化的意味。对于教士来说，进入修道院是他们获得王室官职的唯一途径。法兰克人皈依以后，"克洛维没有改变基督教的原则，却改变了主教的法律身份，使其依附于国王并成为国王的奴仆。"[1] 而从这些教会上层人员的出身来看，他们多数也是出身于古罗马时期的贵族家庭，"……基督教教会上层人士几乎都是由罗马元老院家族的后裔充任"[2]——这和彼得·布朗的《穿过针眼》中描述的情况是一样的。这让我们在看到此时西欧社会"变化"的同时，也看到了某种延续性，即基督教上层的发展以及世俗上层人员对基督教的"皈依"。

---

[1] 王亚平：《修道院的变迁》，东方出版社1998年版，第27页。
[2] ［比］亨利·皮朗：《穆罕默德与查理曼》，王晋新译，商务印书馆2021年版，第298页。

这一定程度上也是西欧社会在结构变化的情况下，世俗上层维持自身存在与利益的一种手段。对于一些上层成员而言，信仰很可能是手段，而对自身利益的维系才是目的。法兰克时代，这样的现象，对于基督教社会的影响是复杂的。一方面，在秩序混乱的时代，西部教会从教廷到地方教会都需要世俗力量的支持才能生存，上层化是教会此时谋生的结果；另一方面，这一过程也让基督教世界持续吸纳了诸多，尤其是上层的世俗因素。此后到了修会时代，引起教廷和修会的关系变化的原因之一就是教义上的问题。但教义上的争议可能只是一个借口或导火索，如哈纳克所言，基督教运动的性质之一即社会运动。所以说此后的一些教内矛盾，很可能是这一时期教会上层化的结果。

基督教会史或说基督教社会上层发展始终存在一个矛盾的问题：教会的发展，教内各阶层似乎都曾希望依靠一个世俗政府，作为生产者和战士，为教会提供物质保障；教会来担任职业的脑力劳动者，实现自己的价值观，并进一步在现实中确立教会的领导地位。虽然依靠世俗政府和最终自己占据有利地位看似矛盾，"教会在法兰克王国实行统治中的作用，决定了它必然要在王权的控制之下"①，但是教会对如何同世俗力量合作的问题的探索和思考，却没有停止过。尤其当时西欧特殊的历史环境，给了教会扮演重要角色的机会——毕竟"西欧文明是次生与混合的文明，其来源似应为三要素，即古代日耳曼传统、古典文明和基督教"②，而此时西部的教会在理论上似乎包含了上述两种要素。这样的身份也让他们在确定了与法兰克王朝的关系后，即使面对法兰克王朝的改朝换代时，仍可以扮演重要脑力劳动者的角色。"751年，一位在日耳曼新进设立的主教，即沃尔兹堡主教博尔恰德和住持弗尔拉德一同前往罗马，向教皇陛下提出了那个举世闻名的问题：究竟由谁来佩戴王冠——是那位徒有其名的国王呢，还是那位真正行使国家权力的人呢？教皇对此做出的回答，十分有利于矮子丕平，从而导致墨洛温王朝统治的终结。"③ 王朝更迭，教皇获得的支持却更加具体、

---

① 王亚平：《修道院的变迁》，东方出版社1998年版，第62页。
② 侯建新：《交融与创生：西欧文明的三个来源》，《世界历史》2011年第4期。
③ [比] 亨利·皮朗：《穆罕默德与查理曼》，王晋新译，商务印书馆2021年版，第317页。

第二章 法兰克时代的教会

现实。随着教皇国的出现，教皇成了"罗马城和周边地区的主人"①，更重要的是，"罗马教皇感觉到在面对各方敌对势力时，自己是有靠山的，感到了正统基督教信仰是安全的……"② 在这样的联盟中，即使教会依靠其特殊身份没有完全沦为附庸，当然还是有一个问题会随之到来，即教会因在当时西欧社会中的特殊位置而产生的世俗化问题。这一时期，教会的上层化趋势，仍然在某种意义上就意味着教会的世俗化。如上所述，既然教会组织成为很多贵族进一步攫取现实利益的工具，而教会这一阶段的发展又不可能将这些人排除在教会之外，那么上层化导致的教会整体风气和价值取向的变化，就成了不可避免的结果。这是一种必然，是一种普世意识形态的发展之路，也是当时不同世俗权势不约而同地选择，而未必完全是某种成体系的世俗势力有意造成的。

在法兰克王国的推动下，高卢教会一定程度上改变了上文提到的"罗马时期在皇权下各自为政"的情况——"罗马帝国时期，教会是一个以罗马教会为首，各个教会的联合体"③。尽管理论上原行省范围内的教会属于一个教区，但是中世纪早期以来，西欧社会动荡，教会不太可能拥有实际的行政结构。法兰克时期，出现了以"教会国家化"为形式的新的教会整合趋势。这一时期，高卢地方教会的统一性和规范性得到加强，尽管高卢的地方教会主教与罗马教廷还不是完全在同一体系内。当政治层面的统治者在深化对某一地区的统治时，会出现"法兰克教会与罗马教会没有了任何联系，完全是一个国家教会"④ 的现象。即这样的联合，就理论角度和当时的现实条件来说，不可能在政与教的文明层面解决双方的问题。法兰克的国家和罗马教廷的国家并不一致，这让两个概念之间又出现了错位。但是，这是下一个阶段凸显的问题。此时，世俗化作为一种必然结果，对教会也有其时代性的积极作用。世俗化让教会一定程度上受法兰克国王的控制或影响，但同时也可以在条件允许时得到法兰克王国的直接支持，让

---

① [比] 亨利·皮朗：《穆罕默德与查理曼》，王晋新译，商务印书馆 2021 年版，第 322 页。
② [比] 亨利·皮朗：《穆罕默德与查理曼》，王晋新译，商务印书馆 2021 年版，第 324 页。
③ 王亚平：《修道院的变迁》，东方出版社 1998 年版，第 62 页。
④ 王亚平：《修道院的变迁》，东方出版社 1998 年版，第 62 页。

正统教会有希望自上而下地统一西欧教会。而这样的情况，一方面以自上而下的形式推动了基督教的发展，从那时起，"地方的"基督教通过当地和外地教士的努力得到了发展。在法兰克人日益占统治地位的王国中，高卢罗马人、法兰克人和爱尔兰人的主教和传教僧侣把基督教教义从城镇——基督教在帝国时期首先建立起来的地方——带到乡村，一个更加异教化的地方。在那里，高卢罗马崇拜可能与传统的日耳曼习俗混杂在一起。在7世纪，与墨洛温王朝国王和修道院有联系的教士将教会的权威扩展到高卢东北部那些仍然是非基督教的地区。前边境地区被重新基督教化，传教团被派往弗里斯兰人（Frisians）集聚地，修道运动也帮助扩大了法兰克人在阿勒曼尼和巴伐利亚人中的势力。① 当然，另一方面，又间接导致了罗马之外，地方教会的世俗化进程的加剧，"买卖圣职之风由此形成"②。因此，教会依靠世俗国家势力开始了自上而下的整合，代价是可能让教会上层整体上开始世俗化，地方教会与罗马中央之间的离心倾向也可能出现，这是这一时期教会发展必然产生的副作用。不过对于基督教来说，这只是这一时期的次要矛盾。

如果前一趋势可以一直维持下去，即法兰克王室有能力在高卢建设一个可以囊括各种势力的统一国家，世俗化也许不会再是一个被讨论的问题，一个依附于国家的统一教会很可能会出现。但是，现实的情况要复杂得多，不同成分的贵族、依附于不同势力的教会构成的复杂上层社会，以及法兰克人内部的问题，让法兰克王室很难在短时间内实现社会和国家真正的统一，更没办法在统一国家的基础上建成一个统一的教会。此后，查理曼时代后期，国家内部实际上出现了以大地主为主要政治核心的分散化的发展趋势，教会作为上层存在也卷入其中，成为地方势力的附庸。这样，教会的世俗化又多了一层封建化的含义，"教会因为它的土地封建化而封建了"③。这样的趋势意味着反国家统一的趋势，分散化甚至私有化的问题出现。"随着墨洛温王权的被分割，地主大贵族势力的增长，王权对教会的控制权也被分散。大地主贵族在自己的领地内委派他们所需要的人充任主教和修道院长，

---

① Thomas F. X. Noble and Julia M. H. Smith：*The Cambridge History of Christianity*，*Early Medieval Christianities c. 600–c. 1100*，New York，Cambridge University Press，2008，p. 108.
② 王亚平：《修道院的变迁》，东方出版社1998年版，第63页。
③ 王亚平：《修道院的变迁》，东方出版社1998年版，第64页。

从而产生了私有教会制。"① 作为社会基础的法兰克王国,内部上层的斗争也加速了教会世俗化的进程,"法兰克王位的继承法破坏了王权的集权性,为保证和扩大自己的权势,各国王不得不依赖氏族大贵族,而那些大贵族为了自身的利益也全力支持他们自己的国王,这样就形成了新的政治势力,奥斯特拉西亚和纽斯特里亚这两大家族就是由此逐渐掌握了王国宫相的大权。这些新兴的大贵族不仅控制了王国的世俗大权,而且也把持教会的大权。"② 以修道院为例,"作为社会的重要社团之一,它不可避免地要随着社会的发展而发展,在日耳曼人大迁徙之后,修道院与西方社会一起走上了封建化的道路,私有修道院由此而产生。"③ 罗马教廷利用封建关系来扩大自己的直属领地,并力图使欧洲各国君主成为罗马教皇的封臣。④ 此时,上层教会出现了两种方向,即在高卢,依附于地方权贵的封建化发展方向,和在高卢之外,主要是罗马,仍希望教会统一的教皇势力的努力方向——此后,8世纪初,当教皇格里高利二世支持卜尼法斯在德意志地区传教,得到了希望建立统一王国并且打击分裂大土地贵族的查理曼家族的支持。那时,法兰克王国再次以"支持建立统一教会"的国家力量的形式出现。此后,教皇国在丕平的支持下出现。不久之后,当法兰克王国开始解体,克吕尼运动兴起时,我们会看见,上层教会的发展政策有时会在两种情况中摇摆:是依靠一个统一的世俗政府,然后处理政、教孰为引领者的地位,或是在一个分散的世俗社会中,努力让教会确保引领者的地位。这样的情况,也间接说明法兰克时期政教联盟的建立对教会的意义。但上层教会似乎对法兰克国家的统一,意义不是那么大。

这一时期,对于教会来说,上层化的另一个积极影响是推进了西欧世界基督教传播的深度。此时的基督教在西欧全社会范围内发展较快,让基督教不仅作为一种意识形态,一种组织,还作为日常生活中的仪式、社区生活的规范,渗透到基层的日常生活当中。如上所述,世俗政权的支持,让基督教开始在农村等地区传播,这一趋势和基督教同世俗上层的结合一

---

① 王亚平:《修道院的变迁》,东方出版社1998年版,第64页。
② 王亚平:《修道院的变迁》,东方出版社1998年版,第39页。
③ 王亚平:《修道院的变迁》,东方出版社1998年版,第34页。
④ 郭方、刘诚、施诚等:《中古时期的基督教与民族》,江西人民出版社2012年版,第3页。

起，让教会在组织和意识上拥有了同时体制化发展和在基层生活各个层面渗透发展的趋势，这样的趋势让各维度的"基督教"有了进一步规范的机会，也让下层运动的土壤在西部出现。此后，当教会上层化趋势严重或某一王权引领的世俗势力严重影响教会时，教内追求信仰或说反对与某一王权的势力，可能和世俗反王权的某种势力一起，借助下层以追求纯洁信仰的形式来反对这一趋势或世俗势力。这样的斗争形式也是基督教体系在中世纪一直存在的原因，这一形势也让上层教会在没有一个统一的组织结构的情况下，不至于被不同的政治力量、价值体系完全分化、解构，反而可以随着时代变化自我调节。一方面，中世纪欧洲似乎没有形成如此有力的世俗政治势力，可以解构教会组织；另一方面，多元的结构似乎也是这种普世性宗教的特征，让这样的体系可以在面对一个维度的现实问题时仍然继续生存、发展。此后，当基层信仰运动兴起时，基层组织，尤其是没有国家化特征，不依附于某一固定地域的基层组织，往往反倒成为教皇可以依靠的一支力量。同时，这样的基层力量也增强了基督教传播的动力源。而基层与基督教话语的关系，在这一时期被进一步密切化了。如同彼得·布朗以格里高利为例，对这一时期基督教传播效果的总结："（6世纪）格里高利对盎格鲁人拥有的（皈依的）使命感，传统上被认为是西方基督教历史上的一个起点。在一个世纪里，基督教几乎在无意的情况下，远远超出了其自身思维地图的范围，并带来了戏剧性的、不可预见的结果。"① 无意的戏剧性的结果，说明这一时期基督教的发展同上层有关，对基层产生了影响，尽管这并非完全是上层主观努力的结果——法兰克和教会各代表一个体系，这一时期双方上层的合作产生的影响，似乎主要也集中在各自的上层社会。因此此时的"基层"主要不是社会层面的概念，而是地理概念。各地区的不对等性，让基督教在地理层面的传播不仅体现出其影响范围的变大，也体现出传播内容的逐渐多样化。

  这一时期基督教的深入传播遇到的问题是不同地域以及不同人群对于教义的理解不同。以修道院为例，不同修道院遵循的院规不同，遵循《本笃会规》的修道院对于会规的理解和解释也不尽相同。法兰克统治者为统

---

① Thomas F. X. Noble and Julia M. H. Smith: *The Cambridge History of Christianity*, *Early Medieval Christianities c. 600–c. 1100*, New York, Cambridge Press, 2008, p. 13.

一对会规的理解做出过努力。虔诚者路易在816年曾参加宗教会议,号召全部修道院遵循《本笃会规》,并力图将会规的解释权掌握在自己手里。路易的做法无疑是想加强自己对于宗教社会在内的整个社会的控制力度,但是这样的做法在理论上对于基督教社会的发展和内部秩序的确立无疑是有积极作用的。路易这一努力的具体效果不易评估,从最终的结果来看,也并没有达到路易的目的,但是从这样的例子也可以看出,法兰克王权的存在,至少在理论上,对于教会上层化的进程——从国家的角度管控教会、规范教会,有较强的推动作用。此前法兰克王室对卜尼法斯传教的支持,也起到了类似的作用;而卜尼法斯遇到的传教内容多样性的问题,又证明了这一时期传教内容的深化。

无论怎样,这是一个让西欧进入新时期的时代——甚至有人认为这一时期可以被视为欧洲历史的开端。① 沃格林也认为,此时西部基督教体系是教会和日耳曼人的融合体。② 西部教会携带着某些罗马时期的权威,但他们未必想恢复罗马帝国,而是想要建立一个自身地位完全改善的时代。"有一点很明显,即教皇内心所设想的绝非仅仅是在西部地区重新创建起一个帝国,也就是说,创造一个奥古斯都·罗慕路斯的继承人来。如果仅仅是这样,就等于让皇帝重新回到罗马,重掌帝国权力。他心中所想的是保留自己独立的地位。"③ 历史在前进,法兰克统治者对基督教的接受,是新的统治者和基督教体系相互塑造的过程,也是西欧历史向新的方向发展的过程。法兰克统治者并不打算完全成为新的罗马皇帝,毕竟"此刻,他们关注的重心不再是'罗马化'的内地,而是朝日耳曼的北方转移"④。所以,法兰克统治者对基督教的需求和罗马统治者不同,"显然,查理曼不再将自己视为一位罗马贵族。他以基督徒保护者身份而自诩。"⑤ 基督教起源、发展于

---

① 详见[意]亚历桑德罗·巴尔贝罗:《欧洲之父查理大帝》,赵象察译,民主与建设出版社2021年版。

② 详见沃格林《政治观念史稿·卷二·中世纪(至阿奎那)》,华东师范大学出版社2009年版,第二章。

③ [比]亨利·皮朗:《穆罕默德与查理曼》,王晋新译,商务印书馆2021年版,第329页。

④ [比]亨利·皮朗:《穆罕默德与查理曼》,王晋新译,商务印书馆2021年版,第263页。

⑤ [比]亨利·皮朗:《穆罕默德与查理曼》,王晋新译,商务印书馆2021年版,第329页。

罗马帝国，但其并非罗马文化的内核，接受它一方面可以加强法兰克统治的合法性，但另一方面似乎也有告别罗马时代的意味。教皇希望的也不是重新出现一个罗马帝国，所以说，二者的联合是一种在新的背景下的彼此重塑，"正是在这种特定的政治和社会背景下，我们需要考虑加洛林的家庭生活思想。随着社会环境的变化，基督教不断重塑其家庭和家庭的意识形态。由于晚期的古代贵族接纳了基督教，他们将保罗的神圣家庭理念与现有的古典模式的元老院夫妇模式融合在了一起。"① 而基督教会则在这样的形势下，利用罗马帝国的遗产，和法兰克人合作，建设新的教会世界。

法兰克王国的出现，确实至少在特定时期内，促进了基督教的体制化或说上层化的发展。沃格林甚至认为，"法兰克帝国是基督教启唤的前提条件"②。此前自发展的基督教，通常有激进化和衰落两种状态。法兰克时代，教内的规范趋势很大程度上改变了这一情况。"加洛林修道改革的首要目标是消除这两种选择（正统与异端）之外的一切。那些选择的修行方式在体制化标准下显得不合群的人，比如流浪的使徒阿尔德伯特和克莱门斯（活跃在 8 世纪中叶）或逃亡的僧侣戈特沙尔克（活动时间在公元 860 年前后），如果在过去的几个世纪里，可能有机会成为圣徒和正面事例，但加洛林人把他们视为亡命徒和异教徒。"③ 而教会上层化的趋势，不只是制造了一个上层或说与世俗上层合作的内部阶级，更重要的是，也无疑同时也制造了一个基层空间和一套复杂、多元的同外界的关系，并无意中让内部自我调节的动力开始酝酿。另一方面，体制化的话语，对于非体制的存在有排斥和打压的先天特质。因此在基督教体制化明显的时候，体制化的上层社会会对非体制化的基层信仰形式进行打压，出现"像曾经的圣徒一样生活的人如今遭到打击"的现象。这也是此后伯格音运动遭到打击的历史背景之一。

---

① Judith Bennett and Ruth Karras: *The Oxford Handbook of Women and Gender in Medieval Europe*, Oxford: Oxford University Press, 2013, p. 240.
② [美] 沃格林《政治观念史稿·卷二·中世纪（至阿奎那）》，华东师范大学出版社 2009 年版，第 35 页。
③ Judith Bennett and Ruth Karras: *The Oxford Handbook of Women and Gender in Medieval Europe*, Oxford: Oxford University Press, 2013, p. 444.

第三节 法兰克时代可见的问题

从法兰克王国时期的基督教社会史中,可见很多此后中世纪基督教历史的线索。第一,此时以及此后相当长时间内,西部基督教社会不是一个结构化、组织化很强的存在。2世纪早期,不同地域的历史与文化,将基督教分化为不同的教派。古典晚期,随着整个社会对基督教的接受,让基督教社会内部的结构更为复杂。其中专业教士与大众、上层教会势力与基层信众、世俗发展与追求信仰趋势的共存与矛盾,即基督教内部的阶级与准阶级结构的形成,是一个不可忽视的问题。在中世纪早期,社会秩序陷入相对混乱的状态,整个社会的人群划分方式变得简单粗暴。弱者寻求庇护,准奴隶和奴隶制度的再现成为较为普遍的现象,这让教内上、下阶级对立的问题并不突出。相反,上层势力组织的教会,作为一种庇护机构,正是这一时期民众和世俗权贵所需要的。在此后社会环境变化,当有了刺激性因素出现时,基督教内部的阶级问题变得凸显且引人注目,并不是一个值得惊讶的事情。因此,如果说此时的基督教社会已经有了此后修会运动或伯格音运动的雏形,似乎有些牵强,但是,中世纪早期作为漫长中世纪教会史的重要阶段,修会时代背景中的很多要素,在这一时期已经开始逐渐酝酿、形成。

第二,尽管这一时期乃至整个中世纪的西欧,基督教作为社会组织的一种形式和社会意识形态,在整个社会包括物质层面的各种作用都很突出,但是不能否定,其本质仍是一种上层建筑。由于历史的原因,其承载的力量可以让它面对某些如法兰克王国这样的世俗力量时拥有一定的独立性,教会代表的力量甚至在一些条件下可以对社会起到主导性作用,但是从法兰克王国的历史来看,总体来讲,教会的发展和面对的问题以及发展趋势还是由基础的物质社会决定的。而当我们认为,教会承担了物质性功能的时候,我们需要注意,此时的教会应该被如何定义,它是否已经包含了很多物质性的要素——这时的教会往往是一个广义且有集合体(不是在一个组织之内)性质的概念,而不只是理论上与世俗互补的概念。并不是说物质层面的事务和规律可以由精神层面决定,而是说,基督教作为一个普世性宗教,它包含的绝不仅仅是精神、教义层面的内容。"中古时期欧洲及相邻地区，基督教会不只是一种宗教组织，而是具有强大的经济实力、政治权力和社会控制力量。宗教问题与斗争往往是政治、经济、社会问题和斗争的集中体现形式，而各民族也往往以宗教作为加强民族凝聚力、进行民族反压迫、获取独立斗争的手段和旗帜，民族问题往往以不同宗教、不同教派间的差异和斗争体现出来。而罗马教会的'普世性'标榜和东正教会的'正统性'标榜，既反映了教俗统治者建立世界性帝国的野心，也反映了各民族共同认同某种思想文化传统、加强经济文化交流的意识，因此，基督教作为一种普世性宗教的特性，经过中古各种宗教民族矛盾和斗争的冲击，仍然保留了下来。"[1] 这说明中世纪基督教和教会广义的内容是复杂、多元的。但是即便如此，这一概念的本质仍属上层，其可以对物质社会产生反作用的根本原因仍在于其属于上层建筑范畴。世俗化成分过多，教会和基督教社会就会被世俗社会同化，这也是此后反对这一趋势的教内人士发起一次次宗教改革的重要原因。

这一时期，法兰克人的皈依给了西部教会一个各阶层可依靠的对象，但是整个社会和教会的发展方向并没有完全因此而变得清晰。毕竟一个上层行为不可能完全改变整个社会，而且，这时的法兰克人，皈依正统教派只是一个权衡利弊之后的选择。王亚平教授认为，基督教以共同信仰为基础把同一地区不同民族、不同部族、不同阶层的人们组织起来，平衡社会间的各种关系，有助于法兰克人的统治，这是克洛维皈依基督教的主要动机。[2] 尽管这一选择确实开启了日耳曼各王国皈依正统教派的历史，西部基督教在这一过程中有了新时期具体的内容，法兰克各部也利用基督教和基督教承载的历史、文化内容开启了地中海南部定居阶段的历史，但是，如同莱斯利·艾布拉姆斯对此的一段经典评述所言："至于日耳曼民族，在他们皈依之前很久，就与凯尔特人和罗马世界有过接触。由于缺乏资料来源，我们无法准确地确定在这种接触之前，他们社会的哪些方面完全是日耳曼历史独有的。在这一阶段，皈依也不是引发改变的唯一因素。在承担了西欧和不列颠大部分地区的世俗领导权之后，日耳曼民族化进程有了相当大的发展，在他们皈依基督教之前、期间和之后，各种各样的影响使得人们

---

[1] 郭方、刘诚、施诚等：《中古时期的基督教与民族》，江西人民出版社2012年版，第79页。

[2] 王亚平：《修道院的变迁》，东方出版社1998年版，第27页。

很难将宗教变革的影响与社会动荡、经济发展，政治权威的转变、移民等更为普遍的影响区分开来。制度化的教会本身也受到这些发展的影响，就像吸收具有不同文化背景的新民族一样。"① 这说明日耳曼各族的特征很可能在皈依之前已经形成，如法兰克对基督教的皈依只是形式问题。因此在一些情况之下，作为上层建筑的基督教的作用可能被夸大了，或者说，有些时候"基督教"概念是在吸收了一些其他时段和空间存在的概念后，"起到"了物质性作用的。地中海的历史进程给了日耳曼部族首领在此时扮演王权层面的世俗角色的机会，但是这种联盟的结构是不巩固的，联盟双方的内容和利益也是在变化着的——制度化的教会吸引了新民族，但是进一步的同质化进程，还需要变化着的经济状况、政治权威等因素进一步塑造。这一时期的历史人物在主观上曾做出努力去巩固这一同盟，例如虔诚者路易的改革，但是由于上述长时段决定的物质性因素的影响，改革失败。同样，教会的努力也并没有让联盟长久地存在，这在很大程度上反映了教会的上述性质。

法兰克时期的"上层"也意味着基督教传播的动力也来自社会上层。如上所述，中世纪西欧基督教较为明显的自上而下的传播形式形成于这一时期。但考虑到当时的实际情况，这一模式的效果有限。"一些皈依（例如在英格兰，或在该地区的西米德兰），似乎是有机地发生的，因为非基督徒在基督徒中定居，并通过正常的社会行为，如婚姻，融入基督徒中。更明显的是，在日耳曼世界，大多数其他的皈依被描述为自上而下的过程，统治者接受洗礼（通常与他们的世俗顾问磋商），然后他们的人民皈依。虽然是出于政治原因，但这些进程可以是和平的。偶尔，有暴力事件发生，有时甚至是极端的事件。从上到下，这种'全国性'的转变显然是由大规模的洗礼强加的，而且，由于它的集体性质，它可能没有带来什么立竿见影和大规模基层层面的改变，当时的人们似乎也意识到了这一点。（之后的大规模皈依）可能和千禧一代的思维有关。大规模的洗礼有末世论的逻辑，在公元 600 年到 1100 年的不同时期有不同的紧迫性。"② 这段论述，说明了

---

① Thomas F. X. Noble and Julia M. H. Smith: *The Cambridge History of Christianity*, *Early Medieval Christianities c. 600-c. 1100*, New York, Cambridge University Press, 2008, p. 111.

② Thomas F. X. Noble and Julia M. H. Smith: *The Cambridge History of Christianity*, *Early Medieval Christianities c. 600-c. 1100*, New York, Cambridge University Press, 2008, New York, Cambridge University Press, 2008, p. 111.

法兰克时代开启的模式，对于现实教、俗上层各自的预期来说，也还存在着较大的差距：基督教信仰很多时候只是形式上渗透到整个社会的各个层面，西欧地区真正同质、稳定的社会还没有形成，这同样又是此后基层信仰运动反复出现的一个重要背景。在一些传统的基督教话语体系的叙事中，一些具体事件和人物的作用容易被夸大，尤其是上层人物的作用。例如克洛维的皈依，在一些叙事中形式上的皈依，似乎就意味着同质性社会的出现，似乎就意味着整个高卢地区的皈依。但是如上分析，高卢为代表的很多西部地区中层（地方权贵和教会组织）、基层的结构更为复杂，很难说一个代表某种势力的上层人物的动作就会引起大范围的质的改变，这一情况和彼得·布朗描述的君士坦丁大帝发布《米兰敕令》后基层社会情况应该是一样的。虽然自上而下的传播方式，对于一种意识形态来说有其特殊作用，法兰克时代这一传播方式也取得了应取得的成果，但上述问题的存在，说明这一规式存在局限性。这也很大程度上说明了此后基层运动兴起的原理和意义：这也就预示着，在此后的基督教传播过程中，下层在某种意义上很可能仍然是一片巨大的待开发地。但是，这一时期的法兰克王国确实无意给后世的整个基督教社会留下了一笔财富，上层联盟一定程度上也可以说完成了刺激教会发展的历史使命。法兰克人把相当多的世俗力量掌握的财富用于修道院等宗教机构的建设（虽然动机未必是纯宗教的），这让法兰克王国消失后，西欧仍存在帝国留给教会的宗教遗产，这也是此后克吕尼运动发起的物质条件之一。

第三，在西欧中世纪的特殊历史背景下，基督教确实吸收、承载了很多理论上宗教部门很难承载的要素，尽管这样的承载未必是教会自身愿意的。即便是面对法兰克王室这样的可以统一世俗世界的统治者，面对上层贵族，由于后者成分复杂，也没有办法将这一理论上距离王室并不遥远的阶层完全置于自己的有效管理之下。这样特殊的环境给教会组织留下了较大的社会功能层面的扩展空间，但也让基督教和世俗社会在社会职能等层面存在比较大的交集，这是当时的历史条件决定的西部基督教社会和教会的一个特点。

不过客观来说，这不是一个完全需要谴责的现象。首先，如上所述，这并非一个人力可控的现象；其次，这一现象对于基督教的发展来讲，从让这一信仰多元化的角度来说，未必尽是消极影响。就教会本身来说，尽管教会的一体性此时不是很强,尽管很多地方教会只是依附于地方权贵的存在,但不可否认,作为性质同属于上层建筑世界的西部教会,总体上也有较为一致的历史基础和价值取向,经历世俗化的同时也会努力保证教会同外部的界线。而分散性特征也让基督教社会逐渐形成了一个体系,具备了一定自我调节的能力。同样,这也是此后修会运动兴起的历史渊源。至于当时的世俗化问题本身似乎也并不是十分致命的问题。这属于当时基督教上层发展的具体形式,即在发展的过程中出现不断涌现的阶段性现实问题之一。所以,世俗化是这一时期教会尤其是上层体制化教会发展的代价或说方式,而未必完全是一种错误甚至罪恶的现象。毕竟,任何历史存在都不可能在理想化的真空中发展壮大。同理,此后的克吕尼运动,伯格音在内的修会运动,出现的背景或说参与运动人员的主观针对的现象,也是教会或说基督教社会中存在的问题,但这样的问题是否一定要用"教会的腐败"来形容,是一件值得思考的事情。不难看出,中世纪早期,正是这种对于教会社会和世俗社会来说都不理想的状况,让各方势力不断斗争,又不断合作,进而有意无意地推动了欧洲中世纪基督教社会乃至西欧社会的发展。甚至可以说,正是这样的情况,才让晚期的欧洲中世纪社会出现了近代欧洲文明的雏形。因此,如果不是以基督教的宗教价值观——如上文所述,以耶稣的言行等作为唯一评价标准(当然,耶稣的言行很多体现的也是普世性的价值观),那么如何根据现实条件评价教会在中世纪中不止一次出现的世俗化问题,进而如何评价修会运动在内的反世俗化运动,是值得进一步思考的。

第四,如上所述,当时西部无论是基督教社会还是世俗社会,都并不是一个统一的体系。这让双方,或说理论上的双方的关系错综复杂,因此对于双方关系的考证,除了使用教会、世俗这样的概念之外,还可以将这样的关系置于更广阔的社会体系中加以考察。如同马里奥斯·科斯塔姆贝斯(Marios Costambeys)所言:"社会结构、农村和精英社会、经济力量、宗教信仰和文化方面的发展与政治事件密不可分,并在复杂的多边关系中相互关联。"[1] 在不同的问题上,如何定义教会,进而如何定义该问题之中

---

[1] Marios Costambeys、Matthew Innes、Simom Maclean: *The Carolingian World*, Introduction, New York, Cambridge University Press, 2012, p. 3.

的阵线划分，是一个问题。以本章内容为例，此时的教会只是一个理论上的联合体，罗马主教（教皇）拥有理论上作为教会首领的地位。但是实际上，这一时期不止一位罗马教皇只是罗马城某一支贵族推选的代言人，其真正的势力范围很可能无法覆盖整个罗马城，"统一西部教会"更无从谈起。因而，此时的很多地方教会，尤其是后来出现的私人教会，都是建立在与地方权贵合作的基础上，很难说它们同罗马教皇实际层面也属于同一组织，并和教皇存在着根本的共同利益，更不能奢望教皇和这些教会身后的势力发生矛盾时，它们会无条件地站在教会组织一边，不顾客观条件，去坚持教会的抽象原则。从内容上看，教会的含义也绝不仅是教俗二元平面世界中的一元那样简单。二者之间，也没有一个明确的界线——这一点彼得·布朗曾提到一个值得注意的现象，"6世纪的种种现象表明帝国时代远未结束"①，而"这些戏剧性的事件揭示了这样一个事实：世界上那些看似远离基督教的中心地带的地区，却被一个通信网络连接在一起，而这一网络逃脱了基督教传播的传统叙述……"② 教会体系的变化也不只是吸纳多少世俗因素这样简单，"更重要的是，基督教必须以多种互补的方式来理解，这些方式结合在一起，再次强调需要复数性的叙事"③，即理论上、概念化的教会很多情况下只是一个想象的共同体。而这样的情况，在整个中世纪似乎都没有本质上的改变，即使是在教皇势力达到顶峰时期。因而，在模式地叙述一个宗教运动，尤其是自下而上的宗教运动时，对其自身的性质和其存在、发展之背景的复杂性，要有足够的认识。往往一个事件，并不是用公式化的"教俗对立"即可解释。甚至在一个运动存在的时间段之内，教、俗的内容都会发生很大变化。

第五，尽管在现实中时时面临分散化的问题，但由于外部阿拉伯、拜占庭帝国的影响、西欧内部社会"秩序"的存在以及在第三点中提到的原因，西部教会还是在一定程度上存在着一定的整体性和统一的愿望或说趋势。尼西亚会议给了罗马主教管理西欧和北非的法理依据，中世纪早期，

---

① Thomas F. X. Noble and Julia M. H. Smith：*The Cambridge History of Christianity*，*Early Medieval Christianities c. 600–c. 1100*，New York，Cambridge University Press，2008，p. 15.

② Thomas F. X. Noble and Julia M. H. Smith：*The Cambridge History of Christianity*，*Early Medieval Christianities c. 600–c. 1100*，New York，Cambridge University Press，2008，p. 15.

③ Thomas F. X. Noble and Julia M. H. Smith：*The Cambridge History of Christianity*，*Early Medieval Christianities c. 600–c. 1100*，New York，Cambridge University Press，2008，Preface，p. 16.

教会保存着城市化的要素，"古代基督教基本上是一种城市现象。对中世纪早期的欧洲来说，'城市'并不是一个显著的特征。然而，奇怪的是，基督教会保留了本质上是城市的组织结构、实践方式和思想观点，即使它扎根于本质上是农村和农业的社会。"① 这样的历史制造的教会与日耳曼世俗权力的"代差"，在某种程度上决定了教、俗世界中教会社会的边界并非完全不存在，也让分散的教会某种程度上有了一定的同质性。这种罗马的遗产给了教会在理论上统一、进一步经营想象的共同体的可能性。此外，上文提到的教会的核心教义等内容，有意无意也在维持着教会的统一，以及正统标准的存在。因此，尽管现实条件并不总是有利于教会的统一愿望，现实中也很难说西部教会真正曾经统一，但是这样的某种层面上的统一性，可以说还是存在的。在社会碎化的同时，基督教也起到了一个逐渐不受地域、政治势力甚至时代限制的力量的作用——"这是一个'去中心化'的真理世界，比这个世界上所有的王国都要宽广"②。这一时期，基督教在西部的影响范围包含了罗马帝国不曾直接统治的地带，"爱尔兰的大教堂几乎都是在6世纪建立的"③，这种超越地域、反区域化的性质，是在基督教发展过程中适应了时代的变化后出现的，这样让基督教体系在秩序混乱的时代，逐渐成为一种秩序的代表。"一个有秩序的教会提供了社会元素"④，尽管在组织、教义上它还不统一。并且，它渗透到整个社会，尽管此时西地中海的社会在其他层面还相对隔绝。这让基督教在西欧社会中的地位逐渐稳固，在漫长的中世纪，西部基督教组织也不止一次显现出上述功能。基督教的开放与无形，让它在变化的时代有了很强的生命力，也在这样变化的时代可以重塑自我。

第六，应该注意时代背景对教会和世俗内容的影响。在西罗马帝国逐渐消散的过程中，国家层面出现了新的内容。一方面，"罗马人之前认为的

---

① Thomas F. X. Noble and Julia M. H. Smith: *The Cambridge History of Christianity*, *Early Medieval Christianities c. 600–c. 1100*, New York, Cambridge University Press, 2008, Preface, p. 16.

② Thomas F. X. Noble and Julia M. H. Smith: *The Cambridge History of Christianity*, *Early Medieval Christianities c. 600–c. 1100*, New York, Cambridge University Press, 2008, Preface, p. 16.

③ Thomas F. X. Noble and Julia M. H. Smith: *The Cambridge History of Christianity*, *Early Medieval Christianities c. 600–c. 1100*, New York, Cambridge University Press, 2008, p. 86.

④ Thomas F. X. Noble and Julia M. H. Smith: *The Cambridge History of Christianity*, *Early Medieval Christianities c. 600–c. 1100*, New York, Cambridge University Press, 2008, p. 44.

'外部'或自身不具备的要素现在已经嵌入了他们的世界,罗马文化因此获得了更丰富的基调"①,即新的时代社会有了新的要素。这样的新要素出现在各个层面,《剑桥欧洲经济史》指出,当时的农村已经出现了原有生产形式与日耳曼形式并存的局面。② 我国学者侯建新教授也曾提及日耳曼农村公社制度对中世纪欧洲的影响。③ 在法律层面,则出现了教会法、罗马法与日耳曼习惯法并存的局面;另一方面,和很多的时代变化对新时代产生影响的情况一样,此时两个不同时代的要素,罗马和日耳曼因素并不是在某一时期清晰交接的,而是在变革、转型的时期叠加、镶嵌、接触后相互改变的,不是短时间内完全取代的关系。罗马时期的公民并没有完全被新的王国或说世俗社会所吸收,很多转变成了教会成员。"六七世纪,西欧各地主教的势力仍然非常强大,基督教和以前一样会吸收有钱有势的人当主教。而主教的权利所依赖的因素有:宗教因素、自身资源、对王宫的影响(识拉丁文)、在世俗地方上的作用。"④ 彼得·布朗在《穿过针眼》中也不止一次提到这一情况。"公元343年,拉丁主教们在塞尔迪卡(今保加利亚索非亚)集会。集会表达了对一种现象的关切:有钱人,或律师,或一位前任行政官员竟可以在没有神职经历的情况下被会众选为主教。"⑤ 如波希主教奥古斯丁为城市议员之子,先后受到塔加斯特的庇护人罗马尼亚努斯、著名多神教徒和老派元老西玛库斯等人的庇护;⑥ 安布罗斯——一位元老院议员和代理总督——将在毫无准备的情况下直接成为米兰的主教。⑦ 也就是说,此时的教会不但出现了与日耳曼世俗政权合作的情况,其自身也具备罗马世俗因素的传承。"很少有主教在即位时是'清白'的:一个人接管了

---

① Thomas F. X. Noble and Julia M. H. Smith: *The Cambridge History of Christianity*, *Early Medieval Christianities c. 600–c. 1100*, New York, Cambridge University Press, 2008, p. 30.

② 详见[英] M. M. 波斯坦、H. J. 哈巴库克主编《剑桥欧洲经济史》(第一卷),王春法等译,经济科学出版社2002年版,第一章。

③ 详见侯建新《交融与创生:西欧文明的三个来源》,《世界历史》2011年第4期。

④ 郭方、刘诚、施诚等:《中古时期的基督教与民族》,江西人民出版社2012年版,第221—222页。

⑤ 彼得·布朗:《穿过针眼:财富、西罗马帝国的衰亡和基督教会的形成,350—550年》,刘寅、包倩怡等译,社会科学文献出版社2021年版,第73—74页。

⑥ 彼得·布朗:《穿过针眼:财富、西罗马帝国的衰亡和基督教会的形成,350—550年》,刘寅、包倩怡等译,社会科学文献出版社2021年版,第34页。

⑦ 彼得·布朗:《穿过针眼:财富、西罗马帝国的衰亡和基督教会的形成,350—550年》,刘寅、包倩怡等译,社会科学文献出版社2021年版,第76页。

一个教区，也继承了此前的思想习惯和庇护网。"① 在基层，"人们永远不会认为他们的奉献是理所当然的。就像皇帝的抱负一样，布道或和解法令的影响既无法预测，也无法保证。表面上成为基督徒的民众仍然需要被唤醒；要意识到基督徒的全部含义，他们仍然需要被教导"②。在基督教自上而下的传播过程中，处于关键的中间阶层的地方主教们，那些当时和此前的异教社会关系暧昧的人们，也要以一种传承或说过渡式的方式去布道。"他（主教）还必须利用其他传统形式的角色和地位——演说家、学者、有美德的人的角色和地位——以便在这个新的事业中运用既定的指导和说服技巧。"③。这些情况，说明这一时期的基督教社会和罗马社会有着相当强的传承关系。和许多皈依基督教只是改变了崇拜符号的族群一样，这一时期罗马领土内"文明族群"的皈依，也应该有同样的情况。这样的传承，也决定了基督教社会中世俗化成分的存在。同时需要指出的是，由于基层的固有的接受能力的问题和具有不同文化背景的分散性特点，也让基督教在基层的传播一直存在很多问题，有些问题对于一种意识形态来说是很危险的。例如，这一时期，"布道中揭示的思想世界似乎有时被迷信和粗俗玷污——象征着'基督教化'的某种失败"④。菲利普·卢梭认为，这样问题的存在，使一些地方仍然在相当程度上保持着自己的原则，是因为"它仍然牢牢地掌握在受过教育的人手中……当我们在圣徒传记中看到幻象的持续存在时，我们发现一种准备状态，不仅要控制合法化这种体验，而且还要把流行的东西纳入稳定和正统的社会……从这个意义上说，他们向更广泛的观众提供了迄今为止一直保持一种复杂状态的'嗜好'"⑤。这说明，在古代后期到法兰克时期，基督教教义尚在建设阶段，经历着一段自上而下的建设过程。

---

① Thomas F. X. Noble and Julia M. H. Smith: *The Cambridge History of Christianity*, *Early Medieval Christianities c.600-c.1100*, New York, Cambridge University Press, 2008, p.36.

② Thomas F. X. Noble and Julia M. H. Smith: *The Cambridge History of Christianity*, *Early Medieval Christianities c.600-c.1100*, New York, Cambridge University Press, 2008, p.36.

③ Thomas F. X. Noble and Julia M. H. Smith: *The Cambridge History of Christianity*, *Early Medieval Christianities c.600-c.1100*, New York, Cambridge University Press, 2008, p.37.

④ Thomas F. X. Noble and Julia M. H. Smith: *The Cambridge History of Christianity*, *Early Medieval Christianities c.600-c.1100*, New York, Cambridge University Press, 2008, p.38.

⑤ Thomas F. X. Noble and Julia M. H. Smith: *The Cambridge History of Christianity*, *Early Medieval Christianities c.600-c.1100*, New York, Cambridge University Press, 2008, p.39.

这样的状况也说明了一种可能的存在：当基层也掌握了文字和某种话语权时，自己很可能孕育出一种话语或者继续传播复杂嗜好，而当他们以自己的方式建构这种嗜好的时候，基层信仰在整个基督教社会中，就会以相对独立的形式出现。此后的修会运动即属于此形式。既然基督教社会的内容会随着时代的变化而变化，那么在基层，被唤醒的必要和可能也会一直存在，扮演唤醒者的主体也可能随着历史条件的变化而变化。当基层民众中有人在某种条件下，成为受过教育者，有了传播或追求信仰的可能，那么他们很快就会形成一个逐渐与其他民众不同又有密切联系的团体。当这样的运动开始向上层发起挑战时，宗教旗帜引发的运动就可以被视为社会运动。由于他们自发地形成于基层，对于教廷来说，他们也有着基层固有的问题，尤其在同世俗世界复杂关系的作用之下，他们中的一部分很容易成为教廷眼中的异端。

这些问题也预示着下一个时期，追求教会的统一性、纪律性的运动可能会出现。"在高卢，大多数教士（如卡尔西顿）关心的是僧侣之间的关系问题，其次是婚姻和性行为。在另一个方面，反复出现的愤怒与无奈情绪揭示了主教们无法确保教义或奉献的正统途径。如果高卢的基督徒沉迷于地方议会所禁止的事情——对着动物的头发誓，参观神圣的树木和喷泉，忘记旧节日的新意义，咨询术士和占卜师——他们的完全转变就还需要很长时间。美德和神奇的力量可能被危险地与巫术和歇斯底里混为一谈。在这样的气氛下，很少有主教能够安静地解决问题，为自己的社区制订计划。圣公会的信件，无论是无意还是有意收集的，都证明了这些人可能面临的混乱。即使在比较平静的例子中，日常承诺的故事也被抱怨、询问、奉承和辩护淹没了。"[1] 此后，当法兰克王国解体，教会国家化的现实支持者也不在的时候，世俗化和分散化，地方权贵控制教会又重新成为一个较为严重的现实问题，这反而激发了教皇统一教会的愿望。教皇为核心的教会统一的愿望和教内各势力的和反世俗的要求统一在一起，出现了此后的克吕尼运动。

这一时期，教会世俗化的表现是国家化之后，各级教会逐渐受控于国

---

[1] Thomas F. X. Noble and Julia M. H. Smith: *The Cambridge History of Christianity*, *Early Medieval Christianities c. 600-c. 1100*, New York, Cambridge University Press, 2008, pp. 39-40.

王及地方权贵,这也是一个可以想象的结果。与王国的合作让基督教在新的环境中进一步横向发展,但也给教会带来了问题。因此,当法兰克王国走向衰落的时候,第一章提到的,以追求教会信仰纯洁性为目的的克吕尼运动就开始了。这样的运动,在基督教的历史中,有一定的必然性和周期性:作为一个有着统一经典的宗教"组织",在组织的性质有根本变化的可能性的时候,和"发展过程即为适应现实过程"一样,在适应外部的同时,其内部的调节能力也还是存在的。"基督教的各层面各部分都一直在变化。然而,在基督教中仍然可以看到某些相对稳定的东西从历史上传递到当今基督教的所有派别。……基督教的诞生来自耶稣的推动,被人们信以为真的他的那些言行成为这种信仰的公认的标准。"[1] 当在改革派眼中,世俗化的程度让教会的所作所为越来越违背《新约》中耶稣言行的时候,教会内部自然会有声音提出教会的发展方向要重新靠向信仰。而不是依靠教会世俗化红利生活的基层信众,则往往成为这种纠正行为的直接参与者和推动者。这也是11世纪修会运动乃至伯格音运动重要的长时段的历史背景。即前文提到的,离开对西欧基督教社会、教会组织、世俗社会构成即各种构成要素之间复杂关系的理解,只是从时代角度去定性、理解伯格音运动是不够的。形式上,这是一个时代特有的运动;但是究其本质,会发现其本质的多元性,而其中重要的一元,正可以从基督教的信仰运动的历史动力中寻到线索。

在社会转型的过程中,上层势力无疑会在短时间内发生形式上的变化。罗马帝国晚期,由于受皇权的控制,教会尚未形成统一的宗教权威。法兰克人的到来,制造了此时西欧社会出现的另一对矛盾,即罗马地方贵族与日耳曼贵族的矛盾。"5世纪末,罗马贵族与阿里马斯教蛮族的矛盾有增无减。"[2] 这样的矛盾,一方面刺激了高卢地方势力要拉拢法兰克人,使法兰克国家势力此后扮演了西部正统教派支持者的角色;另一方面也一定程度刺激了基督教社会的又一组织形式,修道院的兴起。一些地区的地方贵族为了躲避日耳曼社会的兵役,而修建修道院。而此时,克洛维的皈依,又在一定程度上促进了高卢地区的民族融合。"这表明上帝把法兰克人作为他

---

[1] 王晓朝:《罗马帝国文化转型论》,上海世纪出版集团2017年版,第286-287页。
[2] 王亚平:《修道院的变迁》,东方出版社1998年版,第55页。

的人民，委托克洛维统治，克洛维不再像哥特人的国王阿拉里希、勃艮第的国王贡迪奥克那样是由部落成员推举出来的部落国王，而是一个征服者，是王国的缔造者，是上帝委任的国王，是包括罗马居民在内的法兰克王国的国王。"①。高卢地方势力对法兰克人的拉拢，以及法兰克人此时作为新的地区新的社会统治者的身份，全社会对一个全新的、可以成为高卢地区不同民族共同的信仰的需要，促使法兰克人成为新时期西欧世界一个重要的基督教传播支持者，使基督教自上而下的传播方式得以延续，同时也让教会在现实中的统一出现了一丝曙光。即使在原有的罗马政治格局之下，由于皇权的存在，教会的统一要求有了成为现实的可能，而教会内部各种差异性的显现，则需要时间和条件，甚至短时间内可能一直没有机会显现。而西部皇权较为快速地消失，加速了西部社会的无序化进程。分散但理论上统一的教会，作为罗马文化的继承者也一定程度上承担起了在这个社会内部差异尽显、秩序较为混乱的时代去树立社会权威的任务。教皇也希望利用这样的机会实现自己利益的诉求，这就出现了在基础碎化的世界建设一个统一上层建筑的需要。法兰克王国的出现，让这一问题出现了得以自上而下解决的机会，但是，种种原因又让这个希望破灭——西部教会不是一个整体，各维度的教会诉求往往并不一致。此后，这样的矛盾持续到修会运动兴起的时代，伯格音在内的国际化修会组织一定程度上克服了分散和地方势力控制等对教会统一不利的因素，让教廷看到了新时代实现教会统一愿望的又一个可依靠力量。

　　作为一种普世性文化体系，基督教的传播显然不是各地域、各人群统一在一个组织下的、平面式的扩展。在扩展的过程中，不同地域文化根据自身的情况发展出不同的教义，教义等要素在各个时代也有各时代的特征和任务。"基督教所以能从没落的古代社会残存下来，并不是偶然的，是由于基督教本身的性质适应了晚期罗马帝国的经济政治状况，被统治阶级所利用，成为官方的意识形态，进行统治的工具。教会的神职人员也因此进入了罗马帝国的统治集团中，成为新兴的大土地所有者，与新兴的世俗大土地占有者一起步入封建社会。"② 我国学者王亚平认为，上层接受基督

---

① 王亚平：《修道院的变迁》，东方出版社1998年版，第56页。
② 王亚平：《修道院的变迁》，东方出版社1998年版，第54页。

教，或说基督教的上层化还有其深刻的经济背景。"早期的基督教主要植根于受罗马帝国统治集团压迫剥削的下层民众中。它不崇拜罗马皇帝，不信奉罗马国教，对罗马帝国的统治有着强烈的反抗情绪。新兴的大土地所有者，利用这种反抗情绪为自己的独立性进行辩解，因而他们承认基督教，皈依基督教，用基督教抵制罗马国教，进而与罗马皇帝的集权相抗衡。正是在这种经济和政治的背景下，在帝国危机的冲击中，许多大奴隶主、大商人、官僚以及一些皇帝的亲属也加入了基督教会。他们的加入改变了基督教会的社会成分。他们有雄厚的经济基础，有一定的军事政治力量作靠山，因而在教会内的影响日益增加，逐步取得了教会的领导地位。基督教的性质以及所起的社会作用也随之有了根本的改变。这种变化在罗马帝国统治集团对基督教的政策中充分地表现出来。"[1] 这样的变化，让法兰克时代的基督教继续以自上而下的方式传播，这样的传播方式带来的诸如教会内部成分复杂化、教会世俗化等问题已经被学者们意识到。但同时，也应该承认，这样的方式也让基督教变得多元化、体系化，有了更强的生命力，保持了在西部社会连续发展的势头。如同自下而上的运动让西部教会有了自我纠正的能力一样，自上而下的传播，或说这一时期教会对法兰克王室、地方贵族的吸纳让教会拥有了上层政治资源，在动荡的社会之中拥有了保护人，在西地中海世界以正统的身份存在，并继续发展。

本章结论

　　狄奥多西大帝之后，基督教逐渐成为官方意识形态。彼得·布朗认为，其实基督教的官方化有更大的背景。"基督教官方化的重要时刻，与对俄罗斯大草原游牧民族的外交攻势以及对萨珊渗透高加索的外交攻势是同时出现的。"[2] 类似的观点，我国学者在论及此后的圣像破坏运动之原因时也曾提到过："帕特里夏·克龙在谈到毁坏圣像运动时曾指出，拜占庭帝国的宗教政策取决于其周边的'磁场'，伊斯兰教的出现改变了'磁极'，从而使

---

[1] 王亚平：《修道院的变迁》，东方出版社1998年版，第52页。
[2] Thomas F. X. Noble and Julia M. H. Smith: *The Cambridge History of Christianity*, *Early Medieval Christianities c. 600–c. 1100*, New York, Cambridge University Press, 2008, p. 12.

拜占庭帝国更加犹太化而非希腊化，即从崇拜圣像转向毁坏圣像。"① 这样的结论说明，一些曾被脸谱化的基督教历史中的事件，往往有一个比我们想象更大的时间、空间背景。即使在东、西部逐渐分化的情形之下，整个地中海世界也仍然存在某种因连锁反应引起的共振。以法兰克时期为例，在地中海东部，"君士坦丁对基督教采取宽容和扶植政策的同时，又为教会制定了各种信条，以此对其控制。皇帝对教会的控制是通过对主教的授职权实现的。主教由皇帝任免，宗教会议由皇帝批准、主持召开。为此，皇帝强调主教在教会中的主导地位，加强主教的权力，给予主教司法权，扩大教会法庭的职权范围，使那些被教会革除教籍的人，在社会上无从立足。罗马帝国统治集团以'异端'的罪名镇压下层民众的反抗；排斥打击自己的反对派，抢夺他们的财产；以基督教奴化其他民族，对外扩张。基督教成为罗马帝国官方的意识形态，从属统治集团的政策和政治。教会和统治集团逐渐地结为一体，教职人员也进入了罗马帝国的统治集团中。主教的职位几乎等同于世俗的社会等级。那些设法谋求这一职位的人已经不是出于宗教的原因，主教与世俗贵族间的区别微乎其微，都成为大土地占有者，在日耳曼人武力征服的过程中，与日耳曼新兴的军事贵族相融合，步入封建社会。"② 如上所述，地中海地区的复杂环境让基督教社会出现了一些问题，但也让其在新的环境下生存下来，并进一步发展。

值得注意的是，基督教还成为现实矛盾的一个催化剂，这也再次印证了基督教对世俗社会有较大的反作用。这一时期这一问题体现在国家层面上：当时一些日耳曼王国信奉阿里乌斯派，因此在占领一些原罗马帝国的土地后，开始支持阿里乌斯派而打压正统教派。"这样就加剧了征服者和被征服者之间，基督教徒与阿里马斯教派之间的各种矛盾。在征服者和被征服者之间造成了严重的对立。"③ 教内的教派之争成了社会建构中矛盾的催化剂、斗争的导火索，这让基督教和现实或说世俗世界的关系进一步复杂化。也就是说，基督教传播的过程，本身也是和世俗世界或说非基督教文明建立起各种层次联系和自我改变、塑造的过程。而在这个过程之中，基

---

① 张一哲、吴冰冰：《毁坏圣像运动的起因：以伊斯兰政权和拜占庭帝国关系为视角》，《阿拉伯世界研究》2017年第7期。
② 王亚平：《修道院的变迁》，东方出版社1998年版，第53页。
③ 王亚平：《修道院的变迁》，东方出版社1998年版，第54页。

督教，确切地说是以罗马教廷为代表的上层教会，罗马文化继承者之势，一直在努力寻求引导者的地位。但如第一章所述，教会的地方化、私有化决定了西方的体制化教会在很多时候并不一定站在教皇一边，教皇为了达到自己的引领目的，时时需要借助（当然没有能力制造）各方矛盾，团结、打击不同的势力。在修会运动时期，这样的情况仍然存在。就伯格音运动来说，教皇最初和最后迥异的态度，一定程度上和这样的情况有关。

　　这一时期，对基督教社会的最大影响，是教会与法兰克人的联盟，对上层体制化教会的巩固。"法兰克时期是西欧封建制度开始形成的重要历史阶段。西欧的封建制度是由孕育在两个完全不同的社会结构中的两种封建因素——罗马的大土地占有制和日耳曼的军事陪臣制的相互融合，不断发展而实现的。"① 这样的状况，对世俗社会和教会各自内部的阶级分化是有直接影响的，"法兰克时期，新生的封建主阶级要战胜仍然强大的奴隶制和氏族制的残余势力，要掠夺土地、扩大权力、实现土地制度封建化，就必然要借助基督教的理论对新形成的封建关系加以论证和说明，在社会变革的动乱中基督教会因为没有军事机构而需要政权的保护，于是产生了政权和教权的合作"②。新时代的世俗统治者，有了在国家层面继续发展教会的动力。"8世纪兴建的许多修道院，特别是在中欧地区有超过半数以上的修道院都隶属于皇室。帝国内的各大主教区更是在皇室的控制之下，皇帝以掌有对主教区和修道院的授职权而控制着教区和修道院的土地管理，染指这些土地所获得的经济利益。"③ 法兰克王国的出现，让基督教上层势力看到了联合王国势力，继续西部自上而下传播趋势的希望。此前，"公元313年，君士坦丁皇帝将基督教合法化，公元380年，狄奥多西皇帝宣布基督教为帝国宗教。此后，基督教领袖们没有，或者说仍然无法建立一个单一的中央宗教权威"④。罗马帝国框架之下，即使单一的基督教中央权威建立成功，对于教会来说，恐怕也是另一个概念和状态——"在公元800年以前，罗马主教在宗教之外几乎没有什么影响力，他通常对罗马政治的兴趣

---

① 王亚平：《修道院的变迁》，东方出版社1998年版，第50页。
② 王亚平：《修道院的变迁》，东方出版社1998年版，第50-51页。
③ 王亚平：《权力之争——中世纪西欧的君权与教权》，东方出版社1995年版，第94页。
④ Judith Bennett and Ruth Karras: *The Oxford Handbook of Women and Gender in Medieval Europe*, Oxford: Oxford University Press, 2013, p.418.

超过了基督教化欧洲。"① 这对于当时的罗马主教，即此后的教皇来说，也是一种无奈之举：一方面，罗马城内政治斗争激烈；另一方面，没有教会可影响的政治实体可以依附，作为一个建立其权威，有计划建设基督教社会、传播教义的基础。800 年，查理曼与教皇的联合仪式似乎暂时解决了这一问题，西欧也出现了影响基督教的磁场。但是，政教联合，仍是一个复杂的问题：基督教社会中央权威的确立，理论上意味着基督社会倒向某个其依靠的政治实体，或者自身会出现政治化、体制化的趋势，让宗教社会增加了自上而下的变质，被磁场过大地影响的危险。即使宗教权威和国王这一时期在罗马土地上存在着权威的代差，王国提供物质基础的原理恐怕也不会改变。不久以后，保护者可能变为决策者。法兰克统治者利用教会一定程度上黏合了高卢地区的各民族民众，也让该地区的教会有了民族化的倾向，"墨洛温国王们常常将……各地主教之职委托给自己所宠信之人。"② 这对教廷来说显然又是不利的。后加洛林时代，在 11 世纪中叶之前，神圣罗马帝国的皇帝对于罗马教皇的影响是直接的，这样的情况恐怕也并不是教皇希望看到的。但是，如果没有一个权威，如上所述，自下而上的世俗化风险也会存在。所以，可以肯定的是，在中世纪早期基督教的历史中，理论上，世俗化的方向可能源于上层，以世俗君主控制教皇的形式影响基督教社会；也可能源于基层，以风气的形式扩散。无论哪一种形式，都可能引发又一轮的宗教改革。在这样的改革中，基督教内部的关系也是复杂的：教会上层有可能联合基层，也可能在基层威胁其话语权时，与世俗力量联合镇压基层运动。所以说，法兰克王国即使没有解体，教会诸多复杂的现实问题会仍然存在。而后法兰克时代，西欧基督教社会又陷入分散的状态，其与世俗化问题的距离总体来说是一种忽远忽近的自发状态。这样的状态，也决定了新一轮宗教运动的出现。

---

① Judith Bennett and Ruth Karras: *The Oxford Handbook of Women and Gender in Medieval Europe*, Oxford: Oxford University Press, 2013, p. 418.

② ［比］亨利·皮朗：《穆罕默德和查理曼》，王晋新译，商务印书馆 2021 年版，第 271 页。

第三章 克吕尼改革

克吕尼改革，是10世纪开始由克吕尼修道院发起的、倡导以"本笃会规"为原则、以教会的价值观约束自身行为的宗教改革。运动发起者号召地方教会与修道院摆脱世俗力量的控制，建设一个统一的、服从教皇的基督教社会。如上所述，很多学者将法兰克王国的解体视为克吕尼改革发起的条件。理论上，克吕尼改革也是新的时期正统教会寻求继续生存、发展并规范教内行为、弘扬自身价值观，并以教会价值取向纠正上一个时代问题的一个社会现象。法兰克政权依靠的经济、社会体系并不稳固，10世纪之前，这一体系中隐性的离心力逐渐显现。随着内部问题的严重化以及外部压力的加重，法兰克王国逐渐解体。这样的局面对基督教社会的上层产生的刺激很大，"导致修道院改革运动和教会改革运动的发生"。法兰克王国不在，教会梦想依靠的统一政治力量不再，下一个时代的问题又摆在了教会面前：教会在需要政治实体做保障的国家层面，如何继续发展？不过对于教皇来说，这也许是一个机遇。毕竟从中世纪教会的历史来看，教会往往不是社会动荡的最终受害者。此时，他们似乎有机会利用法兰克帝国的遗产，建立起一个基督教帝国。

但一个基本问题仍在：西欧仍然缺乏统一的政治社会。"10世纪和11世纪早期的欧洲教会史，实际上是许多地方教会的历史，在世俗宗教生活和修会生活会中期起主导作用的是主教。大规模集体活动偶尔才会一现；来自基督教世界内部和外部的对宗教的挑战，以及西欧教会内部不同成员对这些挑战的回应很大程度上说明。现有证据首先所反映的是地方关切和区域差异。"[①]"地方"是这一时期西欧社会的基本形式，经济的恢复与发

---

① [英]提姆西·路特主编：《新编剑桥中世纪史》第三卷，顾銮斋等译，中国社会科学出版社2021年版，第146页。

展又让西欧社会对秩序的需求进一步增强。"在 11 世纪末和 12 世纪,无名的农民在曾经荒废的土地上开辟了新的土地。随着产量的增加,领主的利润出现成为可能。往往是这些领主首先推动农民聚集到有'内核'的村庄,即把他们从孤立的农场和村庄吸引到教堂、城堡和磨坊附近,这些设施通常是领主为了吸引佃户而提供的"①——早在法兰克时期,修道院就成为这种类似"内核"的社会细胞。此时的克吕尼改革,也许可以视为克吕尼修道院以自身价值观为准则,统一教会组织、进而让教会势力引领西欧社会的一次努力。只是,这样建立在分散的物质基础上、只是以道德作为统一手段的行动,最终结果是可以预见的:在现实层面,并不能完全达到改革者的主观目的。在运动的中、晚期,在现实矛盾的作用下,参与者关于运动方向的意见也出现了分歧。但同时,很多学者认为这样的运动和格里高利运动一起,有助于教皇权力的上升。只是两个运动,代表了不同的方向。"作为中世纪欧洲集权尝试的开端,克吕尼运动和格里高利改革分别指向集权的两个基本面,即道德方面和政治方面。克吕尼运动为格里高利改革提供了思想条件和技术手段,但它始终将自己约束在道德革新领域。究其原因,克吕尼运动的理想本质上是本笃式的。"② 格里高利改革是政治方面的,而克吕尼改革是道德方面的,这两条线索很大程度上代表了 10 世纪以后,逐渐占据西欧社会主导地位的基督教体系,两个深入发展的方向。前者为教皇发起,方向为自上而下,后者为教廷之外的修道院自发,相对于前者,方向为自下而上。虽然此时的"下"还不是指基层的一般信众,但这一时期,我们可以看到,在西欧社会环境日趋稳定,基层民众不再完全依赖中世纪的庇护人制度生存的时候,原始的、并非完全由"官方"发起的基督教传播模式,又出现在了西欧社会。由于运动的原初目的并未完全达到,因而也不难想象,当基层民众进一步拥有经济和政治话语权的时候,比修道院更具"基层"特点的信众会成为克吕尼之后的自下而上传播的源头。届时的宗教运动,也可能更具革命色彩。而在克吕尼运动兴起的10 世纪,随着西欧社会环境日趋安定,自下而上或说准自下而上的传播模

---

① Judith Bennett and Ruth Karras: *The Oxford Handbook of Women and Gender in Medieval Europe*, Oxford: Oxford University Press, 2013, p.550.
② 曹为:《克吕尼运动的性质及其与格里高利改革的关系》,《学术探索》2014 年第 3 期。

式再次出现。考虑到中世纪物质社会和宗教运动的特征，当运动本身也逐渐涉及现实的政治问题时，运动出现了分裂，但也许并不能以此说明这是一次完全失败的运动。

第一节　10世纪的西欧社会与修道主义

一　10世纪的西欧

如上一章所述，随着社会的稳定化和经济、贸易的恢复，10世纪，西欧出现了让教会进一步规范化发展的物质条件。就基督教社会自身的发展而言，这一时期也出现了规范基层生活细节的需要。在法兰克时代，基督教已经在上层的推动下，在乡村等主流教派影响较小的地方进一步传播。作为一种普世性信仰，尤其在成为官方的意识形态之后，在一个民族融合的时代，让不同民族、不同阶级的人都归于其门下，会让这一宗教面对不规范或泛化的风险。虽然此前诸如教廷、虔诚者路易等不同性质的上层势力为基督教社会行为的规范化做出过努力，但如第二章所言，自上而下的模式并不能解决所有的问题。上层化的副作用，反而会使得基督教社会一些问题复杂化。同时，对于基层民众来说，尤其是新皈依的民族，形式上的皈依容易完成，但是信仰内容和行为层面的规范却很难。首先，有必要解释什么是基层民众实际上的皈依：对于基层来说，很难从他们表面尊崇的教义来判断他们的信仰，因为这一时期的大众，基本没有书写的能力。这又涉及"什么是基督教"以及基督教的哪些层面涉及大众等问题。简单来说，《剑桥基督教史》在总结中世纪基督教的内容时，归纳了"作为机构的基督教""作为生活经验的基督教"[①] 等层面的内容，而这一时期可以检验基层民众信仰忠诚性的最直面的标准，即作为生活经验的基督教层面的仪式等内容。而后法兰克时期，在西欧，诺曼人的皈依直接把仪式问题，即表面皈依实际延续某些异教内核的问题推到了教会和信众面前。"毫无疑

---

① 参见 Thomas F. X. Noble and Julia M. H. Smith: *The Cambridge History of Christianity*, *Early Medieval Christianities c. 600–c. 1100*, New York, Cambridge University Press, 2008, pp. 385-488。

问，在异教徒和基督徒之间建立共同基础（字面上和隐喻上）将会使从一方向另一方的转变变得容易。然而，教会会在多大程度上'长期迁就'这种现象，这一现象是否可以保证各派走向融合，还不能肯定。融合主义——可以定义为调和不同信仰或实践的尝试，通常用来表示对宗教生活的一种'混杂'态度——无疑是存在的。"[1] 实用主义的包容性也有此负面作用。为了发展，导致信仰出现形式化和泛化等问题。教廷向北发展教区，让这样的挑战越发严重。"10世纪以前的丹麦人只是一个据说已经接受了基督，但仍然崇拜他们自己此前的神灵的族群。当时，'融合'和'包容'的许多原则与多神论原则一致，与基督教的一神论背道而驰。例如，异教徒认为超自然现象在群体生活中扮演着功利主义的角色，并期望他们的神介入现实生活，在这个世界上创造奇迹。基督教的上帝也可以与之相匹配，并通过提供救赎为子民带来现实利益。以这种方式容纳异教思想，将被视为削弱基督教的真实性（如果这种概念有任何美德的话），并威胁到基督和他对人类的救赎的行为，对具体环境和个人头脑的影响必定是有害的。"[2] 这是基督教在横向发展过程中必然遇到的问题，类似于2世纪的教派纷争。同时，也如在第二章提到的问题，基督教在上层社会的发展，一个必然的结果就是和世俗权势或价值观深层合作后被同化的可能。上层如此，下层也是如此。这样，在这些现实的刺激下，一个体系内部有一定规律性的问题，与其存在的时代性问题，如信众多元化带来的仪式异教化的问题相结合，反作用于基督教主流力量，引发了中世纪西部基督教社会中世纪第一次以追求信仰虔诚性为口号的大型社会运动。

这里，还要交代一下修道运动在西部兴起的背景。不同于城市中的教堂，修道院一般坐落于比较偏僻的地方，对外界的开放程度较低，是供少数职业修士隐修的地方。有一些修道院拥有自己的土地和侍从。修道院的兴起，可能和罗马帝国晚期城市与城市生活的衰落有关——城市不再拥有大规模供养有闲阶层的能力。同时，如前所述，修道院的兴起还很可能和法兰克宫廷内部的斗争有关。10世纪之前，修道院已经成为在西欧普遍的

---

[1] Thomas F. X. Noble and Julia M. H. Smith: *The Cambridge History of Christianity*, *Early Medieval Christianities c. 600–c. 1100*, New York, Cambridge University Press, 2008, p. 112.

[2] Thomas F. X. Noble and Julia M. H. Smith: *The Cambridge History of Christianity*, *Early Medieval Christianities c. 600–c. 1100*, New York, Cambridge University Press, 2008, p. 113.

存在。10世纪对于修道院与修道制度来说，面临的重大变化即法兰克王国的解体："虽然加洛林时期如查理大帝和虔诚者路易时代，有关修道改革的文献很丰富，但习惯上还是把10、11世纪描绘为'改革的修道制度'。"[1]既然"在欧洲中世纪的每个时代，修道制度都有革新"，可见这种现象的反复性。以乔治·杜比的观点来形容，修道院时代和大教堂时代是对立的。后者是王朝统一时基督教信仰机构的主要形式，而修道院的兴起一般意味着统一王朝的解体[2]，即"自下而上"的传播形式再次出现并成为主流——而不同的时代，又有其出现的具体原因。克吕尼时代，加洛林王国作为修道院曾经最大的"赞助人"，自身解体引起的变化，无疑是克吕尼运动兴起的重要背景。

一般认为，修道制度源于地中海东部——此后西方的修道改革，也可见某些和东部文化的传承内容。例如女性因素：源于东部叙利亚、埃及地区的修道运动，相对于西部的罗马文化，有更强的女性元素。有学者认为，至少在希腊化时期的一些现象中，可见地中海东部文明中女性有更高的地位[3]——如第二章所述，法兰克时期开始，虽然在物质联系方面，西部与东部逐渐隔绝化，但是在精神问题层面，我们仍应该将西部的一些问题置于整个地中海世界的既成网络中去认知。"从它们的起源来看，这两种传统（即东、西部修道主义，译注）实际上来自一种共同的模式。罗马世界及其周边地区（4到6世纪的世界，各种民族、理想和文本在其中传播并相互渗透）为后来所有禁欲主义的定义提供了共同的基础。"[4] 基督教即源于东部，且自东向西传播，修道主义亦是如此——提到这一问题时，学者无一例外认为"修道运动在东部兴起后传入西部"。可见，即使在东、西部相对隔绝的情况下，作为一种修行模式的基督徒生活方式，仍然可以在地中海范围内传播。

---

[1] ［英］提姆西·路特主编：《新编剑桥中世纪史》第三卷，顾銮斋等译，中国社会科学出版社2021年版，第184页。

[2] 参见［法］乔治·杜比《大教堂时代》，顾晓燕译，南京大学出版社2022年版，第一章。

[3] 对于这一话题的研究，国内学者成果可见孟凡青的论文《希腊化王国的女主政治现象》，《外国问题研究》2012年第4期；《国外希腊化时期王后参政现象研究综述》，《外国问题研究》2017年第3期，第78—87页。

[4] Thomas F. X. Noble and Julia M. H. Smith: *The Cambridge History of Christianity*, *Early Medieval Christianities c. 600-c. 1100*, New York, Cambridge University Press, 2008, p. 275.

二 修道院的起源与修道主义

"第一批基督教僧侣在古埃及和近东的城市边缘过着自我剥夺和奉献的艰苦生活。"[1] 不难看出，最初的修道主义的基本特征是远离人类社会，通过个人的修行去重新寻找基督教的原始宗教价值。从这个角度来说，这样的修行方式，在基督教历史中并不是第一次出现。这也是本章对克吕尼运动进行较详细论述的原因，即这样的修行模式，和此后的修会运动有着较强的相似性和传承性。无论二者之间是否存在直接的渊源，但是根据第一章提出的问题，我们不难看出，二者兴起的背景都是基督教社会内部出现了信仰危机，尤其是上层和外部世俗的界限模糊化之后，内部出现了针对上层和体制教会的情绪，各层信众要求回归宗教原初状态。这样的要求在复杂的中世纪西欧社会中，不止一次出现，并形成一种现象。而在发起者和参与者的主观要求和行为特征上，克吕尼和此后的修会之间也存在着某些相似性或者说传承性。

关于修道院在埃及的起源问题，我国学者王亚平教授曾有具体的论述：

> 基督教的隐修士过的是一种典型的宗教生活，然而开创隐修生活的却不是虔诚的基督教教士，而是一位没有宗教信仰的青年人，名叫安东尼。安东尼于251年出生在埃及中部底拜德附近的一个村庄，在一个不信教的富人家庭里长大。他不仅没有接受过圣餐礼，而且也从来没有皈依过基督教。但是社会的宗教意识对他产生了潜移默化的影响，他所生活的埃及位于地中海之角，是东西方的接触点，也是东西方文化的融合之地，这里的宗教深受东西方不同传统的影响。虽然至今还没有发现具有出世特性的东方佛教与埃及的古代宗教有直接实际接触的文字资料和遗迹，但是埃及古代宗教中的隐居方式却表现出了东方宗教的性质。安东尼20岁那年父母双亡，他把父母遗产的一小部分分给了他的姐姐，卖掉了其他大部分的庄园和财产，赠送给穷人，自己远离家园，去荒芜之地，以能维持生存的最简单的所需，过禁欲

---

[1] Scott G. Bruce: *Silence and Sign Language in Medieval Monasticism-The Cluniac Tradition c. 900-1200*, New York: Cambridge University Press, 2007. p. 29.

隐修的生活。①

这段话，首先提到了修道院作为一种新的追求信仰形式出现的条件：不同文明的相互交融与影响，是一种新的宗教或说信仰形式出现的重要条件——如上所述，中世纪西欧的宗教运动，与东部社会仍存在着一定的渊源关系。至于修道主义在西部兴起的具体条件，如上所述，主要有两种说法。一种认为修道院的兴起和当时罗马帝国经济衰落有关，"安东尼生活在3世纪罗马帝国处于全面危机之时，日渐腐朽的奴隶制成为帝国社会生产力发展的桎梏，农业萎缩，商业萧条，城市衰落，财政枯竭，政治混乱，社会无序，道德败坏，衰败的社会经济和骄奢淫逸的生活方式形成了刺目的对比。帝国政府浩繁的经费开支以苛捐杂税的形式压在埃及人民头上，他们不仅要承担着沉重的赋税，而且还深受当地贵族的盘剥。不堪重负的贫民、奴隶不断地起义反抗，但是仍然无法改变越来越恶劣的状况，甚至在宗教中都难以找到慰藉。早期的基督教社团是社会下层民众自发的宗教慈善组织，它的成员互助互救，主要的事务是办理殡葬事宜，救济贫困。"②而且城市的衰落对主教区，即乔治·杜比所谓的大教堂形式的影响也比较大③，这也许无意中促进了修道院的发展。另一种说法则认为，修道院的兴起"不关乎经济问题"④。二者并不是完全对立的观点，只是对于修道生活兴起的第一动力有不同的看法。而两种观点基本都认为，修道问题是在基督教内部追求信仰的动力增加和当时社会经济衰落的形势的共同推动下出现的。

"公元2世纪以后，基督教会逐渐被富有者把持，他们以手中的财富在基督教社团中占据特殊的地位，垄断了本应由全体社团成员共同选举的社团首领——主教的职务，使这个民众的宗教社团开始向以主教为首的有等级的、官僚的组织机构发展，成为奴隶主阶级剥削压迫奴隶和下层民众的一个工具。教会组织性质的变化在基督徒中引起了不满和各种形式的反抗，

---

① 王亚平：《修道院的变迁》，东方出版社1998年版，第1页。
② 王亚平：《修道院的变迁》，东方出版社1998年版，第2页。
③ 详见［比］亨利·皮朗《穆罕默德与查理曼》，王晋新译，商务印书馆2021年版，第277—278页。
④ 参见 Thomas F. X. Noble and Julia M. H. Smith: *The Cambridge History of Christianity*, *Early Medieval Christianities c. 600–c. 1100*, New York, Cambridge University Press, 2008, Part 3.

教会内异端的产生是一种积极的反抗形式,而隐修士的出现则是一种消极性的反抗。它是以脱离现实社会的方式、忘我的精神、对宗教的虔诚来抗议教会中已很强的世俗性,以及财富给教会带来的腐败和虚浮。"① 如第二章所述,当基督教为上层社会接受时,必然导致基督教教会内部世俗因素增长,甚至教会势力在和世俗上层的合作中被同化的情况。信众阶级的多元化,让基督教向着普世主义方向发展,但这也让基督教社会和非基督教社会的界线进一步模糊,加上话语权逐渐被上层社会把持,这些现象引起了虔诚信徒和下层信众的不满。这时,一种发自下层或由中间阶层引领的,以追求信仰虔诚性为形式的运动,就会伴随着如加洛林王国解体这样的政局变化出现。"最早的基督教禁欲主义者早在313年《米兰敕令》确立教会和平之前就出现了;在337年君士坦丁大帝逝世后,这一人群规模有了扩大,在教会成为国家车轮上的一个重要齿轮之后,开始发展出一种机构性质。同时,它能给苦行僧的存在提供较大的空间。"② 这种运动的实质之一可能是基督教信众对内部上层特权化趋势的反抗,对基层话语权的追求。也如前文所提,在一定条件下,这样的运动可能以较为激烈的形式出现;而在更多的时候,这样的运动则是以王亚平教授所谓的消极反抗的形式存在。如同前文所提的教内下层与上层的关系,多数时间是一种张力,合作又对立,而在特定条件下,会表现出冲突关系。但即使在非冲突的时代,这种信仰至上主义者和此后的修会一样,天生具有同上层秩序对立的特征。因此,自其出现开始,这样的修行方式中蕴含的反体制因素也会引起上层的不安和反感。以后来出现的苦行僧为例,"后者(修道士和苦行僧,译注)主要是体制教会之外的人士,他们的唯一职业任务是追求信仰的完美:为此目的,起初他们只承认福音派理想是他们的指导,并迅速代表了一种扰乱社会秩序的力量。通过他们对基督教社区的影响,他们与神职人员形成了直接竞争。早在451年卡尔西顿议会,皇帝和'体制教会'对他们的令人不安的存在作出了反应:这个委员会一直关注的是将僧侣活动限制在

---

① 王亚平:《修道院的变迁》,东方出版社1998年版,第2页。
② Thomas F. X. Noble and Julia M. H. Smith: *The Cambridge History of Christianity*, *Early Medieval Christianities c. 600–c. 1100*, New York, Cambridge University Press, 2008, p. 275.

当地主教的控制之下。"① 在基督教普及整个西欧之后,这种作为基层民众和上层的张力,出现自有其必然性。当我们看到了此时出席卡尔西顿会议的上层——包括罗马皇帝与体制教会的高级教士——的担忧,我们就不会对此后托钵僧和伯格音运动的命运感到惊奇了。内部张力,尤其在整个社会发展到变革阶段,或者在教、俗上层增加税收、阶级矛盾激化时,会演化为某种阶级冲突。此时,如果去发掘修道主义的内涵,更会发现一些在中世纪西部基督教历史中一脉相承,即此后也会出现的现象。"对于7世纪到9世纪的作者来说……有必要将'苦行者'和'修道士'这两个词对等……这可以检查出二者的共同基础,以及它们和随后的修道形式之间的联系。"②

第二节 西部的修道院与克吕尼改革

一 克吕尼运动的背景与性质

如第二章所言,在古代晚期西欧出现了大规模的世俗人士进入或说建设新教会的现象,这难以避免地让很多世俗动机、习俗直接进入教会——或者说,此时西部的教会与世俗社会的界线本身就不够明显。于是,教会内部由于各种原因渴望追求纯洁理想的人,也有了像东部修士那样进行修道活动的动机,这也让西部出现了数量较多的修道院和较为普遍的修道生活,并引发了"克吕尼"运动。这可以视为教会内部一次"反世俗风气"为动力的专业化运动。

不过,首先需要指出的是,谈及克吕尼运动,一些学者仍会以较为理想化的模式来认知这一运动,即运用上文提到的教与俗的二元模式,来认知这一"事件"。这样的模式在认识一些覆盖范围较大且复杂的事件时,往往需要做具体的诠释。上一章也曾提到,教和俗的关系错综复杂,互为表

---

① Thomas F. X. Noble and Julia M. H. Smith: *The Cambridge History of Christianity*, *Early Medieval Christianities c. 600–c. 1100*, New York, Cambridge University Press, 2008, pp. 275-276.

② Thomas F. X. Noble and Julia M. H. Smith: *The Cambridge History of Christianity*, *Early Medieval Christianities c. 600–c. 1100*, New York, Cambridge University Press, 2008, p. 275.

里，现实中很难找到理想化的教与俗概念的准确对应物以及纯粹的教俗对立的情况。因此，对克吕尼运动的认识，不应该局限于解读其提出的号召，而将运动的主体实体化，并将其视为纯粹的教会内反对腐败现象的运动。本章将克吕尼运动放在"教"的范围中去认知，但首先要明确的是，这样一次高举信仰旗帜的宗教运动，出现的基础仍是政治层面的变化与物质社会的矛盾。自查理曼帝国解体后，各地封建割据势力日益强盛，而此前王权的日渐衰落，让许多地方诸侯成为教会和修道院的实际控制者。[1] 9 世纪中期出现的《伪伊西多尔教令集》中那些强调教权至上、保护教会财产和希望摆脱世俗控制的主张，实际上正是对当时王权衰落，无力保护教会这一情况的反映。也是教会希望通过宗教法理上的优势进行自救的表现。而"国家"的物质资源与权威，部分分散到地方权贵手中，"克吕尼修道院的成功依赖于地区世俗领主的支持，他们将其领地内的很多修道院都置于克吕尼修道院的控制之下。"[2] 因此，克吕尼运动之前，伴随着加洛林王国的瓦解，一些地方权贵很大程度上接管了加洛林时期的修道院，这让各修道院在理论和实际上被地方权势把持，但同时，法兰克的遗产，西欧世界通过某种方式追求统一的条件并未完全消失。这是克吕尼运动的重要政治，或说物质背景。

在现有的和克吕尼运动相关的著作中，往往首先会提到修道院。我们可以看到"修道院模式从东部传到西部"的字样。如上一节所言，克吕尼运动的性质，首先可以从东、西互动产生的修行方式中去寻找。修道作为一种非组织性的生活形式，一种主义，以一种镜像的形式从地中海东部传到了西部，在同东部相异的土壤之中，引起了西部众修士的模仿。对于西部最初修道院的建立，彼得·布朗以奥古斯丁为例，说他"和一群同样仕途中晋升无望"[3] 的当地贵族建立起了修道院。当然，克吕尼修道院和之前的修道院之间是否有着直接联系，这也是一个有争议的话题。诺瑞·亨特（Noreen Hunt）曾总结："把克吕尼的位置与之前的修道院传统联系起

---

[1] Margaret Deanesly: *A History of The Medieval Church* 590-1500, London: Routledge, 2005, pp. 86-87.

[2] [英] 乔治·霍尔姆斯：《牛津中世纪欧洲史》，彭小瑜译，北京日报出版社 2021 年版，第 150 页。

[3] [美] 彼得·布朗：《穿过针眼：财富、西罗马帝国的衰亡和基督教会的形成，350—550 年》，刘寅、包倩怡等译，社会科学文献出版社 2021 年版，第 292 页。

来，就像确定它与当代仍存在的中世纪修道院的关系一样，几乎是一个难以确定并有争议的议题。"① 即克吕尼修道院和其他修道院似乎不能简单化为同一个概念。"和加洛林修道院相比，克吕尼修道院拥有更明显的独立性，这种独立性似乎源于更古老的传统。"② 进而，"所有这些问题导致了对克吕尼修道主义本质的更深入和更广泛的探究：它究竟是关于什么的运动"③。乔其姆·沃拉司基（Joachim Wollasch）研究了修治院长在任时期墓地的去世人员名册（A Cluniac Necrology from the Time of Abbot Hugh）后，提出和彼得·布朗类似的问题——后古典时代基督教成员的成分是复杂的，即克吕尼成员的构成也不是那样单一、同质，因此也有学者曾提出，"所有的尝试都面临着这样一个问题：'谁是克吕尼会成员'"④？有人从其他角度给出了答案，回答的前提和了解此后修会的前提一样，即回到基督教社会的本质和历史中来，持这种观点者以 E. 德拉乌埃勒（E. Delaruelle）为代表。他认为，克吕尼也是基督教社会的一部分，而基督教社会本来就是一个精神社会⑤，克吕尼时代的改革是教内力量"要组织自己成为一个司法和政治实体，或者把像格里高利七世这样的教皇描绘成战争和金融方面的专家，我们看到，修道院机构也在环境的压力下，试图满足各种时代需求，变得越来越积极地去努力融入这个世界当中"⑥。整合这些看法，可以对克吕尼运动与相关问题的性质做出总结。国内学者也有类似的看法，"11世纪以降，为核心的改革派追问教会的本质……"⑦。不难看出，国内外的学者首先认为这是一个变革的时代，在此基础上，包括修道院在内的机构

---

① Noreen Hunt: *Cluniac Monasticism in the Central Middle Ages*, London and Basingstoke: The Manmillan Press LTD, 1971, Introduction, p. 5.

② Noreen Hunt: *Cluniac Monasticism in the Central Middle Ages*, London and Basingstoke: The Manmillan Press LTD, 1971, p. 5.

③ Noreen Hunt: *Cluniac Monasticism in the Central Middle Ages*, London and Basingstoke: The Manmillan Press LTD, 1971, p. 5.

④ Noreen Hunt: *Cluniac Monasticism in the Central Middle Ages*, London and Basingstoke: The Manmillan Press LTD, 1971, p. 180.

⑤ Noreen Hunt: *Cluniac Monasticism in the Central Middle Ages*, London and Basingstoke: The Manmillan Press LTD, 1971, p. 191.

⑥ Noreen Hunt: *Cluniac Monasticism in the Central Middle Ages*, London and Basingstoke: The Manmillan Press LTD, 1971, pp. 191-192.

⑦ 李文丹：《〈贡赋册〉中的13世纪宗教史学》，"北京大学历史系"公众号，2021年12月27日推文。

或说信仰形式随着时代的变化发生了变化。当教内一些成员再次追问自己的本质时，会发现当务之急是将信仰世界统一、规范化，即前文所述的教会统一化，并进一步影响甚至领导整个社会。而克吕尼运动，是这个时代的代表性存在。根据上述观点，我们也可以看到这一运动存在的传统问题，即组织性的缺乏，因此难以确定其具体成员。综上，我们可以把克吕尼运动视为条件允许时，教内一些势力把信仰社会实体化，甚至国家化的一次自"下"而上的努力。

这样对世俗式的权力、政治机器的要求，和此时基层民众对圣物、圣地崇拜之风，最终让克吕尼运动成为十字军运动的精神渊源之一。"克吕尼修道院在教会事务中的作用非常关键，其僧侣们屡次应召前往罗马为教皇格里高利七世服务。乌尔班二世接替一位前任克吕尼副院长，被任命为奥斯蒂亚（Ostia）红衣主教，这是红衣主教团中的一个高级职位。"①。以乌尔班二世为例，可以看到他甚至已经从整个地中海着眼，来设计运动蓝图。"乌尔班二世从上任伊始就一直和拜占庭皇帝保持着联系，其目的是改善拉丁教会和希腊教会之间的关系。"② 教会势力对军事行动的掌控，也许可以被视为这一时期教会实体化野心的体现，也可以从侧面反映这一运动的本质。中世纪西欧以基督教为旗帜的运动，往往不是纯粹的思想层面的活动，而是和物质社会有着直接的关系。而克吕尼运动对十字军的贡献，阿努阿尔·海特姆（Anouar Hatem）曾总结：

> 十字军行动的实现，比"教皇的号召"贡献更大的因素是克吕尼运动的影响。神圣的战争是克吕尼派修道院长一直关注的问题，他们煽动整个西方攻击穆斯林，尤其是在西班牙，克吕尼运动在西班牙的再征服中扮演了重要角色。克吕尼在这件事上的贡献……并不局限于僧侣们激励他们认识的领主和骑士们接受十字军的誓言的劝诫，克吕尼运动也使十字军的思想成熟，教皇乌尔班二世在克莱蒙特访问克吕尼家族的过程中宣布，"克吕尼从创立之初就坚持教会教义"。因此，

---

① [英]乔纳森·赖利-史密斯：《十字军史》，欧阳敏译，商务印书馆2016年版，第4页。
② [英]乔纳森·赖利-史密斯：《十字军史》，欧阳敏译，商务印书馆2016年版，第4页。

克吕尼通过对思想进行彻底的教育,"在某种意义上类似于百科全书派对法国大革命的影响",克吕尼运动为十字军"圣战"铺平了道路。①

从这段话我们可以看到,以对十字军运动的影响为例,克吕尼由最初的信仰运动,演化为军事行动的思想背景。克吕尼运动与"教皇的军队"几乎是同时出现的。这里,我们也可以借助沃格林总结的修会与12世纪兴起的武装修会运动之间的关系来管窥克吕尼与十字军运动的关系:"在观念史上,军事修会的意义在于唤启了高度中央集权化的共同体,这些共同体将士兵纪律与伯纳德式的精神纪律相结合。"② 按照这一说法,克吕尼与十字军运动的关系,也可以视为在一个缺乏统一的政治实体和精神秩序的时代,西欧社会追求、建设秩序和强化秩序的两个步骤。就克吕尼运动来说,某种程度上也可以被视为在物质世界碎化的情况下,不同的修道院努力追求统一秩序的准自下而上建立基督教社会的过程。这一过程也体现了上一章提到的当时的教会组织具备一定的统一性的特征。同时,我们通过这样的认知,可以看到克吕尼尽管构成成分很复杂,但是它仍(或者说正因为如此)是基督教社会的一部分,出现与发展有其规律。作为后法兰克时代的运动,不能否定,它是有一定线性特征的西欧基督教社会历史中的一环。放在基督教历史当中,结合当时的时代特征与部分参与其中代表人物的努力方向,我们可以得出结论,同样和后来的修会运动一样,克吕尼运动可以视为教内人士以自己的意识形态去努力改造物质世界的又一次努力,这样的努力是与参与者的专业性加强同步的。修道运动,意味着职业的神职人员在由围墙设定的指定空间内活动,围墙将世俗因素挡在外面,可以让神职人员更专心地修行——他们希望这样的物理空间演化为某种社会空间。当他们成为专业的虔诚人士后,再去影响墙外的世界。这是一次强化专业性的运动,这一路线也预示了克吕尼运动此后出现的内部矛盾。

早期的克吕尼运动,并没有体现出基督教社会中基层信众参与甚至引领的特征,但是职业的修士提出的"反世俗"的口号仍在一定程度上显示

---

① Noreen Hunt: *Cluniac Monasticism in the Central Middle Ages*, London and Basingstoke: The Manmillan Press LTD, 1971, p. 193.
② [美]沃格林:《政治观念史稿·卷二·中世纪(至阿奎那)》,叶颖译,华东师范大学出版社2009年版,第77页。

了该运动和此后的基层信仰运动的传承关系。后法兰克时代政治结构的碎化和克吕尼运动的兴起，也说明西欧社会还是有很大的基督教社会去组织自下而上运动的空间。同时，从长时段的基督教历史来说，这也是基督教社会利用自身的特殊性质继续自我建构过程的一部分。克吕尼运动的参与者试图建立一个统一的"基督教帝国"；基督教也由此前的对法兰克帝国的依赖，转为主动构建社会。基督教社会的秩序和给人们勾画的图景与政治社会不同，正因为此，它可以随时吸引现实世界中由于种种原因追求另一种秩序的各阶层人士，以虔诚为由，逃离某种世俗秩序，为实现这一想象的共同体而努力。这一时期我们看到的是基督教专业社会的发展，但不难想象，此时对信仰的追求与这一追求产生的影响，可能是涉及全社会的。作为克吕尼运动发起人之一的威廉公爵，由于材料有限，我们不能肯定他是否和彼得·布朗提到的奥古斯丁有一样的经历，但这确实是一种可能——仕途无望是虔诚的动力之一，而这样的由现实矛盾制造的虔诚，有意无意在一个时期内加强了对想象或说理想化共同体的建设，也激励一些人为加强教皇权力而努力。

  物质层面统一性不强的社会出现了"统一"的趋势，让教会以自己的意识形态强行去塑造现实世界，也让这一"运动"的主体难以确认。这一主体更像某种条件下的概念式的存在，这应该是"谁是克吕尼"这一问题难以回答的原因之一。中世纪，"基督教作为一种信仰，一种价值体系，浸透了整个欧洲社会……"① 作为信仰和价值观，很难说此时的西欧有哪些人，哪种势力不属于基督教的。"严格来说，把6世纪到11世纪西欧的国王和皇帝说成是'俗人'并不准确。虽然在1075年以后教皇是那么称呼他们，但在那以前他们却一直具有无可争辩的宗教职能。他们确实不是僧侣：即他们不是被委任的教士。但是，他们是'基督的代理人'，是神圣的人物……"② 但是如第一章和本章前文所述，皈依有时间上的先后，和形式的不同。从基督教价值观形成的历史和发展脉络来说，这是一套受希腊—罗马文化和地中海历史影响的文化体系；尤其在教皇的权威初步确立之后，西部基督教的中心无疑就是罗马城。曾经"罗马—蛮族"二元对立模式，

---

① 侯建新：《欧洲文明形成的宗教因素》，《历史教学问题》2013年第4期。
② [美]哈罗德·J.伯尔曼：《法律与革命》第一卷，贺卫方、高鸿钧、张志铭等译，法律出版社2008年版，第84页。

结合"统一—地方化"等中世纪早期的矛盾,一定程度上演化为"教—俗"模式。这一模式的本质有其客观的历史渊源和现实原理,也有很强的主观性质,即概念化的性质,因此不适合以此公式解释所有的人群划分现象。作为法兰克时期的"政教联盟"的代表,罗马城的教皇和法兰克的国王之间的联合也可以解释为二者均为某种政治势力的代表,也都曾以各种分裂势力为敌,在此后双方都支持卜尼法斯的传教这一事实中可见这一点。查理曼开始直到克吕尼时期,承载世俗权威的王国和帝国,"不是一种地理实体,而是军事和宗教权威"①。因此,克吕尼运动应该不是有明显社会空间界线和明确起止时间的"有形事件",更像是一种价值观作用下的动态趋势。这也许是中世纪宗教概念的特点,和此后的隐士运动、伯格音运动一样。

考虑到教与俗的"统一"关系,对于克吕尼运动的认知似乎可以进一步清晰化。关于克吕尼运动的本质,我国早期的基督教学者杨真就有过概述:"克吕尼改革者实际上是修道僧中的一批政治野心家,成员都是贵族家庭出身,他们不从事劳动,而力图加强教会组织,使他在欧洲成为一股有组织的力量。"② 他们确实主张规范教会人员的行为,也推崇教皇权力至上论,但是在杨先生看来,他们这样做的目的也并不是要完全反世俗势力的,而是"企图是在教会与世俗大封建主的结盟中占支配地位"③。同时,最重要的是并非只有教会内部的势力在支持该运动,"十一世纪上半叶的神圣罗马帝国皇帝、德意志国王亨利三世(1039—1056年在位)为把对罗马皇帝的控制权从意大利贵族那里夺到自己手中,也支持克吕尼派,企图巩固教会加强封建统治"④。可见,现实中的克吕尼运动,不只是一次理想化的宗教价值观纯洁化运动,其发起的背景还包括当时错综复杂的形势下,法兰克王国解体、西欧诸多地域地方势力崛起之时,北部意大利贵族(某种程度上可以视为教廷势力)与包括德意志皇帝在内的其他势力的矛盾与斗争。克吕尼运动的参与者站在反北部意大利贵族阵营,以纯洁教会为旗号发起

---

① [美]哈罗德·J. 伯尔曼:《法律与革命》第一卷,贺卫方、高鸿钧、张志铭等译,法律出版社2008年版,第85页。
② 杨真:《基督教史纲(上册)》,生活·读书·新知三联书店1979年版,第174页。
③ 杨真:《基督教史纲(上册)》,生活·读书·新知三联书店1979年版,第174页。
④ 杨真:《基督教史纲(上册)》,生活·读书·新知三联书店1979年版,第174-175页。

社会运动。值得注意的是，运动后期，呈现出运动参与者，包括克吕尼修道院的某些院长，站在教皇一边反对教廷的现象。这样的现象反映出了本书主要关注的中世纪基督教社会的固有问题，即面对现实物质化的社会结构，"教"与相关的运动可能是概念性的存在。

哈登·V. 怀特（Hayden V. White）通过一位克吕尼院长庞提乌斯（Pontius of Cluny）一生的经历剖析了克吕尼运动的性质。怀特认为，作为一个历史人物，庞提乌斯任期内的克吕尼修道院，反映了罗马与克吕尼之间，即罗马教廷、教皇与克吕尼修道院之间的斗争关系。在庞提乌斯的时代，我们可以看到教皇与教廷，即前文所说的罗马城的贵族势力斗争、妥协的现象。格里高利时代，教皇已经不再满足成为一个权力系统，性质随着偶然因素变化而变化的存在，而是希望将自己的权力现实化，将"教皇"打造成一个机构——"由于庞提乌斯本人和 12 世纪前 25 年历任教皇之间的密切关系，克吕尼和罗马之间的关系也得到了加强"①。克吕尼，作为一个有统一意愿的修道院组织，此前主要和罗马教皇联合，与作为罗马参议院的教廷势力与教廷背后的意大利北部贵族势力展开斗争——此刻教皇的对立面不是世俗势力，而是教廷。德意志皇帝等势力，为了将势力深入传统罗马统治区域，也积极参与进来。以庞提乌斯的一生为线索，我们可以很大程度上看到这一时期以教皇权力为线索的克吕尼运动复杂背景的轮廓。

克吕尼最初的目标是建立教皇至上的秩序。但是在克吕尼运动的过程中，这样的问题逐渐复杂化。到 12 世纪，克吕尼本身已经较清晰地反映出这一问题。仍以此时修道院长庞提乌斯的经历为例，他一生的经历反映出克吕尼运动后期，克吕尼与罗马两地宗教势力之间的复杂关系，以及二者成分的复杂性。在概括这一时期的问题时，哈登·怀特引用了汤因比的一段话："当精英领导层开始满足现状，以至于大众觉得在现任领导层的领导下无法实现自己的目标时，有魅力的领导者就会出现，并开始准备或策划另一次革命机制。"②借用这段话来形容晚期的克吕尼运动，结合本书关注的主题，可以概括为，"当宗教领袖成功地掌握了世俗权力并被世俗化之

---

① Hayden V. White: "Pontius of Cluny, the 'Curia Romana' and the End of Gregorianism in Rome", *Church History*, Sep., 1958, p. 196.

② Hayden V. White: "Pontius of Cluny, the 'Curia Romana' and the End of Gregorianism in Rome", *Church History*, Sep., 1958, p. 197.

后，新的宗教领袖就会出现，并准备开始新的宗教改革"。庞提乌斯作为克吕尼院长时，正是上述这样的问题出现在克吕尼修道院的内部，并逐渐严重的时期。其中重要的一个问题，是坚持传统精英领导机构和宗教活动，还是起用新的宗教人员，用大众化的原则领导宗教活动。

二 克吕尼运动的起源与发展

克吕尼运动，作为一个影响西欧的国际性运动，其兴起原因，除了基督教发展的规律之外，还有其历史背景。"因为诺曼人的入侵，高卢的修道主义传播到了勃艮第。诺曼人的势力又几乎没有渗透到这里，因而克吕尼的位置使她成为辐射周边的改革中心。"[1] 诺曼人让沿海地区的许多修道院衰落，克吕尼修道院成为保留下来的不多的较大修道院之一。此后，利用神圣罗马帝国皇帝如亨利四世等在任时期，皇帝年幼，诸侯联合反对皇帝，皇帝对教皇的控制力减弱等历史机遇，克吕尼修道院发起了克吕尼运动。但是，结合当时的物质背景可以看出，这样的运动，仍然反映出了组织者、参与者的主观愿望与客观现实之间存在的错位与落差："克吕尼运动诞生在一个粗糙的物质主义时代，她试图唤起人们对精神事物的兴趣，而当时的社会似乎已经丧失了这种兴趣；为此，她建立了一个与周围世界盛行的风气直接矛盾的理想。虔诚的献身精神是这种理想的基础，同时，她希望在她自己的围墙之外激发这种精神。"[2] 运动的发起者和参与者以加强自身的专业性作为手段，建立围墙，把自己与世俗世界隔离开来，再以自身的虔诚与专业精神去影响世俗世界，试图以此来实现自己的主观愿望。但是，不难看出，这样的做法是以精英式信徒的原则标准为基础的，最终不会彻底实现发起者的愿望，还会引发新的问题与矛盾。

克吕尼运动的起源如同其名。"克吕尼原是一座小教堂，位于法国中东部勃艮第地区，属马孔主教区的管辖范围，是主教的财产。825年克吕尼作为交换品转到马孔伯爵瓦里鲁斯手中，此后又作为遗产落在阿奎丹威廉公爵姐姐艾娃的名下。893年11月，艾娃在临终前把其赠给了威廉公爵。威

---

[1] L. M. Smith: "Cluny and Gregory VII", *The English Historical Review*, Vol. 26, No. 101, Jan., 1911, p. 20.

[2] L. M. Smith: "Cluny and Gregory VII", *The English Historical Review*, Vol. 26, No. 101, Jan., 1911, p. 20.

廉素以虔诚著称，……为表示虔诚，公爵把克吕尼献给了使徒圣彼得和圣保罗，因而任何教俗贵族都没有权利占有克吕尼，或支配其财产，但克吕尼仍在公爵的保护下。"① 而克吕尼运动，是"在10世纪和11世纪早期的一场强大的运动，旨在清除教会中各种封建影响和地方影响，以及与这些影响必然相伴的腐败。在这场运动中扮演主要角色的是克吕尼大修道院，其总部设在法兰西南部名叫克吕尼的城镇……从法律的观点看，分散与整个欧洲的所有思源都从属于一个单一的首脑。"② 不难看出，这时有统一西欧主观世界能力的，似乎只有基督教这一面旗帜。因此不能忽视的是，克吕尼的统一是在法律和理论层面上。"克吕尼修会的住所形成了我们所说的教会，一个松散的修道院基础联盟，以各种方式与修道院联系在一起。很多，但不是全部，都是小修道院，克吕尼的院长被认为是他们的总院长。然而，当时并没有克吕尼修会，也没有本笃会。克吕尼和其他改革院一样对其他改革院施加或大或小的影响，但克吕尼与修道院和相关修道院之间没有行政机构来确保永久的联系。最终是修道院院长的个人努力把会众团结在一起。在西斯特会议召开之前，在一个明确的法律结构下的正式联盟是不会出现的。"③ 克吕尼运动的主体是许多最初互不所属的修道院，基本的组织方式是对这一运动主旨和本笃会规有兴趣的修道院会派代表到克吕尼修道院学习，再把学得的原则带回本院实践。最初维系参与克吕尼运动各修道院联系的是抽象的教规。可以达成的共识，应该主要集中在生活作风的层面——此前的法兰克时代，虔诚者路易曾尝试修道院规则统一的努力，并未成功。而真正为克吕尼修道院提供物质支持的，如上所述，很多是法兰克王权分散化之后，神圣罗马帝国皇帝年幼之时，崛起的地方贵族势力。克吕尼修道院在建立和发展的过程中一直伴随着世俗权力的支持，从创立之初就接受了教堂、田地和农奴等财产的馈赠④。"我们必须注意到克吕尼的传统，它是由世俗贵族建立的，在它的发展中很大程度上得益于

---

① 王亚平：《修道院的变迁》，东方出版社1998年版，第66—67页。

② [美] 哈罗德·J. 伯尔曼：《法律与革命》第一卷，贺卫方、高鸿钧、张志铭等译，法律出版社2008年版，第85页。

③ Miri Rubin、Walter Simons：*The Cambridge history of Christianity IV: Christianity in Western Europe c. 1100-c. 1500*, New York, Cambridge University Press, 2009, p. 61.

④ Rose Graham："The relation of cluny to some other movements of monastic reform"，*The Journal of Theological Studies*, Vol. 15, No. 58, Jan., 1914, p. 179.

皇帝、国王和贵族，它从早期起就与世俗权力密切相关。"①运动的物质层面基础的出现有一定的偶然性，性质也有很强的世俗性，这也预示着，当物质层面条件变化，面对现实的矛盾和政治压力时，克吕尼运动的命运。

以上文威廉的例子来说，他的事例在当时也不十分特殊，古代末期很多的权贵去世之前都有类似的举动。作为地方权贵，他将实际上属于自己、在理论上应该属于上帝的财产捐给了象征圣彼得和圣保罗的教皇，即在形式上将自己的财产通过教廷或说教皇捐给上帝。类似威廉这样的做法当时是普遍的，反映了前文所述的后法兰克时代，教廷理论上建立统一教会的机遇。当然，这个机遇还不至于让各修道院在没有外援的情况下完成联合，但也许克吕尼修士们高估了罗马教皇的现实权力，也许是虔诚的信仰让修士们并不在乎现实的问题，一心追求自己的价值观，修士们以自己的方式发起，参与了运动。"修道主义倾向于摆脱对教区主教的直接依赖，把自己置于罗马的保护之下，这是很明显的、贯穿中世纪修道主义历史的一个反复出现的主题。"②克吕尼运动时期，教会主导的信仰秩序，也确实在一定程度上成为西欧社会的主流秩序，这通过欧洲史学家统计的参与运动的修道院数量可见一斑，"我们已经知道，在11世纪至少有76位主教可以确切地被描述为克吕尼派。"③。由此可见，这一运动当时至少在形式上产生了影响力。当然，并不能说是捐赠这一具体事件引发了此后风行西欧的克吕尼主义，"克吕尼的修道理想以巨大的力量迅速传播到整个西方世界，这很难用这位虔诚伯爵的捐赠的特殊价值来解释。因为在整个中世纪历史中，国王、贵族和骑士的捐赠和建立教堂和修道院的例子比比皆是。"④。这和此后的修道运动一样。当我们强调一个具体的事件或人物在这个运动中的特殊地位，或将其设定为十分重要的一环时，也许意味着我们用具体的点代替了整个抽象的现象，尤其是对克吕尼以及此后的伯格音这样现象式的

---

① L. M. Smith: "Cluny and Gregory VII", *The English Historical Review*, Vol. 26, No. 101, Jan., 1911, p. 22.

② Noreen Hunt: *Cluniac Monasticism in the Central Middle Ages*, London and Basingstoke: The Manmillan Press LTD, 1971, p. 14.

③ Noreen Hunt: *Cluniac Monasticism in the Central Middle Ages*, London and Basingstoke: The Manmillan Press LTD, 1971, p. 4.

④ Noreen Hunt: *Cluniac Monasticism in the Central Middle Ages*, London and Basingstoke: The Manmillan Press LTD, 1971, p. 14.

"运动"来说。因此，除了认识这个运动或说现象的具体表现——例如时代背景、代表性人物之外，我们更应该将其放在一个更广阔的背景中去认知。

对于基督教社会的组织化进程来说，克吕尼运动还是起到了推动作用。克吕尼运动一定程度上强化了修道院的组织性。"大约在奥多院长之后的100年里，克吕尼在修道士时代迎来了它的鼎盛时期。庞大的克吕尼成员统一在一个由所有修道院组成的修会组织中，这些修道院依靠母院的组织（mother house）团结在一起。在克吕尼修道院，修道院院长的位置几乎是通过指定来传承的，这就构成了一个王朝：在这个王朝里，主人的选择和弟子对主人精神计划的忠诚度，取代了自然继承的法则。"① 不难看出，克吕尼运动似乎在理论上初步解决了教会组织"统一"的问题，而且通过制定自己特有的院长继承制度，让组织内上层的传承有了法理基础，也让一些政策的制定可能具有连续性。但是，也不难看出，这样的解决方式让修道院在继承原则上有了世俗的味道，这也是信仰运动固有的矛盾。而且，这样问题的解决似乎仍只是在理论层面完成的，同时又引发了新的问题——从其发展的过程中出现的一些人物与事件来看，克吕尼运动并不只是一次简单的、理想化的教会势力联合反对外部世俗力量的运动。因此理论上，各修道院之间难以全力联合并反对世俗力量——克吕尼运动时代，西欧各地、基础各异的修道院的统一基础，是不巩固的。这里，也有必要再次思考一个问题：当时的西欧，是否存在一个可以整体上影响教会世界的世俗势力？以中世纪早期的城市结构为例，"中世纪早期的许多公国也是如此，它们以前是有活跃的商人和工匠居住的罗马统治区，现在却衰落下来，其居民主要是依靠教皇和修道院领地上的产品生活的神职人员群体"②。城市是因为修道院为代表的教会势力的存在而存在的，在中世纪早期，很多西欧的城市很可能已经没有和教会势力对等的世俗势力了。当然，克吕尼运动的时期已经不是中世纪早期，但这样的判断至少可以说明，类似中世纪西欧的城市的社会中，并不一定天生具备一个强势的世俗势力。早期的城市，是靠具有现实活动能力或说世俗功能的教会势力的存在而存

---

① Noreen Hunt: *Cluniac Monasticism in the Central Middle Ages*, London and Basingstoke: The Manmillan Press LTD, 1971, p. 15.

② [美] M. M. 波斯坦等主编：《剑桥欧洲经济史》（第三卷），周荣国、张金秀译，杨卫国校，经济科学出版社2002年版，第3页。

在的。因此，如前所述克吕尼运动的性质之一，可能是在教会本身的世俗秩序和价值观成分增加（而不一定是被有形的世俗势力所统治），导致其风气世俗化的情况下，一些教内人士重新追求信仰、净化教会风气的运动。但是以上述修道院院长的继任制度为例，在解决了组织性问题之后，很可能又进一步、以另一种方式加重了修道院内部的世俗秩序成分。这样的问题，反映了信仰运动中始终存在的矛盾。

克吕尼运动也强化了教内人士的专业性。克吕尼各修道院建立起来了同外部世界隔绝的围墙，在物质世界中，划出一个专业、与众不同的物理空间和社会空间。但是，这样的专业空间并不能完全阻止世俗化问题的发展，或者说，不能解决深层、无形的世俗化问题。"许多克吕尼修道院都是在有城墙的城镇中发展起来的，拥有大量的土地，有封臣、工匠、商人、士兵、仆人；所有阶级的俗人都通过各种关系、官职、生意和依附关系与修道院联系在一起。克吕尼的修道院院长是欧洲最有权势的领主之一。克吕尼的僧侣从体力劳动中解放出来，主要从事礼拜和祈祷，他们似乎是一种新的精神贵族的代表，他们的礼节和尊严，体现了克吕尼精神的特征……10世纪修道院精神复兴的动力由此开始。"[1] 特殊空间和专门的圣事活动保证了克吕尼修士们形式上的专业性，但是，可以看出，与世俗社会的密切关系与相近的结构，预示了这些修道院接下来又会遇到西部教会发展过程中熟悉的问题：专业化某种程度上意味着上层化，至少修士们脑力劳动者的身份与体力劳动者是不平等的。上层化又衍生出两个基本问题：教会势力被上层的各种世俗势力吸收，卷入他们的矛盾与体系当中；同时，教士、修士们容易和基层空间拉开距离，使自身的专业化特征变为特殊化特点，为运动某种意义上的失败埋下伏笔。"标志着克吕尼修道主义第一次传播的强劲推动力的起源，必定是一种能够为传统注入新鲜活力的新精神，"[2] 这样的动力，也正随着专业生存方式带来的依附性的再次加强而减弱："如果随着时间的推移，克吕尼修道主义成为政治体制的一部分，必然性地依附于它所兴起的社会的统治权力，可以肯定，这是由于该运动一些

---

[1] Noreen Hunt: *Cluniac Monasticism in the Central Middle Ages*, London and Basingstoke: The Manmillan Press LTD, 1971, pp. 15-16.

[2] Noreen Hunt: *Cluniac Monasticism in the Central Middle Ages*, London and Basingstoke: The Manmillan Press LTD, 1971, p. 14.

核心倾向，和它自我调节以适应自己赖以生存、赖以发展、实现自我的环境的结果所导致。"① 其实，不只是克吕尼运动，整个中世纪基督教社会都面临着这样的问题。作为一个拥有一定话语权，并拥有一定物质性质的上层建筑，在基层基础碎化、多元化的中世纪，反复面对着"专业化，然后被世俗同化，再追求专业化和自身的统一……"的问题。这样的现象有着一定的循环性，尽管在每一次循环，教会赖以生存、发展的环境是不同的——中世纪中、晚期，当基层民众不再像中世纪早期那样依附于上层去寻求保护，有了自我意识并开始寻找自我话语权的时候，这样的运动和之前的相比便有了民主性的色彩，类似克吕尼的修道运动会被更基层、更有自发性的修会运动代替——当然，修会运动也是很有时代特点的运动，它的身上已经可以看到一些近代欧洲社会的影子——而克吕尼运动的参与者，从运动开始时就可以看出，可能被现实的政治问题所分解，或者无奈地成为他们最初反对的对象。

　　同时，在这样的循环之中，我们也看到了基督教作为一种秩序的载体，在中世纪西欧拥有顽强的生命力。一方面，整个中世纪，西欧并没有被类似于阿拉伯帝国这样对西欧来说文明级别的政治体，将基督教按照不可抗的形式改造。因此，中世纪西欧的基督教在各层面有着较强的独立性，这样的独立性让教会可以主动寻求与外界的共存之道，并在条件允许时对"外部"社会进行有效影响，同时保持一定的自我独立性，不断调整自身的内涵与外延。这是一个不断塑造自我，确定他者的过程。此时，克吕尼修道主义虽然不像修会那样，发迹于基层，但是这一运动同修会一样，体现了后法兰克时期基督教仍然存在的自我调节与塑造能力。只是，作为上层建筑，自身调节的过程并不能让这样的运动完全摆脱被物质基础决定的命运。

　　克吕尼主观上对专业性的追求，还体现在修道院领袖确立的目标上。他们要求内部的修士提高自己的专业素质，即要通过忏悔而达到道德高尚的境界。"萨勒诺的约翰（John of Salerno），在奥多的指引下成为理想修道主义僧侣，随后又成为他的狂热的信徒和传记作家。他清晰地记载了奥多

---

① Noreen Hunt：*Cluniac Monasticism in the Central Middle Ages*, London and Basingstoke：The Manmillan Press LTD, 1971, p. 16.

改革活动的精神动机以及原则，以及作为其精神信仰效力的方式，还有在处理修道院遗产方面的无私。'除了灵魂的胜利，你为什么还要关心其他的事情呢？其他的修道院长可以参与世俗事务，取悦俗人。但你们要靠虔敬的行为和谦卑的态度，一心讨神的喜悦，成为我们美好的灵魂需要'。"①克吕尼修道院要生存，也会有很多的世俗事务与关系，但是奥多强调这并不是克吕尼修道院院长应该关心的。他们应该致力于建设高尚的精神世界，提升自己的内在。"对他来说，赢得灵魂意味着用言语和榜样鼓励、重塑人的内在，通过忏悔（metanoia）完成救赎。这既是基督徒行为的基本标志，也是每一次宗教复兴的必要条件。"②奥多还谴责职业教会人员结婚的现象、提升修道院内部的圣餐礼等仪式的重要性、加强内部的统一。他还将修道院僧侣与信众的一体关系理论化，和2世纪的伊格纳提乌斯（Ignatius）一样，认为二者是一个整体，相当于耶稣的身体：克吕尼修士是身体的"头"，而信众是"身体与四肢"，二者不可分。作为整体的"头颅"，修士自然要站在道德的制高点，起到带头作用。"如果一个人想要接近圣餐，就必须保持纯洁……神职人员的使命和教士结婚的行为不相容。他认为，神职人员不能用触摸过妾身的手来圣化基督的身体，那样他就不再是基督身体的一部分。"③这说明，至少在主观上，运动引领者在努力保持着对宗教价值观的遵从和坚持。"崇高的职务，却声名狼藉，因为可耻的例子眼前就有，即使没有教养的人也知道神圣的教士不应被玷污。谁加入娼妓之列，基督的身体就离开他；这些是俗人可见的结论：他不贞洁，不称职。国王看到了宾客，问道：'朋友，你怎么不穿婚纱？'他惊慌失措，被投进黑暗。"④

尽管克吕尼运动的组织者有意加强了内部修道院和人员的组织性，但是如上所述，此时的西欧并没有一个巩固的物质基础，来为这样一个价值

---

① Noreen Hunt: *Cluniac Monasticism in the Central Middle Ages*, London and Basingstoke: The Manmillan Press LTD, 1971, p. 18.

② Noreen Hunt: *Cluniac Monasticism in the Central Middle Ages*, London and Basingstoke: The Manmillan Press LTD, 1971, p. 18.

③ Noreen Hunt: *Cluniac Monasticism in the Central Middle Ages*, London and Basingstoke: The Manmillan Press LTD, 1971, p. 26.

④ Noreen Hunt: *Cluniac Monasticism in the Central Middle Ages*, London and Basingstoke: The Manmillan Press LTD, 1971, p. 26.

观的统一实践提供保障。因此后期的克吕尼运动，因教内的路线分歧而走向了分裂。早期克吕尼修道院推崇的本笃会规，最初就是以形而上的号召的形式，流行于诸多独立的修道团体。"圣本尼狄克没有建立一个宗教修会：他的规章是对蒙特卡西诺的僧侣的，每个团体有充分的自主权。尤其在意大利和法国，从七世纪起，圣本尼狄克规章十分普及，作为模范。"①而克吕尼具体的组织形式很可能与之类似，如罗斯·格拉哈姆（L. M. Smith）总结的那样："克吕尼的几位院长和修道士改造了许多其他本笃会修道院，这些修道院根据自己的需要，以克吕尼的习俗为标准调整了自己的院规，但它们仍然保持独立，反过来他们又改造了其他修道院。这些修道院的风俗习惯与克吕尼的风俗习惯非常相似，但在法国、德国、意大利和不列颠也有相应的变化。"②可见，克吕尼是一种原则的传递，而不是一个组织严密的机构，也不是有具体计划和目的的行动。传递的效果会受到地域性等因素的影响。当然，运动引领者和参与者的信仰和信心应该是不容置疑的。"我们相信，把克吕尼看作是纯修道士路线的工作，是修道士改革的必要条件。这就是她的使命，她似乎对世俗的教会并没有特别的兴趣。因为遵循修道的传统，她认为修士是唯一真正履行《福音书》的人，因而遵循比世俗神职人员更高的理想。"③但理想与现实之间的张力，这条贯穿了克吕尼运动乃至中世纪宗教运动的一条重要线索，决定着运动的方向。此处出现的世俗神职人员，尽管这一概念的构成比较复杂，但此时作为克吕尼修道士的对立面，不难看出，和克吕尼人相比，他们的特点是各方面相对来说更为大众化。

这样的张力导致了克吕尼运动不可能按照彻底反世俗、支持教皇的方向前进。对教皇和格里高利主义，运动的领导者有过支持，但不是自始至终的。"克吕尼的信徒们似乎并没有宣扬任何关于教皇权力的特殊教义。这在他们的文学作品中是找不到的，而对他们最杰出的文学倡导者弗洛里（Abbo of Fleury,）修道院院长来说，王权对世俗和精神尊严的提升是所有

---

① [意]路易吉·萨尔瓦托雷利：《意大利简史》，沈珩、祝本雄译，中国出版集团、商务印书馆2013年版，第64页。

② Rose Graham：" The Relation of Cluny to Some other Movements of Monastic Reform", The Journal of Theological Studies, (JANUARY, 1914), p. 183.

③ L. M. Smith："Cluny and Gregory VII", The English Historical Review, (Jan., 1911), p. 21.

公法的基础。"① 而对于整个克吕尼修道院来说，"事实上，克吕尼改革的成功很大程度上要归功于世俗权力的帮助，而许多交给她（克吕尼）的修道院不是皇家的就是帝国的。克吕尼人对达官显贵也有应有的尊重。因此，奥迪罗（Odilo）院长对权贵的尊重是值得赞许的……皇帝对教皇选举的干涉似乎从来没有引起克吕尼人的任何疑虑。"② 如前所述，法兰克时代乃至整个中世纪时期，"修道院独立于世俗矛盾之外"的要求，在很多时候就是世俗力量，如法兰克宫廷、神圣罗马皇帝、地方诸侯的需求。世俗的中央与地方势力拉拢或说利用宗教组织相互对抗，即从本质上说，"独立于世俗之外的真正动力"仍源于世俗力量。宗教势力要在这样的矛盾中达成自己的愿望，只能寻求其中一个世俗力量的支持。在法兰克王国解体，世俗支持力量碎化的情况下，克吕尼修道院曾一度把注意力放在德意志帝国皇帝的身上。"从奥托一世到亨利三世，克吕尼对历代皇帝对教会改革的干预都抱有极其深切的兴趣。她对教皇职位的净化感到高兴，对教皇在罗马贵族家庭中的地位逐渐上升感到兴奋，对改革后的教皇试图加强对主教的纪律约束感到欣慰。事实上，在这最后一点上，她已证明自己对于一些政治势力来说，是一个有价值的盟友。但除此之外，她还不准备走得更远，当斯蒂芬九世领导的运动从教会改革转向自由时，克吕尼阻止了新改革运动的反帝国偏见……"③ 也就是说，总体来看，早期克吕尼运动并不总是脱离现世的激进运动。保持理想主义还是面对现实，这是后期内部不同派别的两种观念。这样观念的摇摆也导致了此后面对运动是否大众化等问题时，克吕尼内部出现了分裂。至于传统观点所说的克吕尼对买卖圣职等上层物质层面腐败现象的反对，我们也有理由相信，这种反对不是极端、彻底的。"相对于格里高利改革的另外两个方面，即反对教堂的买卖圣职和教士的婚姻，克吕尼不能说是一个实践先锋，尽管她无疑让外界在精神上支持了这场运动。的确，她的总体目标是唤醒世界上的神圣精神，她帮助许多修道

---

① L. M. Smith: "Cluny and Gregory VII", *The English Historical Review*, (Jan., 1911), p. 23.

② L. M. Smith: "Cluny and Gregory VII", *The English Historical Review*, (Jan., 1911), p. 23.

③ L. M. Smith: "Cluny and Gregory VII", *The English Historical Review*, (Jan., 1911), p. 25.

士成为主教，提高了教会的精神生活水平。但是，任何克吕尼有组织地反对买卖圣职或教士婚姻的说法，都是缺乏证据的。"[1]

正是这样的"依靠世俗力量建立理想化社会"的矛盾状态，面对 12 世纪的社会变化，让克吕尼内部，在总体理想化的教义原则点上没有发生分歧的前提下，仍然出现了严重的分裂与矛盾。哈登·怀特认为，12 世纪发生在罗马的一场革命，"预示着罗马格里高利教皇统治的终结和西方旧式修道主义的终结"[2]。这也揭示了当时克吕尼内部出现的分歧：是继续支持教皇至上的格里高利主义，还是与之相反。而此时，至少在罗马，反对教皇至上的势力恰恰是罗马教廷，罗马及其周边的贵族代表们组成的"教会参议院"。他们反对教皇权力至上，"公开拒绝将禁欲主义理想作为教皇政策的正确指南"[3]，此外，"它还向教会的禁欲派揭示，教廷党最关心的是权力，而不是道德改革"[4]。当时的院长，上文提到的庞提乌斯与其修道院内部的政敌各支持一派。坚持格里高利主义，坚持加强精英与外界世俗大众不相容状态的庞提乌斯，"站在领导精英的最高委员会中，但这些精英正迅速失去大众的支持"[5]。此时，克吕尼内部纷争的派别划分已经很明显，分别是老院长庞提乌斯为代表的传统派，主张传统的精英政治，和新势力大众派，"拒绝将禁欲主义理想作为教皇政策的决定因素"[6]。并且，"对新改革者来说，很明显，只有'政变'（coup d'état）才能从罗马的腐朽分子手中夺取权力"[7]。至此，我们可以得出结论，克吕尼运动并非按照其主观主张和一些后人所说的那样，最终用宗教原则改造了社会，而是被物质层面

---

[1] L. M. Smith: "Cluny and Gregory VII", *The English Historical Review*, (Jan., 1911), p. 25.

[2] Hayden V. White: "Pontius of Cluny, the 'Curia Romana' and the End of Gregorianism in Rome", *Church History*, Sep, 1958, p. 198.

[3] Hayden V. White: "Pontius of Cluny, the 'Curia Romana' and the End of Gregorianism in Rome", *Church History*, Sep, 1958, p. 198.

[4] Hayden V. White: "Pontius of Cluny, the 'Curia Romana' and the End of Gregorianism in Rome", *Church History*, Sep, 1958, p. 199.

[5] Hayden V. White: "Pontius of Cluny, the 'Curia Romana' and the End of Gregorianism in Rome", *Church History*, Sep, 1958, p. 202.

[6] Hayden V. White: "Pontius of Cluny, the 'Curia Romana' and the End of Gregorianism in Rome", *Church History*, Sep, 1958, p. 202.

[7] Hayden V. White: "Pontius of Cluny, the 'Curia Romana' and the End of Gregorianism in Rome", *Church History*, Sep, 1958, p. 206.

的结构与矛盾决定了走向和结局。对于这一运动的认知,不能将其简单、脸谱化为反对一切世俗因素的理想化主义宗教运动。克吕尼运动的参与者在主观上始终以宗教为旗帜和核心理想,但客观上它更多反映的是当时物质层面的社会结构和矛盾以及社会变化的运动。例如,从克吕尼运动之中,我们可以看到,包括神圣罗马帝国皇帝在内的一部分人,以建立理想主义的以教皇为核心的想象的共同体为要求,要求教皇独立,从而摆脱罗马乃至意大利北部贵族的控制,这是典型的以宗教为旗帜的上层政治斗争。教内新诉求的出现,反映了中世纪中期逐渐出现的某些民主趋势以及由此产生的矛盾,这种矛盾在此后伯格音在内的修会运动中更为明显。这种矛盾同样具有很强的政治属性。在这样的矛盾体系中,何为目的,何为手段,似乎难以一言以蔽之。但通过对克吕尼运动的梳理,我们可以发现一些中世纪基督教社会发展的规律:宗教运动可以作为一面旗帜,其本质很可能是阿道夫·哈纳克所说的社会运动。同时,从基督教内部的历史来看,基督教社会的内部似乎始终存在着张力,即宗教价值观和物质现实之间的矛盾,而这种张力似乎时时体现在基督教社会的内部。而宗教价值观和组织方式,也决定了中世纪的很多运动无法用一个简单的标准去判断其成功与否。克吕尼运动伴随着教皇权力的集中(尽管二者之间是否存在因果关系,是一个值得考察的问题),但是这个时代,也是欧洲经济、贸易缓慢恢复的时代。运动针对的物质层面的问题,也许会随着时代的变化而淡化;但是经济复苏带来的内部价值观的问题,则会再次凸显——这种张力在12世纪克吕尼修道院的内部矛盾中清晰起来。

三 教会机构世俗化问题的再现

走出教内社会,就克吕尼运动对整个社会的影响过程来说,也存在理论和现实的种种矛盾。以教皇为核心,建立起一个统一、跨越国家和民族的教会组织的构想,一旦成立,会面临新的问题和挑战,而这样的挑战同样是中世纪信仰运动的发起者难以独自面对的。就像前两章所言,这时西欧的社会划分,不止有教和俗一对概念化的标准,还有罗马的、日耳曼的、地域的、民族的等各种既对立又重合的人群划分标准和界线。在现实中,当一个共同体建立之后,其他人群分化标准建立起来的矛盾又会在这个共同体内显现出来,形成新的矛盾。此时共同体内部可能会再度出现新的矛盾与改革，否则这一共同体可能被解构。这也是中世纪基督教社会内部和外部问题呈现出一定循环性的原因之一。

当10世纪的西欧初步建立起了以教皇为核心的基督教上层社会之后，它马上面临着不同民族、地域以及人群的认同标准和这些认同所产生的影响和挑战。当克吕尼运动传播至西班牙时，这种挑战十分明显。在对抗阿拉伯帝国的战争中，教皇曾派克吕尼修士到西班牙参加对抗穆斯林的斗争。此时，很多克吕尼修士对此表现出一种并不积极的态度。阿斯科利·门多（Anscari M. Mundo）认为，"对于'在加泰罗尼亚各地站稳脚跟'，克吕尼修士为什么表现得如此不情愿，至少说表现得如此冷淡呢？我想不出有什么办法能令人满意地解释，除了克吕尼对新十字军的前景有些悲观。"[1]。对于悲观、恐惧态度出现的原因，门多解释为"政治和经济层面的缘故"："然而，政治和经济方面的其他因素为解释这个问题提供了一些线索，这或许可以解释（克吕尼修道士们）拒绝的原因。教皇在这个时候利用克吕尼亚克传教，支持在西班牙进行十字军战争，因此克吕尼修道士派遣了许多自己的成员作为十字军战士来到西班牙。而当他们到达了加泰罗尼亚地区，就遇到了不同的情况：没有法国或阿奎塔尼亚骑士（Aquitanian knights）加入巴塞罗那伯爵的军队，领导人只有他自己的那些来自朗格多克或普罗旺斯的封臣。而正是这些人与诺曼人并肩作战，夺回了塔拉戈纳"[2]。这样的情况出现说明在某一历史阶段，即使诸如日耳曼国王、公爵的地方权贵皈依了基督教，但是这些物质层面人群、社会之间的矛盾和现实利益为基础的价值观并不会消失，甚至可能与教皇这样的权威产生矛盾。在下一个阶段，即使出现了更加有利于建设统一基督教社会的条件，即出现了克吕尼这样的理论上超越现实界限的普世性运动，上述问题仍然不会随之消失。教会组织的本质和中世纪多元化的社会结构，决定了这样的情况——通过这一事例可以看出，此时的克吕尼运动也有自上而下的性质——这样的精神层面的统一运动，改变不了上层物质层面的矛盾与非同质状态。这一时期，这样的例子还有很多：

---

[1] Noreen Hunt: *Cluniac Monasticism in the Central Middle Ages*, London and Basingstoke: The Manmillan Press LTD, 1971, p. 112.

[2] Noreen Hunt: *Cluniac Monasticism in the Central Middle Ages*, London and Basingstoke: The Manmillan Press LTD, 1971, p. 113.

第三章 克吕尼改革

雷蒙德-贝伦加一世伯爵（Raymond-Berengar I），娶了利木赞（Limousin）伯爵的女儿阿尔摩迪斯（Almodis）为妻，他被认为是西方所有基督教王子中最富有的一位。他获得这些黄金，主要是由半岛上的阿拉伯王族向他进贡的，这些王族非常感激他的恩惠，并依靠它来维持他们岌岌可危的主权。①

不难想象，这样的同"异教"势力的利益关系的存在，在教皇眼中是什么样的性质。因此，雷蒙德-贝伦加一世和他的两个儿子被格里高利七世和乌尔班二世警告，并"要求他们承担十字军的义务去讨伐摩尔人"②。不管这件事的结果如何，我们都可以看到教皇组建统一基督教社会的过程中，必然遇到的与物质性的个体利益冲突的问题。当这样的问题出现，对于世俗君主来说，是不可能选择一直无条件倒向教皇一边的。因为"这样一种做法肯定会给他们自己带来物质上的损失，而没有宗教层面的立竿见影的利益"③。这样的和阿拉伯半岛之间的利益关系的例子，部分"解释了为什么克吕尼运动在这里的作用比其他地方要小得多"④。

即使克吕尼修士可以说服当地贵族站在教皇一边，但是加泰罗尼地区其他地方势力又会对教皇乃至教廷产生敌意。"第一位被格里高利改革所影响的加泰罗尼亚人是虔诚的贝萨鲁·伯纳德二世（the devout Bernard II of Besalu）。公元1077年，教皇的使节阿玛特·多洛伦（Amat d'Oloron）在赫罗纳（Girona）召开了一次会议，结果被该教区的大主教吉弗莱德（Archbishop Guifred）逐出了赫罗纳，贝尔纳伯爵急忙把他和主教们一起迎进贝萨鲁自己的宫里。教皇以他个人可以拥有特权作为奖励，因此伯纳德封自己为'圣彼得的忠勇战士'。然而，他的行为进一步招致了该地区某些主

---

① Noreen Hunt: *Cluniac Monasticism in the Central Middle Ages*, London and Basingstoke: The Manmillan Press LTD, 1971, p. 113.
② Noreen Hunt: *Cluniac Monasticism in the Central Middle Ages*, London and Basingstoke: The Manmillan Press LTD, 1971, p. 113.
③ Noreen Hunt: *Cluniac Monasticism in the Central Middle Ages*, London and Basingstoke: The Manmillan Press LTD, 1971, p. 113.
④ Noreen Hunt: *Cluniac Monasticism in the Central Middle Ages*, London and Basingstoke: The Manmillan Press LTD, 1971, p. 113.

教、修道院院长和贵族的敌意。"①。不难看出,面对着形而上的统一中存在的如地域性问题引发的矛盾,教廷和教皇并没有办法彻底解决。"尽管贝萨鲁的伯纳德二世有着深厚的宗教感情和对改革事业的献身精神,但他并没有失去他的政治智慧。他不想让他的领土上所有的修道院都落入国外某个大修道院的手中。"② 接下来,他把自己手中的修道院土地分散地赠送给了各地方修道院,这进一步加剧了该地方的世俗领主和克吕尼修道院的矛盾和争斗。最后,"在旧中央集权模式下建立统一修道院的尝试在加泰罗尼亚结束了"③。

由于地缘等原因,加泰罗尼亚地区是克吕尼运动时代一个较为特殊的地区。不过通过这一地区出现的问题,我们可以看到在当时的历史条件下,即使克吕尼运动在完成理论上的历史使命的情况下,西欧基督教社会也会出现如上文所述的新问题。"当我们考虑到那些贫穷的修道院受制于一些人的统治,而这些人往往不关心宗教改革,只关心增加修道院的收入,并将收入问题作为教会事务的核心时,我们很可能会想起维兰纽瓦的言论,(改革失败是)'一些人的野心和另一些人的软弱"的结果'。"④ 从门多的这段评价中,我们不难看出,经过这次运动,克吕尼运动最初反对的现象在其内部不可避免地继续存在。而且在门多看来,"有野心和软弱"似乎是当时必然的现象。门多甚至认为,"'为了改革必须忍耐'的东西和'不合理的镇压'往往是致命的"⑤,这反映了有真正宗教理想的修道院和修道士在理想和现实权势之间的尴尬处境。如此说来,缺乏物质基础,运动的方向无法保证,而即便有了物质基础,修道理想与现实之间的矛盾也不易解决。克吕尼运动的"失败"有其必然性。

当然,和此后的伯格音运动一样,形而上的运动并不是有着具体纲领

---

① Noreen Hunt: *Cluniac Monasticism in the Central Middle Ages*, London and Basingstoke: The Manmillan Press LTD, 1971, p. 115.

② Noreen Hunt: *Cluniac Monasticism in the Central Middle Ages*, London and Basingstoke: The Manmillan Press LTD, 1971, p. 116.

③ Noreen Hunt: *Cluniac Monasticism in the Central Middle Ages*, London and Basingstoke: The Manmillan Press LTD, 1971, p. 122.

④ Noreen Hunt: *Cluniac Monasticism in the Central Middle Ages*, London and Basingstoke: The Manmillan Press LTD, 1971, p. 122.

⑤ Noreen Hunt: *Cluniac Monasticism in the Central Middle Ages*, London and Basingstoke: The Manmillan Press LTD, 1971, p. 122.

和清晰现实路线的现代政治行为。它很可能是当时的社会和历史各种条件共同作用下自然呈现在人们面前的一幅景象。如前所述,是否可以将威廉公爵的捐赠视为克吕尼运动的开端,这其实是一个问题。同样,是否应该将克吕尼运动完全视为一个有着明确目的和具体方案的人为运动,也是一个应该思考的问题。进而,最终它究竟是胜利还是失败,也应该不是一个很容易做出的判断。即使后来参与其中,或说利用这个现象的很多人物或说群体有了自己的目标,但是如前两章所言,这个群体的同质性首先还是一个问题。这样的情况导致了即使这个群体的目标逐渐明确,在当时的现实情况下,这目标也只更像是口号化的纲领,有抽象的特征。但是即便有条件将其现实化,那么修道运动就有变为政治活动,彻底"世俗"的可能。这不仅是历史的矛盾,也是理论性的矛盾。

即使这个目标有着随着时间的推移而线性实现的可能,但是在现实世界中,也并不会存在一劳永逸的解决上述问题的办法。因此,也有理由相信,有着一定贵族革命色彩的克吕尼运动某种程度上说已经完成了其历史使命,让基督教社会在后法兰克时代第一次有了在自下而上运动的配合下自上而下统一的趋势,并让运动的参与者主观上意识到了一些问题。有很多历史学家认为,克吕尼运动与格里高利革命之间有着某种必然联系。只是由于上述种种原因,单纯依靠内部非同质化的、基督教社会各势力参与的克吕尼运动,以"示范"作为主要手段,并不能真正解决多元背景下,终极利益不同的上层与物质社会的分化问题。何况,还有广大基层信众的整合,或说黏合问题,没有解决。

如果将克吕尼运动视为一个有目的有方向的计划实践过程,那么它的失败仍然有着必然性。如前所述,如果将克吕尼运动视为"通过修道院的模范作用,建立起一个统一于教皇之下的基督教社会,再用这个社会解构其他社会划分界线,即影响、引导世俗,最后达到建立'上帝之城'的目的"[1]——这样的总结也许略显模式化,但是这样目的性也确实可以在一次又一次的宗教运动中寻见——如果克吕尼运动确实可以这样概括,那么这样的运动要达到目的,首先要解决修道院的生存问题。这仍是彼得·布

---

[1] Noreen Hunt: *Cluniac Monasticism in the Central Middle Ages*, London and Basingstoke: The Manmillan Press LTD, 1971, p. 123.

朗在《穿过针眼》之中提到的问题：修道院最初成立的启动资金从何而来，以及此后修道院如何生存。理论上，要系统地解决这样的问题，仍然要将修道院置于社会体系中，去解决各修道院的生存问题。这样，资金和后续资金来源基础上的经济、人事关系，必然导致修道院与外部世界频繁而深刻的交流，这至少在理论上让修道院有了被分化，或被世俗秩序同化的可能，这是传统观点所谓的封建化和世俗化的表现形式之一。而现实中，关于克吕尼的文献，也证明了问题在现实中的存在。

汉斯马丁·斯奇沃兹麦尔（Hansmartin Schwarzmaier）发现了意大利地区科莫湖（Lake Como）北部的克吕尼 SS·玛丽修道院（SS Mary）和皮奥纳的尼古拉斯修道院（Nicolas of Piona）中的文献记录，并分析了两个修道院面临的上述问题。

"根据文献记录，该修道院建立于 1236—1244 年。但是根据记录中的勃艮第印章（Franco-Burgundian stamp），我们有理由相信，其成立年份应该比最早的文献至少再早 100 年。"① 此后，在院长修治（Abbot Hugh）任期内，"来自贵族的大量馈赠才开始出现，这让无数修道院得以建立，从而使克吕尼有了集中控制修道院的机会"②。记录中比较详细提及的，是玛蒂尔达伯爵夫人（Countess Matilda）。"1076 年 2 月或 4 月，玛蒂尔达伯爵夫人的丈夫戈弗雷公爵（Duke Godfrey）和他的母亲碧特蕾斯伯爵夫人（Countess Beatrix）都去世了。从那以后，她一个人处理家族的巨大财富。"③ 此后，家族亲人成为修道院的特殊阶层，修道院也又开始面临在内部出现世俗因素决定的传承模式的问题。

本章结论

基督教社会有上层和下层之分，但是如前所述，二者并不是一个有机

---

① Noreen Hunt: *Cluniac Monasticism in the Central Middle Ages*, London and Basingstoke: The Manmillan Press LTD, 1971, p. 124.

② Noreen Hunt: *Cluniac Monasticism in the Central Middle Ages*, London and Basingstoke: The Manmillan Press LTD, 1971, p. 125.

③ Noreen Hunt: *Cluniac Monasticism in the Central Middle Ages*, London and Basingstoke: The Manmillan Press LTD, 1971, p. 128.

整体中的两个部分,二者在很多情况下并不普遍存在经济上直接的剥削与被剥削的关系,在政治上,教廷和很多地方教会也只是理论上的领导与被领导的关系。由于中世纪西欧一直没有出现一个统一的政治实体,因此在有些情况下,教会运动缺乏进一步将基督教社会的上层与下层整体上黏合在一起的中介与框架。因而,二者更多的时候是作为两个平行部分存在于基督教社会之中,有时甚至会产生对立关系。同时,这种政治体的分散且不稳定的情况,导致基督教社会的上与下的成分都较为复杂且多变,这进一步导致基督教社会内,很难出现上层总体上直接管理或说引领下层的情况。这样的情况让现实中理想化的、对抗世俗的"教会运动"很难真的出现,更难"成功"。不过,这也让基督教的下层有了相对较大的生存、活动空间,每当社会在面临被世俗同化或被世俗统治的风险时,往往出现以下层价值观为发起点,或以下层为某种程度的联合对象的宗教运动,或说以拥护西部教会核心——教皇为旗号,以基督教价值观为目标的政治运动。克吕尼时代,两种改革方向一定程度上代表了基督教社会内部的这两种思想传播方向,尤其是自下而上的方向。如总论中所言,自下而上的传播,源头未必是基层信众,至少在伯格音等修会运动兴起之前的基本情况如此。但是从克吕尼运动时期开始,"下"的概念逐渐清晰。在这一时期,与格里高利改革的内容相对应,"下"代表着与现实政治平行甚至对立的信仰改革。就克吕尼运动而言,运动本身推动了基督教社会的发展,但是当事人的主观愿望并没有实现。其根本原因,也是在总论中提到的,以信仰为终极追求的运动,在现实世界,成功也许即意味着失败。就克吕尼运动而言,"这里的悖论是,当克吕尼彻底超脱各类权贵干预之日,正是它无可避免地沦为教皇私产之时。"[①]

---

① 曹为:《克吕尼运动的性质及其与格列高利改革的关系》,《学术探索》2014年第3期。

第四章　隐士生活与禁欲主义

　　11世纪开始，整个西欧社会出现了诸多值得注意的变化。首先是上文提到的，社会趋于稳定，以教皇为代表的教廷势力似乎又有了一个追求建设统一教会社会的机会——十字军运动和宗教裁判所制度的出现，证明了这一点。"1099年7月，在经历了四个半世纪的穆斯林统治后，耶路撒冷被十字军骑士重新占领，这是一个最为重要的标志，表明地中海权力的天平开始从东部倒向了西部。"①

　　倒向西部的基础或说结果之一是罗马教廷权力开始上升，毕竟"这是在欧洲大陆各地唯一具有重要影响力的组织"②。这一时期，教廷为首西欧教会体系的实体化程度得到了加强，"在此后整整三个世纪，罗马教宗坚持其独立的、权威的发言权，并以一系列制度建设强化其权威，首先是通过前7次（或8次）全基督教主教会议决议，瓦解了此前存在的教义权威体系"③。上层化、体制化的教会，形式和内容上有了一些背叛最初基督教精神的意味，"最缺乏基督精神的基督徒……是中世纪拉丁教会的经院派学者，他们想从福音书中抽绎出由数千种信条构成的庞大系统"④。但是，"如果认为教会此时可以随心所欲，那就大错特错了"⑤。对于整个西部基督教社会来说，内部的基本问题仍然存在。如何应对"专业化与世俗化"

---

① ［英］大卫·勒斯科姆、乔纳森·赖利-史密斯主编：《新编剑桥中世纪史》第四卷第二分册，陈志强等译，中国社会科学出版社2021年版，第1页。
② ［英］大卫·勒斯科姆、乔纳森·赖利-史密斯主编：《新编剑桥中世纪史》第四卷第二分册，陈志强等译，中国社会科学出版社2021年版，第1页。
③ ［英］大卫·勒斯科姆、乔纳森·赖利-史密斯主编：《新编剑桥中世纪史》第四卷第二分册，陈志强等译，中国社会科学出版社2021年版，第1页。
④ ［法］欧内斯特·勒南：《耶稣传》，梁工译，商务印书馆2021年版，第306页。
⑤ ［英］大卫·勒斯科姆、乔纳森·赖利-史密斯主编：《新编剑桥中世纪史》第四卷第二分册，陈志强等译，中国社会科学出版社2021年版，第1页。

之间的矛盾,如何在物质层面的政治社会不统一的情况下,在西欧各地区贯彻教皇的意志,组织起统一的教会组织,对于罗马教廷来说,这些仍是较为棘手的问题——新形势下,这些传统问题甚至有严重化的可能。此外,这一时期还出现了一个新的问题,即在经济、贸易开始发展的情况下,世俗话语开始出现。这样的话语无疑更容易为广大基层民众接受,也更有利于此时较为分散的地方世俗势力建立起对自己有利的统治秩序。这对一直想以信仰为大旗统一社会的天主教"中央势力"来说,无疑是一个新的挑战。

这样的情形,反映了时代的变化,也反映了教会组织长期以来存在的内部问题和与外部世俗社会之间的矛盾。11世纪开始,针对上述问题,教廷进行了一系列改革。但是教会内部发起的改革,并不能一劳永逸地解决上述问题;相反,很多改革将教廷和教廷正在建立的体系,又置于新的挑战之中。以建立起包括宗教裁判所在内的教会司法体系为例,"教会早就拥有公共法庭机构,每个机构都设在距离所有受过洗礼的基督徒不远的地方。当时各地主教均开设法庭,这就是11世纪期间对主教区的控制成为如此重要问题的原因之一。如果要适用于各地主教法庭所使用的法律——教会法——能被解释清楚并制度化,以便创造普通基督徒能从中寻求公平的环境,那么教廷就需要鼓励学术研究"①。同时,"西方教会的法律基础在12世纪和13世纪经历了一次重大的转变。在这一时期,教皇立法问题以和解法令'被教皇决定'的形式取得进展。教皇的管辖权力增加,产生了大量的判例法,这些判例法被系统地收集起来。"② 权力的具体化、体系化,让教廷与基层的疏离感加强,也让其面对可能同新兴势力产生矛盾的问题。一个形而上的权威体系,在同外部的世俗世界斗争过程中,即使取得了胜利,往往也不意味着问题的解决,而是问题的内化。

在这种情况下,教廷的努力也成为一种冒险。"因严格的道德自律而权势日增的教廷冒着在此过程中丧失自身权威的风险,几乎史无前例地将自

---

① [英]大卫·勒斯科姆、乔纳森·赖利-史密斯主编:《新编剑桥中世纪史》第四卷第二分册,陈志强等译,中国社会科学出版社2021年版,第3页。
② Miri Rubin、Walter Simons: *The Cambridge history of Christianity IV: Christianity in Western Europe c. 1100–c. 1500*, New York: Cambridge University Press, 2009, p. 89.

己努力置身于变革的最前沿。"① 这也很大程度上也可以解释,此后教廷对于伯格音这样的基层运动为何曾有着支持的态度:教廷需要与自己无法直接控制的民间力量建立起同盟关系,也需要一支力量在其内部坚持基本的宗教价值观。11世纪开始,教廷同样面临着"自身的努力使自己面临着挑战"的局面。"12、13世纪教皇权力作为一种国际力量的出现,如果没有两种典型的中世纪高等机构——大学和教皇、教廷的行政机构——的并行发展,是不可能的。11世纪的高等教育是教堂和修道院学校的领地,由杰出的导师松散地组织和指导。在12世纪和13世纪早期,博洛尼亚和巴黎的大学逐渐成为更系统的高等教育机构。尽管它们的存在依靠的是皇室而不是教皇的权力(博洛尼亚是在1158年由腓特烈巴巴罗萨特许的。巴黎是在1200年由菲利普奥古斯都特许的)。大学,尤其是它们的法学院和神学学院,却为教皇至高无上地位的确立提供了智力上的支撑。在这样的学术环境中,教皇的权力和基督的代理权等概念被制定和传播。此外,这些强大的知识工厂一旦建立并运行,教皇马上就对它们实施了控制。"② 以中世纪的大学为例,教皇权力的上升也要依靠世俗、地方权力为基础的大学,但如果教会与世俗势力产生矛盾,大学的立场与性质则很难确定,即教皇实施控制努力的结果并不确定。上层的这些矛盾状况,也刺激了下层信仰活动的活跃程度。

11世纪开始,对于西欧社会来说,出现了摆脱阿拉伯世界和拜占庭的压力,可以独立发展的局面。在这样的时代,由于社会的安定、经济的发展和新的市民阶级的出现,基层民众不再像古典末期一样追求强者的保护,自身的独立性和话语权也成了他们在新时代的追求。基督教自下而上的传播形式,又一次在西欧社会中酝酿、出现。这样的趋势催生了修会运动的出现。和托钵僧运动一样,后来的伯格音运动是这一系列运动中最基层成员参与的形式。它是新的形势下,基层民众利用传统信仰的自我表达;也可以说是传统的自下而上形式在新时代的体现。从这一时期开始,一些新时代的基督教因素开始出现。研究11世纪的基督教社会问题,可以从一些以传统形式追求信仰的

---

① Miri Rubin、Walter Simons: *The Cambridge history of Christianity IV: Christianity in Western Europe c. 1100–c. 1500*, New York: Cambridge University Press, 2009, p. 89.

② Miri Rubin、Walter Simons: *The Cambridge history of Christianity IV: Christianity in Western Europe c. 1100–c. 1500*, New York: Cambridge University Press, 2009, p. 29.

人，即隐士开始。时代特性和始终存在的循环问题结合，塑造了这一时期的新隐士群体。他们追求的禁欲主义，是人们比较熟悉的追求信仰者坚持持有的，强化自身的宗教特性，摆脱世俗影响的有力武器。基层力量的崛起和传统基督教社会的问题汇聚在一起，让西欧的宗教问题更为复杂。

进入11世纪，很多现象都已经可以看到伯格音运动的影子。在中世纪西欧的很多自发的、民间的运动中，隐士运动似乎是这样的运动中最有代表性，也比较能反映伯格音运动的长时段背景的一种存在。

第一节　禁欲主义的历史

隐士所追求的原始宗教价值观是禁欲主义。同很多重要的基督教传统一样，禁欲主义（asceticism）在古代晚期的诸多基督教作家，如奥利金、圣杰罗姆、安条克的伊格内修斯、约翰·克里索斯托和希波的奥古斯丁的作品中可见。这些早期基督教思想家的作品中，禁欲主义似乎可以被视为一种摆脱世俗价值观，以便正确解释圣经文本含义的前提条件。如果再上诉至《圣经》时代，禁欲主义的例子可以在关于施洗约翰、耶稣基督、十二门徒和其中的使徒保罗的生活的传说中找到。当然，禁欲是几乎所有宗教都会涉及的一种行为规范，基督教之前，和基督教有着深刻渊源的犹太教的相关经典中也可见禁欲主义。《死海古卷》揭示了古代犹太教派艾赛尼派的苦行实践："前基督教禁欲主义和早期基督教禁欲主义之间的延续，最明显的例子是1世纪犹太教中的艾赛尼派的出现。罗马化的犹太历史学家约瑟夫（Josephus，公元37—100年）的作品，为我们留下了我们所知的最完整的艾赛尼派和他们的实践的信息。"[1] 此后，在基督教的历史中，"其他的基督教禁欲主义实践者包括圣徒，如隐士保罗，西米恩风格，威尔士的大卫，大马士革的约翰和阿西西的圣方济各"[2]。此外，在基督教的另一个重要精神来源，古希腊哲学精神之中，也可以看到禁欲主义的影子。虽

---

[1] Andrew Jotischky: *A Hermit's Cookbook*, Auckland: Continuum International Publishing Group, 2011, p. 44.

[2] *The Catholic Encyclopedia*. New York: Robert Appleton Company, 1912, http://www.newadvent.org/cathen/072566.htm. 2022-12-01.

然对此,不同学者有着不同的看法,例如根据理查德·芬恩(Richard Finn)的说法,早期基督教禁欲主义可以追溯到犹太教,但与希腊禁欲主义的传统无关。但芬恩也说,以根植于希腊的道德思想的禁欲主义标准衡量,当一个人渴望以欲望和激情为主体的身体上的快乐时,高尚的生活是不可能的。可见,在基督教思想体系中,禁欲主义也和在希腊道德中一样,可以保证人们对"高尚生活"的追求。这样的原则,也预示了此后伯格音成员的"狂喜"体验面对的批评。在古代神学中,道德并不被看作是一种对错之间对"正确"的选择行为,而是一种精神转化的形式,在这种转化中,简单就够了,幸福在里面,节俭就够了①。此后,罗马帝国的统一为不同地方教派的整合,以及从中提炼出一个共同的核心并形成一套主义,提供了条件:

> 然而,早期的基督教僧侣的举止在某些方面确实符合一种熟悉的准则,这种准则于罗马帝国后期就已经存在。深刻的宗教情感是帝国内许多宗教活动的共同特征。罗马帝国宗教仪式的融合意味着,许多普通罗马人可能以相似的方式看待信奉不同宗教的神圣男女。对他们来说,重要的不是不同的信仰,而是相同的实践。个人行为上的节俭,以贞洁、节制饮食和外在行为的各个方面的形式表现出来,是宗教人士的标准生活方式——无论他们是新柏拉图主义哲学家、密特拉神崇拜的信徒、基督徒、犹太人还是波斯拜火教的信徒。②

可见,禁欲主义是一个体现基督教原始宗教价值观和普世性特征的重要载体。

有史可查的开创隐修生活者,是一位来自埃及的无宗教信仰的乡村青年安东尼。公元2世纪以后,基督教会被富有者把持,主教地位被垄断,"使这个民众的宗教社团开始向以主教为首有等级的、官僚的组织机构发展,成为奴隶主剥削和压迫下层民众的一个工具"③。安东尼为代表的隐士

---

① Richard Finn: *Asceticism in the Graeco-Roman World*, Cambridge, Cambridge University Press, 2010. pp. 94–97.

② Andrew Jotischky: *A Hermit's Cookbook*, Auckland: Continuum International Publishing Group. 2011, p. 45.

③ 王亚平:《修道院的变迁》,东方出版社1998年版,第2页。

便是在 3 世纪罗马帝国经济衰退、政治腐败、教会不能发挥原有职能的背景下出现的。我国学者王亚平认为，隐士生活实际上是对现实生活的一种逃避，也是一种消极的反抗①。此后，当西部社会陷入危机，人们开始躲避社会的动荡、同时城市开始衰落时，修道和隐士生活成为一种相对普遍的生存选择。"沙漠变成了一座城市。"② 此后，在 3 世纪危机之后，禁欲主义和各地的修行方式结合起来。如第二章所述，早期的修道主义行为和禁欲主义追求总是被认为是统一的。"中东的沙漠居住着成千上万的男女基督教禁欲主义者，修士和隐士，包括圣安东（又名圣安东尼），埃及的圣玛丽，和圣西蒙。"③ 同时，这种与物质欲望对立的价值观，也逐渐成为其践行者与世俗对立的一个标记。"从 2 世纪到 5 世纪甚至更久的时间里，东方对身体的怀疑和某些异教徒的禁欲观念在不同的时代、不同的人群中，融入进了某些已经存在的趋势之中。不容置疑的是，在 2 世纪期间，基督教领袖们被迫与禁欲运动中相对极端的现象做艰苦的斗争，但并不是所有当时的基督徒都认为（禁欲主义者）是异端的团体，虽然他们推崇的节制超越了《新约》所建议的限度。"④ 和在沙漠里的修行一样，这样的生存方式，自然要求选择者降低一切欲望。"到 375 年，修道士们已经居住在尼罗河谷周围的沙漠里了。修道士们过着共同的社区生活：修道士们住在孤立的小房间里，但为了礼拜、买卖和基本的纪律而聚集在一起。其他参观著名隐居处的游客、探询者会走遍各个社团，寻求指导和教化。这片土地上的主导理想是圣安东尼追随者的隐士理想。"⑤ 作为一种主义，和很多现象一样，其历史不是一条有形的线性发展过程。理论上，它是所有信奉基督教的人共同追求的价值观；但是在现实中，尤其在世俗主义冲击严重的情况下，在行为上真正严格遵循禁欲主义的人，与大多数人是不同的——这也成为大约是后克吕尼时期区分专业人士和世俗信众的一条模糊的界线——大约是后克吕尼时期，这样的人被称为隐士（hermits）。

---

① 王亚平：《修道院的变迁》，东方出版社 1998 年版，第 2 页。
② David Brakke：*Athanasius and the Politics of Asceticism*，Oxford：Clarendon Press，1995，p. 10.
③ Andrew Jotischky：*A Hermit's Cookbook*，Auckland：Continuum International Publishing Group. 2011，p. 45.
④ Owen Chadwick：*Western Asceticism*，Kentucky：Westminster John Knox Press，2006，p. 14.
⑤ Owen Chadwick：*Western Asceticism*，Kentucky：Westminster John Knox Press，2006. p. 23.

在谈到隐士出现的背景时，我国学者王亚平教授曾有一段论述："首批游方修士是出现在法国的西部地区。中世纪的法国由于政治上严重的封建割据造成社会发展的极不平衡……采邑制也得到了充分的发展，每一寸土地都有了归属，都附带各种封建义务。然而，南部和西部则要比北方落后一个世纪，从布列塔尼亚到加斯科尼的情况更为恶劣……国王几乎从未涉足这个地方，大封建主也极少把目光投向这里……农民在法律上的自由程度相对地比较大，同时地方贵族的独立性也相对地比较强。私有教会和私有修道院制度存在的时间比其他地区相对地要长……"① 这段论述，以法国为例，说明西欧各地区发展不平衡，这也是不同基督教社会制度共存，并相互影响甚至可以阶段性相互取代，轮流成为主流的原因之一。即使是体制化的教会组织，其需要的要素也往往在非体制化模式中孕育。在客观环境变化时，两种形式的地位可能相互转化。以隐士为例，他们是又一批由于种种原因，离开世俗化严重的中心地带，去边缘化地区追求信仰的人群。这样的人群，在克吕尼修道院一定程度被体制化、世俗化的情况下，可以被视为下一个时代革命的带动者。上一章提到的克吕尼运动的特征，决定了在克吕尼运动自身体制化变化的过程之中，似乎也刺激了一些修士在下一时代仍以一种反体制的方式追求信仰，尤其上述运动时期，处于边缘地带中的修士。物理空间发展不平衡的西欧、变化的中心地带和多元的社会空间一起成为连续性的"革命运动"出现的条件。"这一地区的修道院没有像北方那样，在国王和大封建主的支持下以本笃的院规严格规范修士的行为，强化修道院的纪律，组织世俗势力染指修道院；教会和修道院的世俗化更强一些，11世纪如火如荼的修道院改革和教会改革在这里都没有引起广泛的响应。"② 这就是一个有趣的现象：一个时期非正统的力量，却可能无意间默默地孕育了下一个时代正统力量依靠的对象。这些偏僻的、外部势力很难染指的地区，和基层社会一样，很可能是这种力量的孕育地带。因此我们可以看到，在西欧社会这一个体系之中，边缘化的地带可能在默默地、无意识地孕育着下一个时代的变革力量。

当然，能产生时段性变革力量的错位效应地区的存在，前提是这个地

---

① 王亚平：《修道院的变迁》，东方出版社1998年版，第115页。
② 王亚平：《修道院的变迁》，东方出版社1998年版，第115页。

区并不完全是在西欧社会的体系之外。以法国南部为例,"但从历史的进程来说,南、北方仍然是同步的,所不同的是特定的政治经济条件造成了特定的宗教氛围"①。因此,体系或说正在形成的体系内部有意无意地出现了互补的效果:当中心地区的宗教运动让修道院或说修道生活成为体制的一部分时,相对"落后"地区,那些曾经与主流信仰对立的因素,却建成了那些种种原因不愿被体制化,或想远离秩序的人们独自修行的理想空间。

第二节 11 世纪:禁欲主义的回归

"11 世纪以后,西欧各地社会的结构发生了革命性的演进,在依附者和被依附者之间生成了一个具有法律自由的社会阶层,即城市市民……11 世纪以后经常性的和大规模的拓荒和垦殖运动造就了较为庞大的半自由和自由的农民队伍……从他们之中分化出了独立的手工业者。……市民的队伍扩大了。"② 经济的发展,社会中世俗比重的增加,让作为西欧基督教社会理想主义之一的禁欲主义又回到了社会之中。毕竟,新的时代不会和所有传统割裂,"城市不是也不可能是在封建制度之外的机构,他是建立在封建领主的领地上,或是在主教的教区内,城市的领主是封建主或主教"③。

禁欲主义在 11 世纪的回归,是以新修道主义和隐修主义为载体的。"在 11 世纪和 12 世纪早期,修道院理想复兴的关键因素是教育。一场被历史学家称为'12 世纪文艺复兴'的文化运动始于修道院,伴随着古典阅读和写作的复兴。"④ 而"通过这些,尤其是杰罗姆和卡西安的作品,修士们了解了几个世纪以来被遗忘的事情:第一批修士是如何生活的"⑤。外部社会相对稳定,让人们又有了较纯粹地追求信仰的条件。在这样的情况下,西欧社会似乎有了一种较理想地按照自己的愿望重建社会秩序的机会,进

---

① 王亚平:《修道院的变迁》,东方出版社 1998 年版,第 116 页。
② 王亚平:《修道院的变迁》,东方出版社 1998 年版,第 119—120 页。
③ 王亚平:《修道院的变迁》,东方出版社 1998 年版,第 120 页。
④ Andrew Jotischky: *A Hermit's Cookbook*, Auckland: Continuum International Publishing Group. 2011, p. 65.
⑤ Andrew Jotischky: *A Hermit's Cookbook*, Auckland: Continuum International Publishing Group. 2011, p. 65.

而"促进了一种理想回归到原始的简单的修道院生活之中,即以追求孤独、超脱为特征的禁欲主义。"①

禁欲主义的回归和隐士的兴起,很大程度上和教廷为代表的上层教会某种层面的体制化的变化(这也许也是克吕尼运动的遗产),以及一些追求信仰者对基督教世界的世俗化不满有关。克吕尼运动不可能毕其功于一役地完成追求信仰任务——何况克吕尼运动也有着上一章提到的本质层面的局限性。"从克吕尼开始的修道院改革时期,这种状况也没有较大的改变,它追求政治上的目的和影响更甚于宗教方面。"② 于是在 11 世纪这样的条件下,追求信仰的运动又出现在不同的阶层之中。以基层的一个隐士的事迹为例:

> 西尔维斯原是一个贵族骑士,他从未接受过教士的受职礼。1066 年,他在与布列尼塔的科南的争夺战中获胜占领了这一地区,1076 年自封为雷恩的主教,在他的教区里几乎有一半的教士是世俗贵族。对此教皇格里高利七世派特使迪埃的于格到那里,于格对这种由世俗把持教会职务的现象提出了尖锐的批评……为求自保,西尔维斯亲往巴黎,邀请罗伯特做他的宗教顾问和代言人,处理教会的事务。在雷恩教区,罗伯特目睹了那些世俗教士的贪欲和奢侈……他的热情和努力使他在雷恩教区内树敌颇多,迫使他不得不离开雷恩教区。但是罗伯特并没有放弃他的信念和努力,而是改变了方式。他在拉瓦勒西南的克拉昂丛林中定居,在那里过着一种自我折磨的清苦的修行生活,用发声的方式抨击世俗教士的腐化和堕落。罗伯特没有像早期的隐修士那样,尽可能地与世隔绝,而是竭力地让更多的人们知道这种清苦修行的方式。所以虽然有大批的人蜂拥至此,听他讲经布道,他仍然出游各地,把布道作为他的责任。③

在这样的一个个案中,我们可以看到新一代隐士的一些特征。首先,

---

① Andrew Jotischky: *A Hermit's Cookbook*, Auckland: Continuum International Publishing Group. 2011, pp. 65-66.
② 王亚平:《修道院的变迁》,东方出版社 1998 年版,第 157—158 页。
③ 王亚平:《修道院的变迁》,东方出版社 1998 年版,第 116—117 页。

第四章 隐士生活与禁欲主义

在新隐士的身份性质中，仍然体现出传统西欧中世纪的社会矛盾：教皇与地方的矛盾，地方世俗之间的矛盾，这一点从罗伯特的身份中可见。我们不知道来自巴黎的罗伯特更具体的身份，但是，从他来到雷恩的身份来看，他是教皇的代表。和克吕尼运动一样，教皇以地方教会组织世俗化和腐败严重为借口，以信仰为工具，对地方势力进行整合。其次，来自巴黎的教皇代表会属于什么性质？一般来说，这不会是一个教皇的直设机构。以上文提到的本笃会修道院为例，"本笃会修道院是不同的实体，彼此独立，所以说本笃会是一体的说法是错误的。每个修道院的院长都是一个至高无上的领主，只有当他被发现有不道德行为时才服从教区主教。"① 同样，这很可能是教皇在对抗雷恩某些对立势力时，另一种可利用的地方或说地方世俗支持的准地方势力。教皇在这其中的存在，很可能是一种法理权力的形式，在各地方势力的矛盾尖锐时，利用一方打击另一方。这说明，教皇仍需要切实有力的现实力量支持。

同时，我们也可以看到这一时期出现的一些变化：首先就是罗伯特面对现实很失望，但是他的应对方式不是如同传统的隐士那样，选择一个自我隔离的环境，与世隔绝。相反，他仍然坚持以追求信仰的姿态，积极影响基层群众。最重要的是，此时的基层民众对这样的榜样的回应也是积极的；而面对这样的有利条件，罗伯特也是以更积极地四方游走的方式去影响更多人。从这样的代表性事例中，我们可以看到新隐士的特征，以及新的时代出现的自下而上追求信仰的方式。罗伯特可以被视为"走出围墙的修道士""新时代的隐士"或"早期的托钵僧"。从他的身上，可见中世纪西欧社会问题的延续和其形式在新时代的变化。而和世俗社会对立的禁欲主义，是贯穿这个身份的线索。

禁欲主义可视为又一次发轫于非体制基层的信仰运动的标签。"奥古斯丁的规则在 11 世纪'被发现'了"② ——和用"禁欲主义"解释《圣经》一样，传承，决定了思想上的变化被定义为"再发现"，而不是简单的"变化"。历史在一个十字路口上，给人们的选择可能不止一个。面对某一选择时，至少不愿意做出这一选择的人们心中会明白，这不是全部。当下一个

---

① Miri Rubin、Walter Simons: *The Cambridge history of Christianity IV: Christianity in Western Europe c. 1100–c. 1500*, New York: Cambridge University Press, 2009, pp. 54-55.

② Henrietta Leyser: *Hermits and the New Monasticism*, London: Macmillan Press, 1984, p. 27.

时代，人们发现了这个当时做出的选择的"弊端"时，一种解决的方法就是形式上重新回到当初选择的这个路口，以另外一种方式重新选择。这样的做法，并不会因为时间不可逆而变得完全形式化；而是会因为历史的某种循环性，和一定空间和模式的规则相结合，而有其实际内容。在中世纪的基督教社会，促成这种循环规律的动力之一就是对信仰的追求和这一追求同世俗之间对立又统一的关系。"修道院的生活充满了悖论"①，是中世纪教会生活的一个缩影，也是一次次宗教运动的动力之一。

在基督教会历史中，各个时期的运动也确实有相似之处，例如"反世俗化"，"加强教内人士的专业性"的要求等。但是在这样的运动之间又存在很多差异，这主要是由不同时期的时代性特点决定的。两个不同时代的信仰运动的代表是修士和隐士，他们的共性是二者都不在教皇或世俗势力的直接领导之下，同教皇、教廷的关系也是时而和谐时而冲突，这和此后伯格音运动同其他修会以及基层组织的状况相似。新的基层信仰运动的兴起有着新的背景，和世俗势力的关系可能更为密切，矛盾更为复杂，但和此前运动大的背景的共同点是教皇并没有将他们纳入以自己为核心的某种体系的能力。从这个角度来说，以11世纪隐修生活为代表的追求信仰的禁欲主义，某种程度上是世俗社会发展的一种副产品。有的历史学家认为，从最初的修道到后来的方济各、伯格音运动，其成员选择这样一种生活方式的动力之一，即寻找一种"令人尊敬的避难所"②。如前所述，在谈及加洛林时期修道院的兴起时，不止一位学者认为加洛林宫廷内部的残酷斗争，让失败者急于寻求或说建造一个退身之地，故而高卢地区的修道院在这一时期数量激增。"西欧中世纪早期的修女院都是由贵族妇女，或为贵族妇女建立的，法兰克王国内颇具盛名的尼韦勒修女院就是典型的范例。尼韦勒修女院的捐建者是墨洛温王朝的宫相丕平一世的妻子，为了她去世的丈夫的灵魂能得到解救，也为了整个家族的利益，以及她自己能有一个安全清静的养老所，她和女儿共同建立了该修女院，其女热特鲁特担任院长。"③在谈及女性修道动机时，也有很多历史学家指出，贵族女性修道，是对不

---

① Andrew Jotischky：*A Hermit's Cookbook*，Auckland：Continuum International Publishing Group. 2011，p. 188.
② Henrietta Leyser：*Hermits and the New Monasticism*，London：Macmillan Press，1984，p. 13.
③ 王亚平：《修道院的变迁》，东方出版社1998年版，第155页。

满婚姻的拒绝、逃避的一种方式。当逃至修道院的方式不可行的时候,隐修行为就会成为可行的方式——"在没有父母同意的情况下,被接纳成为修女是不容易的,但有时逃到一个隐蔽处是可能的"①。而在教会社会世俗化现象严重的时候,追求信仰的人也会选择这样的方式反抗或说逃避现实。现实问题和世俗化的生活,成为修道的动力。一般情况下,这样的追求信仰者及其追随者或许来自下层,或许来自边缘化人群,或许确实秉承着传统信仰的价值观,或许代表着某种新兴的时代力量。但无论怎样,信仰又一次成为他们反抗现实问题的一面旗帜。在中世纪西欧,信仰确实可以作为不同阶级在不同情况下反抗、逃避现实的一面统一的旗帜,至于旗帜之下的实际内容,在不同的历史阶段有不同的成分。同一时期,现实社会中的基层与部分上层成员都有加入这一信仰社会的现实原因,这进一步让这一社会的构成复杂化,也让这一层面的问题和现实社会问题的关系复杂化。同时,尽管信仰所依附的是并不统一的物质基础,但从其出现的原理来看,信仰强化了不同人群之间的共性,尽管这种强化很多时候是在精神层面的。而且,依靠信仰建立起来的社会,虽然不能完全抵消物质社会的人群划分标准,但是至少在很大程度上起到了一种黏合剂的作用——尤其对于西欧中世纪的基督教来说,如一、二章所述,这种黏合剂的黏性,应该大于一个大一统政治体系中的作为一个纯粹体制化上层建筑的宗教的黏合性。

这样的非物质的,有时是非主流的理想社会,在条件成熟时,会发展起来威胁现有秩序,这也是中世纪的很多时期,教皇最为警惕的现象之一。以隐修现象为例,当追求信仰的修士规模达到了一定程度,他们自然会由一种现象转化为一种准秩序,向在他们眼中世俗化严重或说已不够虔诚的体制性教会机构宣战。"隐士主义直接或间接地影响着精神生活的每一种表现形式,甚至影响了教会生活的许多领域……"②对于权威来说,新秩序会有意无意地出现取而代之的倾向。以这一时期出现的一个事例为例,"11 世纪的佛罗伦萨就是在主教的统治之下,作为该城的领主,主教控制着市场的专卖权……1048 年,主教为抢占土地,在城郊的附近建立了多个修道院,引起众多的不满,游方僧约翰内斯·瓜尔贝蒂也对此基尼进行了强烈的抨

---

① Henrietta Leyser: *Hermits and the New Monasticism*, London: Macmillan Press, 1984, p. 13.
② Henrietta Leyser: *Hermits and the New Monasticism*, London: Macmillan Press, 1984, p. 18.

击。……在他的鼓动下，在世俗民众中激起了强烈的反教会的情绪，往日熙熙攘攘的教堂前冷冷清清……因而教皇亚历山大二世勒令约翰内斯和他的追随者返回修道院，否则按异端罪论处"①。和此后的伯格音在内的修会运动类似，此时的新隐士因坚持理想化的信仰，而威胁到了现实中也存在矛盾的上层信仰机构的地位。

尽管在理论上，这种理想主义的模式很难彻底成为现实世界的主流秩序，但是在信仰一直是主流代名词，且没有大一统政治实体的中世纪西欧，当这样的趋势出现时，对整个社会的影响还是不可忽视的。在11—12世纪出现的新隐士，"他们与传统的隐士在性格上有很大的不同。他们咄咄逼人，主动攻击了现存的修道主义形式，从而引发了一场'同居主义危机'"②。同居主义指的是非体制的隐士长时间住在一起，以一种准体制的方式生活，并较具规模地影响着社会。新隐士也不再以沉默、消极的、敬而远之的方式对抗他们眼中的"世俗化社会"。伴随着这种主动出击的斗争方式同时出现的，还有他们不同以往的组织形式。以上文提到的罗伯特和同居主义为例，"为了把他们（他本人的追随者）有序地组织起来，罗伯特分别建立了拉罗埃修道院和丰特夫罗修女院和修道院，安置那些愿追随上帝的善男信女们。虽然罗伯特坚持修道院的原则，但是他自己并没有长居于此，依然作为传教的游方修士，携同他的学生周游各地"③。也许在和地方势力斗争的过程中总结了经验，罗伯特采取了游走四方的方式，这和后来的很多修会有着相似之处，这也被认为是摆脱地方权势控制的有效方法之一。和许多新隐士一样，罗伯特没有选择与世隔绝的方式生活，而是主动接触、引领愿意追随他的人，最重要的是，他将他们组织了起来，让他们和自己一起，系统地把自己的价值观注入社会。"罗伯特没有把他的精力放在如何建设修道院上，而是要把修道院的生活带出高墙深院，在修道院墙之外的社会中普及修道生活。这一做法所产生的后果是激发了人们的宗教热情，唤醒了人们内心深处的宗教仪式，使人们感到上帝并不是高不可及的，《圣经》不是神秘不可知的；人们认为每个人都可以自由地追随上帝，可以和上帝直接地联系，每个人都可以处于自身的利益诠释基督教的

---

① 王亚平：《修道院的变迁》，东方出版社1998年版，第120页。
② Henrietta Leyser: *Hermits and the New Monasticism*, London: Macmillan Press, 1984, p.15.
③ 王亚平：《修道院的变迁》，东方出版社1998年版，第118页。

教义，反对主教的权势和独裁。"① 罗伯特的行为，很好地诠释了新隐士的生活和工作方式以及追求。不难想象，当不仅一位这样的隐士聚集在一起并影响信众时，会对各种成分的体制性的教会组织产生多大的压力。如第三章所述，毕竟，此时组织化的正统教派的重要历史使命之一，就是不断地与其他教派斗争，甚至将其异端化。只是这些教派有的是有形的，有的如新隐士主义一样，是无形的。

在新的时代，隐士对理想的追求有了新的形式。就罗伯特本人来说，这个形式是有针对性的，可以很好防止此前地方教士对自己的排斥和控制。当这样的追求信仰的模式成为一种时代潮流时，新隐士就成了新时代与世俗秩序对立的又一种存在。"新隐士最引人注目的特点是，他们形成了团体，并最终成为僧侣或教士。本笃会对隐士的定义就这样颠倒了：不再是修士变成了隐士，而是隐士变成了修士。"② 不过值得注意的是，影响社会的群体开始变为"修士"也是新隐士们成为秩序一部分的开始，这似乎是一种循环；但同时，新隐士们又开启了一个新的时代篇章。以罗伯特提出的号召为例，反对主教的权威，已经能看到此后近代宗教改革的痕迹，尽管此时罗伯特的初衷可能只是反对地方权势控制的主教。

第三节 11 世纪的隐修主义

新修士和隐士，即积极影响社会的隐士的出现，说明典型的曾经的沉默的民间或说理想主义模式出现了主流化的趋势，又一次以"自下而上"的传播形式出现。需要注意的是，这样的力量或说主义并不是 11 世纪刚刚出现的，而是存在已久，不过是在 11—12 世纪存在方式逐渐由隐到显，规模渐大。"有人认为这种情况在 9 世纪和 10 世纪就时而出现，11 世纪和 12 世纪的新形势让它的规模发生了改变——以前规模较小的行为，后来变得很普遍。"③ 而变化的原因，其一是如前所述，10 世纪的欧洲，来自伊斯兰

---

① 王亚平：《修道院的变迁》，东方出版社 1998 年版，第 118 页。
② Henrietta Leyser: *Hermits and the New Monasticism*, London: Macmillan Press, 1984, p. 16.
③ Henrietta Leyser: *Hermits and the New Monasticism*, London: Macmillan Press, 1984, p. 16.

世界和维京人的外来压力减小，内部势力决定秩序的条件再次出现。此前，当欧洲的主要问题是在现世中建立新的秩序并对抗外来势力时，信仰的世俗化似乎也并不总是备受关注的问题、不能接受的事情。那一时期，对于以专业形式存在的隐士们来说，他们纯粹的信仰更适合在相对隔离的世界里保存，以出世的方式存在，而不是在混乱的环境里强行将自己的理想、主义以政治式的方式诉求付诸实践。此间他们与世隔绝的载体可能是修道院等和隐修形式相关的机构，也可能是自己建立的与世隔绝的独立世界。

最初，新隐士生活的重点是形而上的内容，犹如 11 世纪之前克吕尼的教规"放在首位的不是体力劳动，而是礼仪"①。尽管这些教规此后被体制化，"这些习俗在 817 年的亚琛会议上被批准，对加洛林帝国的所有僧侣都有约束力，克吕尼的奥多和戈尔兹的约翰（Odo of Cluny and John of Gorze）后来的作品都是在这些教规的基础上建立的"②，但不难想象，推行这样的理想主义风气，首先要建立一个教内精英阶层，这也符合 11 世纪前部分时段基层运动"上层化"的趋势特征。尽管对于在现世中建设一个统一的基督教社会，尤其是对基层信众来说，其作用是有限的。保持这种理想主义生活模式的条件是僧侣们不从事劳作，"正如本笃本人所设计的那样，这些改革家所推崇的精致的礼拜仪式使得僧侣们在现实中不可能在田里工作，而且田间工作这样的实践，在理论上也被认为是无关紧要的"③。这样的模式相对于当时职业修道院面对的社会条件来说，应该是现实的。一小群保持着对信仰虔诚的精英，在特定的人为规定的空间范围内，在礼仪等形式上，保持着对信仰的追求。但是当外部条件变化，实验室中的精致产品有被带到社会上引领实践的可能时，这时无论是修道院还是隐士，生活的具体状况也都发生了改变。"在 10 世纪的欧洲，僧侣的角色是祈祷者。他们为基督教王国及其统治者祈祷，希望他们获得福祉，击败敌人。僧侣是一个精神上的战士，不仅为自己的灵魂救赎而战，也为社会的繁荣而战。修道不再是'个人在强烈信念的压力下逃往沙漠的行为，它是集体、宗教理想和整个社会需要的表达'。"④ 同时，"在 10 世纪，修士们掌握着救赎的

---

① Henrietta Leyser：*Hermits and the New Monasticism*，London：Macmillan Press，1984，p.17.
② Henrietta Leyser：*Hermits and the New Monasticism*，London：Macmillan Press，1984，p.17.
③ Henrietta Leyser：*Hermits and the New Monasticism*，London：Macmillan Press，1984，p.17.
④ Henrietta Leyser：*Hermits and the New Monasticism*，London：Macmillan Press，1984，p.17.

关键：除非成为一名修士，或者安排修士为自己祈祷，否则想要进入天堂几乎没有什么希望"①。自从古代晚期以来，为死者祈祷的行为总是让人有一种很有价值的感觉。"随着炼狱概念中出现一种净化的感觉，僧侣的祈祷变得更加有价值。"② 因此，当以隐修为代表的理想主义者的生存环境发生了改变的时候，他们的生活尤其是社会角色方式也随之发生了变化。他们携"信仰"之名，利用社会环境的变化，将自己变为新时代的主流改革者。或说，他们被时代从围墙内请出，有了新的身份。"一时间在西欧各地出现了许多托钵僧，他们不仅活跃在农村，而且进入城市中，参与城市的政治和经济活动，促进了城市的基督教化。"③ 当然，这样的改革者仍然并没有统一的组织，此后的道路也可能不尽相同，"这一运动的新隐士虽然有一些与传统隐士相同的活动，但他们的目的和观点不同，甚至在某些方面是对立的"④；而教廷面对这样的改革，也未必完全站在改革者的一边或其对立面。对于追求信仰的隐士来说，有一些人的志趣和此前的修道士、此后的修会会员一样，改革的终极目标往往不是人世间的——以隐士的朝圣为例，"它的性质不是来自任何具体的目标，而是来自被放弃的原则"⑤——充其量是以自身的"终点在天堂"的价值观去影响、改变社会，将自己的价值观上升为社会的价值观。这一过程中几乎没有任何强迫的意味，更不会出现任何的社会机器，他们的原则在精神层面。"新隐士们并不想生活在一个组织或纪律不如现有社区严密的社区里。他们不是无政府主义者，他们想要的不只是田园牧歌。他们急切地寻找规则，以给予他们每个人基础，有机会获得'对服从的神的奖赏'，并防止他们被'错误的精神'引入歧途。"⑥ 不难看出，隐士们的起点和终点都是精神层面的追求，这也决定了在现实中，基督教社会内部的运动往往不同于近代以来的政治运动——参与者往往不针对任何有形存在。最重要的是，从长时段来看，这样的改革

---

① Miri Rubin、Walter Simons：*The Cambridge history of Christianity IV：Christianity in Western Europe c. 1100-c. 1500*，New York：Cambridge University Press，2009，p. 15.

② Miri Rubin，Walter Simons：*The Cambridge history of Christianity IV：Christianity in Western Europe c. 1100-c. 1500*，New York：Cambridge University Press，2009，p. 55.

③ 王亚平：《修道院的变迁》，东方出版社1998年版，第118—119页。

④ Henrietta Leyser：*Hermits and the New Monasticism*，New York：Cambridge University Press，2009，p. 19.

⑤ Henrietta Leyser：*Hermits and the New Monasticism*，London：Macmillan Press，1984，p. 20.

⑥ Henrietta Leyser：*Hermits and the New Monasticism*，London：Macmillan Press，1984，p. 22.

即使成功，在面对如何引领社会这一问题时，也要再一次面临世俗化与否的选择。

当然，11世纪开始，主要可见的是社会的变化和生机勃勃地开始的改革。整体来讲，环境的变化必然引起一个群体特征的变化。和传统隐士全部生活在隐修院不同，新隐士更注重"将孤独与公共生活结合起来"①。此时的隐修，未必和"入世"是对立的。值得注意的是，如何定义新隐士和改革僧侣——很多人认为他们是一类人。这样的问题再次说明了两个问题：其一，作为中世纪的现象，很多概念都建立在归纳的基础上，并没有太多的类似于现代身份认定的依据；其二，正因为如此，可以被归于一个概念的现象，其特征很大程度上自然地反映了时代特征。以基督教为例，不同时代之间也有着贯穿的线索，即使出现了变化，并不意味着对前一个时代的彻底否定。在新时代，上一个时代的要素往往是和新时代的要素叠加，或者以变化的、隐性的方式存在，而不是简单地"消失"。以新修士为例，他们主要将上一个时代修士的终身修炼视为一个过程，下面他们将开启下一时代。"对于新隐士来说，这不是一个时代的结束，而是一个开始。虽然它没有立即为他们提供他们最终想要的规则的安全感，但这也是它吸引人的原因。它给了隐士们一个他们想要试验的机会，在给予他们法律力量之前，他们可以尝试制定自己的理想。此前的修士在沙漠的那段时间可以被视为训练的时期"②。新时代，让上一个时代在沙漠里的秩序返回社会。

而正是这样的训练，让他们在新的时代可以以新的、背负西欧基督教社会长时段信仰要素的理想主义者的姿态出现，从而赢得尊敬。在他们身上，我们再次看到了此前的改革信众所提倡的东西——贫穷、独立、禁欲主义……而新时代上层教会的变化也是新隐士影响力增加的重要原因。"基督教关于贫穷的宗教思想之所以被城市自治运动采纳，是因为教会和修道院掌握了太多的经济特权……因而商业较发达的城市中反僧侣主义的倾向很强，更确切地说是反修道院和教会的特权和财富的倾向强烈。托钵僧不占有任何财产，不要自身所需之外的捐赠，拒绝各种增加财富的收入来源，这与有其权势的修道院形成了鲜明的对比，自然得到市民赞许……"③ 有

---

① Henrietta Leyser: *Hermits and the New Monasticism*, London: Macmillan Press, 1984, p. 20.
② Henrietta Leyser: *Hermits and the New Monasticism*, London: Macmillan Press, 1984, p. 22.
③ 王亚平：《修道院的变迁》，东方出版社1998年版，第121页。

时代意义的对传统的坚持与传统的回归，让传统旗帜下的基层运动向着另一个方向更进了一步。

第四节　新隐士的生活——秩序与"自由"

因此，和其他时期的宗教运动一样，修士们很多时候提出的口号是回归——回归到那个以非世俗非体制的方式追求纯洁信仰的时代。这不只是形式上的回归，还是对其承载历史要素的一种认知。同时，这是一个新的时代，西欧社会探索秩序的时代，也是一个人口开始增加，隐士们更容易和外部世界建立起联系的时代。但如果要积极进入到社会之中，和之前的修士一样，隐士们首先要解决生存问题。"对隐士们来说，重要的是，他们的基础应该尽可能地建立在社会的边缘，建立在'荒原'上。这片'荒原'既可以是神圣的、欢乐的源泉，同时也可以是魔鬼的家园和恐怖的源泉。但如果在这样的地方生存下来，土地肥沃显然是至关重要的。"[①] 土地指隐士们的没人干扰的社会环境，更指现实中的可供他们自己耕种的土地。而这一时代决定，他们要做的往往不是开垦荒地，而是和农民，职业的耕作者合作。"一项对西万尼斯（Silvanes）的研究（一个恐怖和无限孤独的地方）显示，没有迹象表明隐士们自己清理或抽干了任何新的耕地。农民已经替他们做了。西万尼斯的隐士们所做的就是高效而熟练地管理这片新获得的土地。世俗教友们提供了令人钦佩的劳动力，隐士们在使用磨坊方面表现出相当的聪明才智，不仅用于灌溉和研磨，还用于纺织布料。"[②] 这些物质条件，为部分新隐士逐渐奠定了重返社会的基础。以上文提到的尼罗河地区为例，可见新隐士的生存方式。这些隐士为了生存，还是建立了一个相对特殊的社会。而在这个社会之中，他们的优势，即智力上的优越性体现了出来。对于隐士来说，这样的生存模式无疑是相对理想的。而隐士们也并没有因此放弃自己的价值观——这和古代晚期的情况似乎略有不同——"隐士领袖们自己也以做最卑微的工作而自豪"[③]。

---

① Henrietta Leyser: *Hermits and the New Monasticism*, London: Macmillan Press, 1984, p. 39.
② Henrietta Leyser: *Hermits and the New Monasticism*, London: Macmillan Press, 1984, p. 39.
③ Henrietta Leyser: *Hermits and the New Monasticism*, London: Macmillan Press, 1984, p. 46.

不过在城市，传统上更适合大教堂生存的地方，隐士的生存问题似乎更难以解决。最初，隐士们高尚道德的人设也让很多人像古代晚期投资教堂一样愿意资助他们。"在最初的几个月里，赞助人的赞助也可以让隐士们继续生活。约克大主教瑟斯坦在斯凯尔代尔为这些离开圣玛丽的僧侣们提供了一处隐居地，并在最初的几个月里提供了食物。图尔奈的居民为奥多和他的同伴提供了足够的资源，使他们能够在圣马丁定居。"① 但是，如果要系统地长久入世，在集中了各种社会要素的城市，生存问题再一次成了一个不易解决的问题。即使在郊区，也不是所有的隐士都可以过上上述理想的生活。"在阿弗利根（Affligem），隐士们被描述为带着'别人施舍的三块面包、一块奶酪和一些工具'来到这里的人。在奥巴津（Obazine），斯蒂芬和他的同伴在一个星期五到达了他们的第一个隐居地。星期天他们去附近的教堂做弥撒。有人借鞋子给他们穿，但事后没有人请他们留下来吃饭，这使他们很失望，因为他们已经两天没有吃东西了。返回奥巴津的路上很累，因为是上坡。当他们在路上休息时，一个来自邻近村庄的女人遇到了他们，她很同情他们，给了他们一半面包和一些牛奶。在后来条件改善的日子里，斯蒂芬常常回忆说，他以前和以后从来没有吃过这么好吃的食物。但在当时这只是一次偶遇。一回到他们藏身的树洞里，他们再度一无所有。直到一位牧羊人偶然发现了他们，并将消息传播出去，他们开始指望从信徒施舍中得到稳定的供应。然而，效果也曾一度让他们失望。"② 从这样的例子可以看出，隐士如何生存，是一个巨大的问题。如果依靠施舍活下去，显然他们不能完全远离人群而抛弃人际关系，"小即是美"的理想似乎很难完全实现。而现实中，隐士的影响引起了整个社会的注意，接下来，被纳入体制之内，或者在他们的内部产生了隐士之间的系统关系，形成一个新的小社会，将成为隐士们面临的又一个挑战——生存的挑战源于自然的物理空间，而坚守价值观的挑战则源于社会空间。

也许是为了生存，也许是实际上和此前修道士的区别并不是很大——我国学者王亚平教授曾把一些11世纪到处游走、到四方传教的修道士称为

---

① Henrietta Leyser: *Hermits and the New Monasticism*, London: Macmillan Press, 1984, p.40.
② Henrietta Leyser: *Hermits and the New Monasticism*, London: Macmillan Press, 1984, pp.40-41.

第四章 隐士生活与禁欲主义

"没有围墙的修道士"或"游走的托钵僧"①。也许是时代决定了此时的西欧并没有太多远离人群又可以生存的地方,也许是这一时期的隐士们潜意识中想完成影响世俗的使命,此时的隐士们往往聚集在一起。可能就像阿博里瑟的罗伯特(Robert of Arbrissel)在《生命》(life)中描述的那样,如果存在一个适合居住的地方,这个地方就很可能聚集一批志同道合者,于是"修士们开始建立'一个新的家庭'"②。而在这样的家庭里,"他们的意图和行为都不会有不和谐的色彩"③。在赫里俄塔·雷耶瑟(Henrietta Leyser)看来,在如此的空间里,这样的和谐气氛不是暂时的现象。隐士们对理想的执着和"主义"本身团结志同道合者的力量,让此时的隐士社会可能是一个切实的、由崇高道德追求组成的实体。"把这种气氛看作纯粹的乌托邦是不必要——'神秘的团结,在类似的情况中得到了充分的证明'。"④ 但同时,一个古老的问题又出现了:如何长期地保持这种内部的和谐以及较高的道德标准,即隐士们的初衷?"'但在所有社区内,这在很大程度上取决于领导者的质量'。隐士们看重顺从,将其视为'一切美德之母',在他们制定出规则之前,他们指望着领袖的权威;例如,在奥巴津,'因为没有任何秩序和法律被接受,导师的学院就是规则'。"⑤ 但隐士们选择这样的生活,让他们的生活模式和修道院一样,"充满了悖论"⑥。这是由符合他们初衷又产生下一个问题的生活方式决定的。"从一开始,修士们(monks,个人认为这里可以等同于新隐士)就想摆脱人类社会的负担。他们通过躲进沙漠、荒野和森林来寻求摆脱社会和家庭义务和束缚的自由。对12世纪塞浦路斯恩克莱斯特拉洞穴修道院的创始人尼奥菲托斯(Neophytos the Recluse)来说,修道院是一个从肮脏的乡村生活中逃离的避难所——正如他苦涩地形容的,那是悲惨生活的枷锁和绞索。贫穷、丧妻之痛以及突如其来的、无法逃避的灾难——对他来说,这就是修道院之外的生活。但即使是穴居的隐居者也不可能完全逃避人类社会的影响。修道

---

① 详见王亚平《修道院的变迁》,东方出版社1998年版,第118-119页。
② Henrietta Leyser: *Hermits and the New Monasticism*, London: Macmillan Press, 1984, p. 42.
③ Henrietta Leyser: *Hermits and the New Monasticism*, London: Macmillan Press, 1984, p. 42.
④ Henrietta Leyser: *Hermits and the New Monasticism*, London: Macmillan Press, 1984, p. 42.
⑤ Henrietta Leyser: *Hermits and the New Monasticism*, London: Macmillan Press, 1984, p. 42.
⑥ Andrew Jotischky: *A Hermit's Cookbook*, Auckland: Continuum International Publishing Group. 2011, p. 188.

士们可能试图在他们的围墙内，或回廊内，或甚至在干燥的沙漠峡谷中重建一个天堂，但他们永远无法从自己的人性中找到一个避难所。他们可能希望自己像天使一样，但当他们还生活在人世间时，他们就需要吃饭，而且他们吃的东西有实际和象征意义。"① 安德鲁·约提斯基从生物的自然属性出发，认为在人间修士和隐士们的理想目的是无法达到的。而且在他看来，很多修士和隐士修行的动机是逃避人间之苦，这痛苦有时代造成的，也有诸如"贫穷""劳作"等人类社会永恒的问题造成的——这也正是我们所说，中世纪基督教历史中循环出现一些现象的原因——但是在现实中，选择信仰的生活和旗帜，仍然无法完全摆脱这些问题。就像我们所说的社会层面的问题一样，早期的修士们选择了最极端的方式，企图摆脱世俗世界对信仰的冲击。但是新隐士在没有外界干扰的情况下，他们社会的内部却开始出现了一个小社会，他们要逃避的外部因素又开始在这个空间内滋生，于是运动又陷入一个我们并不陌生的循环之中。

"在大多数情况下，谁来领导社区，几乎不是什么问题。最初出现在聚集区的隐士要么通过内部选举，要么由被称为主管（master）的人直接担任。但这不是正式的选举，他的地位不太可能得到主教或教皇使节的确认，直到社区发展的后期阶段，也就是当他们拥有了明确的秩序和习俗。但在某些情况下，出于这样或那样的原因，不太清楚由谁来领导时，很多人并不愿意担任领导者。例如在奥巴津，斯蒂芬和他的第一个同伴都试图拒绝扮演这个角色。"② 此时的隐士们都企图坚持自己的意愿，拒绝被隐性的世俗秩序同化。但是，如果没有秩序，只能让自己的社会陷入混乱。这时候，外界的介入，将他们纳入与教会的关系之中，成了问题"解决"的方式。"他们的争端只有在外界的帮助下才得以解决——一名教皇使节介入并任命了斯蒂芬。当一群隐士在一个已经有隐士居住的地方定居下来时，也可能会出现混乱。解决办法可能取决于谁是执事（clerk）"。③ 这样，以斯蒂芬的社区为例，一些隐士和他们发展起来的小社会又被纳入体制之中。除教皇之外，修道院和类似修道院的社区的赞助人也往往会干涉其内部的问题。

---

① Andrew Jotischky: *A Hermit's Cookbook*, Auckland: Continuum International Publishing Group. 2011, p. 188.
② Henrietta Leyser: *Hermits and the New Monasticism*, London: Macmillan Press, 1984, p. 42.
③ Henrietta Leyser: *Hermits and the New Monasticism*, London: Macmillan Press, 1984, p. 42.

这样的纳入，可能是来自世俗世界有形的同化，也可能是隐士内部建立起一个小社会后，内部出现这种类似于外部秩序的规则后的自然结果。这是一种无形甚至无意，又似乎避免不了的同化。当时的编年史对此的解释为："我们把世上的事都抛在一边，按照福音的训诫，按照我们自己的意愿，我们承担了与神以及世俗生活的交流任务；虽然我们还不确定在宗教的习惯中，我们最应该追随哪一位圣父，但我们每个人都在努力寻求听从一位主教（master）的指导，在神恩的帮助下，我们要离开旧生活的宽广道路，并在世俗世界中，通过忏悔，尽我们最大的努力去重塑被破坏的神的形象。"① 不难看出，当时的人们一方面要积极主动地影响社会，同时也承认了人事秩序的重要性。这也是上文提到的，教会和修道院的两种追求信仰的方式。但是 11 世纪追求信仰者要开始重返世俗社会、引领社会时，我们有理由相信，内、外体制化对隐士们的影响可能会呈现一种力度越来越大并逐渐普遍的状态。

这样的情况也可以让人联想到此后出现的伯格音在内的修会。如安德鲁·约提斯基所言，很多参与修道主义的人的动机源于对现实问题的逃避。在此后伯格音运动的研究中，在追溯女性选择修道生活原因的时候，不止一位学者提到了贵族女性的动机为"逃避不理想的婚姻"和"丧偶之后选择一种体面生活"。伯格音运动时期的一些编年体记载，我们也有理由相信，平民女性选择这种半修半俗的生活，一定程度上也存在摆脱男权统治、独立生存、提高自己地位的动机。但是和约提斯基对 11 世纪修道士—隐士"无法摆脱世俗社会的影响"的评价一样，她们依然没有办法在男权社会之中彻底摆脱社会的影响，逃避人类社会的秩序，实现自己的追求。毕竟她们半修半俗的状态，决定她们为了生存，就无法回避与现实社会的接触。这样，接下来遇到的问题，和此前的修道士和隐士的问题，有着异曲同工之处。在社会变化的时代，这样的愿望似乎有着实现的可能；但是到了社会秩序平稳的时候，就像修道士和隐士面对的问题一样，类似的问题又会出现在伯格音在内的修会及其成员面前。"该给凯撒的给凯撒，该给基督的给基督"，可能是一个在现实中不太容易实现的愿望。

不同于斯蒂芬的社区的是，伯格音的玛格丽特和教廷的结局不是令人

---

① Henrietta Leyser, *Hermits and the New Monasticism*, London: Macmillan Press, 1984, p. 42.

愉快的——她被宗教裁判所判处火刑。这样不同的两个个案，不能说有着太直接的关联，但也许可以从伯格音和隐士之间的差别中看到一些问题。伯格音这样的修会，和一些隐士相比，出现的地点并不是远离人群的边缘化地区，而是新兴的城市。当时教会数量也在新兴城市开始增多的时候，教廷也要在这些地方建立自身控制的秩序。因此，这样的城市中，即使是边远地区，也是教廷注意的焦点地带，和隐士们的沙漠与农村都不可同日而语——城市中的许多成员如上所述，容易被同化；何况，隐士们最终尚且引起了教廷的注意，人事任命上被教廷干预，伯格音这样的修会被教廷注意到并要求将其同化，自然也就是其必然的命运。当时的教廷要利用修会传达自己的意志，因此并没有第一时间将伯格音视为异端。对于和隐士的自发、非组织性等特点有相似之处，并且也以自下而上为方向的伯格音运动，教廷的态度也并不是完全敌视，而是像对修道院与隐士一样，要对其进行规范，将其置于自己的控制范围之下。例如其代表性人物玛格丽特·博雷特受审时，宗教法庭只是要求其认罪，即某种程度上承认教会的领导，即可宣布其无罪。但是玛格丽特以沉默拒绝了这个要求，这样的态度类似于隐士们拒绝了主教的指导。这样的决定，可以说是对自身生活模式，或说追求信仰模式的坚持，也决定了玛格丽特自身甚至整个运动，在教廷话语权上升时代的命运——在这样的循环模式中，作为非体制、异于世俗社会的自发运动中的一种，也没有办法回避与权威体制的关系，无法摆脱此后的命运。

第五节 内部秩序的建立

一 新隐士的挑战与隐士主义的传播

11世纪的新隐士们，面临着内部建立准世俗秩序，以及外部教廷干涉的两种秩序化的威胁——某种意义上说，隐士社会的性质是基督教社会权威的对立面。和此前以及此后的自下而上的运动一样，这两个威胁让隐士面临着被看不见的世俗化，即被秩序和秩序之上建立的社会所统治，被他们曾经对立的社会所吸收、同化的危险。具体的表现之一就是此时的隐士面临着成为传统修士或教士的选择。"在大多数情况下,隐士们在成为修士还是教士(canons)之间犹豫不决。"① 当然,这样的情况只是一种趋势,加入体制和秩序的选择和隐居主义的选择之间存在矛盾——毕竟,时代的影响不能改变所有人的初衷,"他们也可能会考虑永久保留他们的静修身份"②。在文献中,可见此时确实出现了内部秩序建立,以及在外部的作用下,隐士可以拥有改变身份之选择的情况。

当他们考虑是否应该成为僧侣或教僧时,会在整个社区征求意见。但在这一步骤之前,内部法律的制定和执行权通常都掌握在领袖的手中。他将决定隐士们什么时候工作和睡觉,吃什么和穿什么。任何例外行为都必须得到他的批准。新的隐士,不同于传统的隐士,他们不能自行随意进行任何自己想要的苦行;例如,克里斯蒂安·德·奥蒙只得刻意请求他的领导人,允许他穿一件比在加斯廷穿的亚麻布更粗糙的衣服;同样,高登提乌斯问罗穆阿尔德,自己是否可以不再食用一切熟食。但高登提乌斯的故事远不止于此。罗穆阿尔德起初同意了,但后来被一个爱管闲事的人说服,又不再同意。高登提乌斯非常愤怒,他去和罗穆阿尔德的一个对手住在一起,后者允许他追随自己想要的苦修原则。不久之后,高登提乌斯去世了。罗穆阿尔德没有为他的灵魂祈祷,因为他不再服从于他。据说最后看到了含泪的高登提乌斯遗体,他的心才被软化。③

和当年的修道院一样,这些情况出现在隐士们逐渐入世的过程之中。入世之后,一些隐士被要求放弃此前的苦修行为,一些人则在挣扎。"斯蒂芬的传记作者回忆了他的统治所引起的恐惧,但仍然称赞他的统治是建立在谦卑、顺从、贫穷、纪律以及最重要的,慈善的美德之上。在格兰蒙,服从是最重要的美德。按照《圣经》的规则,顺服就是把自己完全奉献给上帝,就像基督在十字架上奉献自己一样。"④ 如果史蒂芬的传记内容大体属实,那么从作者对他的评价就可以看出他本人的"矛盾特性":专权,又

---

① Henrietta Leyser: *Hermits and the New Monasticism*, London: Macmillan Press, 1984, p. 92.
② Henrietta Leyser: *Hermits and the New Monasticism*, London: Macmillan Press, 1984, p. 92.
③ Henrietta Leyser: *Hermits and the New Monasticism*, London: Macmillan Press, 1984, p. 42.
④ Henrietta Leyser: *Hermits and the New Monasticism*, London: Macmillan Press, 1984, p. 42.

努力保持着隐士的原则。同时，上文提到的专业执事（clerk）应该是一种和无组织者相对立的身份。关于执事们的来源以及同教廷的关系是一个还需要进一步考察的问题。不过从可见的文献来分析，他们很可能至少和此后的多明我会会员类似，在很多场合可以代表正统，往往得到教廷的垂青。结合11世纪教皇地位上升的情况，这样的身份很可能代表准职业或"职业且心向教皇的信众"。和隐士们相比，这应该是一种偏体制化的身份或说价值观。虽然目前的材料还看不出这样的身份多大程度上有效地加强了隐士组织体制化的问题，但是如上所述，他们对有效建立隐士社会内部的秩序是有推动作用的。

和传统的隐士相比，新隐士面临着更强的被体制同化的危机。群居现象很可能是新隐士的一个特性，而这个特性很有可能和11世纪起西欧的社会人口增长、经济发展等现象有关。不难想象，群居必然规范人与人之间的关系，而这种关系会孕育体制化秩序和权力，这和隐士们的初衷又是违背的。尽管德高望重的隐士仍拒绝成为领导者，但是这种主观的努力并不能完全回应客观形势提出的问题，隐士社会内部的问题还是产生了。"蒂隆的伯纳和摩坦的维塔利斯吵了一架，他把辛辛苦苦建起来的社区抛在身后，去寻找新的地方建立社区。在阿罗埃瑟（Arrouaise）甚至发生了一场打斗，三个人中有两人丧生。"① 可见，此时隐士内部社会确实出现了如何坚持追求信仰的路线的分歧、人际关系和权力带来的问题，以及这种问题的严重后果。即使是依靠领导人的魅力这种偶然性因素可以解决部分问题，但是这毕竟不是系统解决问题的最终方案。最重要的是，当经济发展，社会稳定，没有极端压力威胁基层时，很多隐士们奉行的极端规则，在基层，即使是在部分坚持追求信仰的隐士当中，也难以推行。这时，领导人的魅力在这样的规律面前，也显得无能为力。"在奥瑞尔（Aureil），高谢（Gaucher）的追随者们敦促他教导他们使徒的生活。因此，高谢去了阿维尼翁的圣鲁夫，学习那里的教规，但当他回来并下达这一系列命令，其中包括严格的禁食原则时，他的门徒则拒绝遵守。"② 这些事实都说明，这样的原则在隐士内部也难以彻底贯彻。而要解决这一问题可能就要在外部秩

---

① Henrietta Leyser: *Hermits and the New Monasticism*, London: Macmillan Press, 1984, p.42.
② Henrietta Leyser: *Hermits and the New Monasticism*, London: Macmillan Press, 1984, p.44.

序的干涉下，建立起内部秩序，这也是隐士社会自身发展的某种需要，这和最初保罗时代的基督教会的情况类似。至于秩序建立之后社区的发展方向是否有悖于修士们的初衷，则是另一个问题。何况，"积极引领别人"和"逃避社会关系"看起来就是很难兼顾的两个目标。

11世纪开始，另一个对传统修士和隐士模式冲击较大的问题来自基层世俗社会。这一时期，和我们熟知的西欧社会识字率开始普及一样，对作为社会价值取向的信仰，基层民众不再只是一味地接受，而是逐渐出现了建立自身话语的要求。和教廷的干涉、自身出现的问题一样，基层民众对信仰的追求也会对隐士社会产生直接影响，如冲击专业人士门槛、淡化这种生活模式的特殊性。"但是在11世纪末和12世纪初，出现了一股非职业的洪流——一大群男男女女急急忙忙地开始了类似隐士的共同生活。与此同时，至少乍一看是这样，即新秩序为他们创造了一个地方：他们可以成为世俗同修者（laybrethren, conversl）。"① 这种情况下，我们似乎有理由认为，半修半俗修道活动的土壤出现了。这样的修道方式，理论上可能和隐士的模式产生竞争——这是此前所说的，基层民众在社会环境稳定的情况下，逐渐不再寻求强者的保护，并逐渐恢复、强化了自我意识和自我话语权的必然结果。不过这样的角色对隐士也有帮助："在这个角色中，俗人可以作为修士们与外部世界的联系点，他们小心地与（世俗）世界保持距离，他们可以减轻唱诗班僧侣们的农活，这对于那些想要自给自足的社区来说是必要的；但他们也可以通过过半僧侣的生活，享受一种高于普通'僧侣仆人'的精神地位。"② 可以说，这样的趋势塑造了新的、基层民众可以直接参与的修行模式——此后半修半俗的伯格音运动，某种程度上就是这一趋势的结果。但毕竟，这样的修行方式与专业修行方式不同，因此在此后的伯格音运动发展的过程中，很多修士等传统"专业"宗教人士对他们并不热情。需要解释的是，相对于基层民众，这种专业人士并不一定是体制内的人员，包括上文所提到的与教廷有着联系，代表正统的执事（clerks）等，还包括自愿选择了全身心追求信仰这种生活模式，以职业的姿态去侍奉上帝的隐士、修士等。但这样的人群，不难看出，其专业性和修士和隐

---

① Henrietta Leyser: *Hermits and the New Monasticism*, London: Macmillan Press, 1984, p. 44.
② Henrietta Leyser: *Hermits and the New Monasticism*, London: Macmillan Press, 1984, p. 44.

士无法相提并论，至少这个群体和世俗世界的界线更为模糊。但是这样的修行方式，在理论上对于基层民众，很可能更具吸引力。虽然没有证据表明这样的趋势对于新隐士有什么直接的冲击，但是对于自身仍有很强专业化特征的新隐士来说，这样的信仰方式与他们的模式并不是完全一致的。新隐士似乎更倾向于引领，在这个过程中掌握话语权。于是，新隐士们在信仰体系内部同时面临着秩序化和大众化修行方式的挑战。

曾经，虔诚性问题也是促成隐士这一人群出现的关键点。但是这一动力引发的大众参与的半修半俗的生活方式，则是这一时期信仰大众化的主要结果。"然而教与俗的活动却本不相同。俗人的任务是去市场并处理所有外部事务；另一方面，执事们几乎不允许走出修道院。"① 准半修半俗这一人群，不难看出，不必完全像此前传统的修士和隐士一样，要和世俗世界保持距离。对于隐士来说，和后面的修会一样，隐士走向社会并不等于他们要淡化一些原则，但是在现实中，他们似乎又无法完全排斥世俗人群给他们带来的影响。对于修士和隐士们来说，俗人的影响，不止体现在为他们单方向提供了物质层面的帮助上，还在人事关系上开启了一种半修半俗的模式，尽管"俗人被描述为'在所有事情上都非常虔诚，他们几乎和修士没有区别'。"② 可见，首先这一人群可能已加入隐士群体：一方面他们可以为隐士打理生活事务，其次，他们的加入又让隐士群体的门槛降低。这就是在现实社会中实现高标准的宗教理想带来的矛盾的后果。按照一些文献的记载，这时也有女性成为这种半修半俗人群的一部分。这时候，伯格音运动的元素，越来越多地变得清晰可见。此时也可以看见一些和此后伯格音运动相似的社会现象。"位于特里夫斯（Treves）的斯普林基尔斯巴赫（Springiersbach）是唯一一家由妇女创办的运动机构——成员多为寡妇。"③ 这一机构的成员不仅都是女性，而且皆为单身女性。这样的特征，和国内一些学者对伯格音运动性质的判断有着相似性：作为一种社会现象，伯格音运动很多特征依附的社会因素并不是伯格音时代刚刚出现的。例如女性进入修道院，以及成为隐士，原因多数甚至说绝大多数和婚姻有关：逃避婚姻，或者由于丧偶。如上所述，这样的问题在新的环境背景的刺激

---

① Henrietta Leyser: *Hermits and the New Monasticism*, London: Macmillan Press, 1984, p. 46.
② Henrietta Leyser: *Hermits and the New Monasticism*, London: Macmillan Press, 1984, p. 46
③ Henrietta Leyser: *Hermits and the New Monasticism*, London: Macmillan Press, 1984, p. 46

下，作为一种生活方式的选择，规模和形式有可能会产生变化。而以某种方式逃避现实的需要，则是一个会在漫长的历史中一直存在的现象。半修半俗的追求虔诚的形式出现，一方面是经济发展、大众参与到信仰社会的必然结果，一方面又是传统的社会生活隐含的一种选择。

隐士主义在西欧地理空间内的传播，还伴随着其他挑战。首先是不同地区与大众化的流行对应的修道院职业性的加强。"本笃会的规则很大程度上是针对世俗团体的。这个团体可能会有教士（priests），但显然也有例外的情况。到了11世纪早期，情况有了较大的变化；修道院几乎全部由执事组成。"① 这样的情况，加强了基督教社会内部职业修行化和对应的"信仰大众化"趋势的竞争。在传统职业人士内部，以上述修道院为例，也出现了专业化的趋势。这是除了世俗基层之外，另一个对新隐士产生冲击的现实趋势。这样的修行风格和走进大众的隐士存在竞争关系，民众也会对专业修士产生敬仰之情。地域上说，这一趋势在意大利和高卢地区的"同步性"较强，德意志地区则与上述地区同步性较弱。但是，即使是后者，教会职业化对于隐修生活影响的情况也还是存在的："至于神圣罗马帝国，虽然很明显，那里的宗教运动没有像在法国和意大利那样蓬勃发展，但它的影响还是存在的，尤其是在洛塔林加。"② 这也说明，西欧世界各地域虽然存在着相异性，但是在这一阶段，以基督教为旗帜的互动，也加强了德意志地区和意大利、高卢为代表的原拉丁地区在一些社会运动上的同质、同步性。这也很大程度上解释了，为何此后的伯格音运动起源于尼德兰地区——并且有不止一位学者认为这不是偶然——而后传播至德意志、法国地区，且各地区的代表性人物在很多方面都有着共性。

但同时，在德意志等非传统拉丁地区和传统拉丁地区，以基督教运动为纽带产生的互动往往也呈现不同的形式。"对于德国南部来说，我们必须记住，赫索（Hirsau movement）运动及其追随者一定给了许多俗人一种生活，这种生活方式只能存在于其他地方的隐士运动中。"③ 和其他地方相比，德国的隐士运动此时更显现出一种大众化的形式，这样的原因也不难理解：在这样的地方，传统文化势力较弱，职业化运动在这里的表现不同于

---

① Henrietta Leyser: *Hermits and the New Monasticism*, London: Macmillan Press, 1984, p.44.
② Henrietta Leyser: *Hermits and the New Monasticism*, London: Macmillan Press, 1984, p.35.
③ Henrietta Leyser: *Hermits and the New Monasticism*, London: Macmillan Press, 1984, p.36.

意大利和高卢。这也同样可以解释，此后的伯格音运动为何起源于尼德兰地区。当互动双方的某种力量对比发生变化，即德意志和尼德兰地区的很多运动可以反作用于传统拉丁地区时，某些运动的传播方向就可能是自北向南的。

类似的情况还出现在不列颠地区。德里克·贝克曾说："虽然北方的宗教复兴同卡马多利（Camaldoli）、查特里斯（Chartreuse）以及西多会（Citeaux）等宗教运动相比（这是诺尔斯 Knowles 的观点）有着共性，但事实上，它与它们形成了鲜明的对比。"① 隐士主义传到北方，呈现给我们的画面，是一个典型的上层建筑努力借助各种趋势与力量开始整合不同地区和人群的图景。可以看到很多第一、二章我们总结的中世纪基督教运动的特征。简单来说，作为在教会体系内的一种对社会变化的自发反应，一种现象往往在全西欧不同地区可见。尤其是 11 世纪，在西欧摆脱东欧影响并与北欧逐渐一体化的过程中，这样的运动自然在政治、文化受西欧影响较大的北欧也会出现。但是，作为上层建筑形式的宗教运动，这样的宏观运动不会在没有物质层面作用力的情况下，短时间内抹平不同地域不同人群的客观文明差异，因此也会体现出多元化的形式。"北方复兴不是随机的禁欲主义灵感的结果，而是由习俗和传统塑造的。"② 隐士们似乎也意识到了这一点："当然，我们已经看到了这些新隐士是多么具有历史意识，多么小心翼翼地想要扎根历史并寻找先例。"③ 以上述不列颠地区的隐士运动为例，显现出的特征之一即为"生活本身也不是严格的宗教仪式……他们试图重新建立大众化（regular）的社区"④。不同地区对于信仰运动反应不一，即"性质各异的物质社会对于同一运动的反应不同"这一传统问题，以及相应的地方世俗领主领土意识的加强、对"国际性运动"的干涉趋势，也是旨在影响社会的隐士运动面对的挑战。

二 价值观的重塑

保持贫穷，是隐士们一直坚持的价值观，这也是基督教世界中，很多

---

① Henrietta Leyser: *Hermits and the New Monasticism*, London: Macmillan Press, 1984, p. 36.
② Henrietta Leyser: *Hermits and the New Monasticism*, London: Macmillan Press, 1984, p. 36.
③ Henrietta Leyser: *Hermits and the New Monasticism*, London: Macmillan Press, 1984, p. 36.
④ Henrietta Leyser: *Hermits and the New Monasticism*, London: Macmillan Press, 1984, p. 36.

人相信的保持纯洁信仰的一种手段。"富人进天堂比骆驼穿针眼还困难",是体现这个价值观的著名比喻。贫穷可以让人避免物质上的贪欲,也可以避免人与人之间的经济、政治关系带来的各种问题。而隐士,就是以自己的生活模式实践这个价值观的人。"'基督的穷人',这是隐士们首先也是最重要的对自己的定位。他们认为对贫穷的热爱可以让他们效法基督;例如,奥巴津的斯蒂芬,在他开始朝圣前,抛弃了所有世俗的担忧,'这样贫穷和赤裸的自己就可以追随基督'。它也可以被看作是对基督关于贫穷教导的回应。"① 和隐士的出现一样,隐士对贫穷的具体看法离不开具体的历史环境和相应的参照。隐士们的参照物是上一个时代的修道士,克吕尼之后,以遵循本笃会规自我约束的黑衣修士(Black Monks)成为在很多方面和隐士们形成竞争且相互参照的人群,尽管他们二者之间的区别有时候也难以区分。"更引人注目的是,不仅是俗人和世俗的教士因为贫穷而成为隐士,甚至连黑衣僧侣自己也成为隐士。例如,约克郡圣玛丽教堂的理查打算离开自己的家,建立一个隐居处,'这样他就可以自愿追随怜悯我们的基督'。因此,那些想要成为隐士的人显然认为黑衣修士的贫穷观念是不够的。其中的原因不难看出:因为它只关心个人的贫穷,而隐士们也对集体的贫穷和由此带来的'无力'感兴趣。"② 隐士们对于贫穷概念的理解,和上一批修士相比更进一步。这也说明,隐士们对于社会的影响,不仅是说教和树立榜样,还有对于某一传统抽象概念的发展,并衍生出一种人文关怀或说价值观。"隐士在离开这个世界之前,可以把他所有的财产都送给穷人。例如,圣诺伯特(St Norbert)在弗里茨拉议会宣判他无证布道后,在科隆大主教面前辞去了他的教会圣职,卖掉了他的遗产,把钱给了穷人。他自己只留下了祭司的法衣和十马克银币,而到了休伊就把这些钱捐了出去。"③

二者的对立,也体现了选择非体制生活模式的人群,在面对变化的时代时两种截然不同的态度,即非体制人群进一步分裂的关键点。"对于11世纪的黑衣修士来说,修道院的物质繁荣是其普遍幸福的标志;改革不仅意味着执行纪律,还意味着恢复收入;上帝的荣耀不仅来自修道士个人的虔诚,也来自雄伟的寺院建筑。另一方面,对于隐士来说,整个社会并不

---

① Henrietta Leyser: *Hermits and the New Monasticism*, London: Macmillan Press, 1984, p. 52.
② Henrietta Leyser: *Hermits and the New Monasticism*, London: Macmillan Press, 1984, p. 52.
③ Henrietta Leyser: *Hermits and the New Monasticism*, London: Macmillan Press, 1984, p. 53.

应该比僧侣更有权利获得财富。他们觉得，一个发誓要过穷日子的人，居然能在家里享受到他在外面永远也享受不到的奢华，这是不对的。"① 这样的情况在此后的修会时代，方济各会的发展过程中，也出现过。在面对教皇的委任，有些修会会员逐渐放弃了游走四方的生活方式，逐渐成为教廷在新兴城市的代理人。随着权力的增加，有些人成为管理者。所以说，不止一个时期，一个群体在某一点上产生分歧的后果可能不止是形成两个组织，还塑造了或说明晰了两种价值取向。和此前的一些运动一样，两种价值取向，会吸引社会上不同的人群。有的人价值观孕育于长时段之中，不会随着外部环境的变化而立刻变化，有的人则相反。例如，相对于隐士们直接把钱捐给穷人，黑衣修士们"必须把他们的财产赠予他们要进入的社区，实际上他们以此购买了自己的社会位置"②。后者的做法不禁让人想起彼得·布朗《穿过针眼》中提到的古代晚期西部富人的做法。"在类似基督教会和犹太会堂的宗教建筑里，捐赠者奉献的对象是他们的社区"③；布朗还以奥古斯丁为例，"奥古斯丁变现家产得来的钱财，也没有直接分给穷人。按照宗教虔诚的标准，对教会的赠予可以被当作对'教会的穷人'的赠予。"④ 这样的做法，如同此处提到的，有着在世俗价值观作用下，以宗教旗帜攫取现实利益的嫌疑。"作为回报，他们可以得到一份年金，或者根据一定的比例，在其田产的收益中享有一定的用益物权。这样，他们就可以把这笔收入贡献给新团体的公共基金了。"⑤ 只是古代晚期，基督徒还被笼统称为基督徒。而到了11世纪，已经出现很多职业团体，而且出现了有不同社会意义的教会阶层和人群。而此时，这样的团体的职业性，不止表现在笼统的全职侍奉上帝的职业上，还表现在侍奉形式的不同。以隐士和黑衣修士为例，二者此时对世俗世界的态度上，有了显著差别。当然，这里不能简单地对两种选择孰是孰非做出轻率的判断。从彼得·布朗的叙述

---

① Henrietta Leyser: *Hermits and the New Monasticism*, London: Macmillan Press, 1984, pp. 52-53.

② Henrietta Leyser: *Hermits and the New Monasticism*, London: Macmillan Press, 1984, p. 53.

③ [美] 彼得·布朗《穿过针眼：财富、西罗马帝国的衰亡和基督教会的形成，350—550年》，刘寅、包倩怡等译，社会科学文献出版社2021年版，第70页。

④ [美] 彼得·布朗《穿过针眼：财富、西罗马帝国的衰亡和基督教会的形成，350—550年》，刘寅、包倩怡等译，社会科学文献出版社2021年版，第70页。

⑤ [美] 彼得·布朗《穿过针眼：财富、西罗马帝国的衰亡和基督教会的形成，350—550年》，刘寅、包倩怡等译，社会科学文献出版社2021年版，第70页。

中可知，此时黑衣修士的选择也是有着悠久传统的。时代不同，问题却有着相似性。这一方面说明，中世纪西欧基督教社会的某些问题，至少在表面上，确实有着一定的循环性；另一方面也可以说明，面对类似的问题，某些原则性的选择，可能是塑造类似修士和隐士这样的群体的动因之一。

隐士们的价值观的另一个表现是"要打破财产按照世俗方式传递的传统"。这也可以理解为一种超越时代的价值观："隐士们也可能拒绝持有某些种类和数量的财产，以这种方式，他们也脱离了传统的寺院实践。如果一个修士去世，那么，隐士们争辩说，他就不应该拥有磨坊或庄园；除非他关心灵魂，否则他也没有任何权力索取什一税和教会权利。"①

隐士们对于财富的态度，决定了他们要自己动手解决生存问题，这又涉及自己劳动的问题。"传统上，隐士们希望通过体力劳动来避免懒散的问题和精神上的危险"②。劳动衍生的传统问题，上文已提到，即专业人员无法全心投入到祈祷、冥思等"侍奉上帝"的事业之中；而这个时期，隐士们还要面对自己的禁欲主义为指导的劳动观念和行为，能否和他们要影响的世俗世界相适应的问题。新隐士，仍然希望通过自己的劳动解决生存问题，"神职人员和世俗人员，贵族和农民，都可以尽他们的一份力，如果使徒的生活要成为现实，他们就必须这样做。圣保罗不是在他写给帖撒罗尼迦人的信中，描述了他在他们中间如何工作，以避免浪费吗？'弟兄们，你们纪念我们的辛苦劳碌，昼夜工作，传神的福音给你们，免得叫你们一人受累。（帖撒罗尼迦书 II：9—10）'"③。由于拒绝各种传统的特权式的寺院收入来源，于是许多新社区也完全打算靠自己的双手养活自己。这样，即使隐士们对自身的原则有一定的调整，但是原则的坚守，让他们和他们引领的社会，"就必须拒绝 12 世纪的经济繁荣和所有来自世俗世界的同化"④。

对劳动的态度问题也许是对一个人群自我定性的关键。雅克·勒高夫认为，传统的体制式的教会人员对劳动的态度和 9 世纪以来的社会三级制的理论有关。"在 9 世纪末中世纪著作中出现一个主题，它在 11 世纪发展

---

① Henrietta Leyser: *Hermits and the New Monasticism*, London: Macmillan Press, 1984, p. 53.
② Henrietta Leyser: *Hermits and the New Monasticism*, London: Macmillan Press, 1984, p. 56.
③ Henrietta Leyser: *Hermits and the New Monasticism*, London: Macmillan Press, 1984, p. 56.
④ Henrietta Leyser: *Hermits and the New Monasticism*, London: Macmillan Press, 1984, p. 56.

起来并在12世纪变成一句套话，它将社会分为三个阶层或等级来加以描绘。按照拉昂的阿达尔贝隆的经典描述，这个等级社会的三个组成部分是：orators，bellatores，laboratories，即教士、武士、劳动者。"① 并认为，这样的观念有着深刻的历史渊源，而在兴起的时代，有着其现实的意义：重要的是，在这样的认识中，谁是劳动者很重要。"人们通常认为这个词指的是社会其余成员……"② 其余成员的概念，较准确地概括了劳动者在这个认知模式中的位置。他们不在结构单位之内，而是前两个状态的补集。因此，这样的模式下，对劳动的态度很能反映人们对自身的定位，以及通过这种定位反映出的价值观问题。

　　隐士们对于劳动的坚持，也有其理论依据，一般认为来自对本笃教规的解释。"《规则》中关于工作的那一章——第48章——支持这种观点和隐士们的意见。它的开头是：'懒惰是灵魂的敌人。因此，教友们必须在规定的时间从事体力劳动，并在其他时间阅读圣书。对隐士来说，这意味着工作是必需的，对黑衣僧侣来说，重要的不是本笃的解决方案，而是问题，如果可以通过其他方式防止懒惰，那么实际的工作时间就可以缩短'。在这一章的最后，关于耕田的问题，也有一些模棱两可的规定。"③ 而在实践中，隐士们对劳动的坚持，也让他们逐渐出现了和克吕尼修士们不同的风格：前文所述，在克吕尼运动中，修士们最后比较注重烦琐的宗教仪式，将此视为自己作为专业人士侍奉上帝的核心表现。但是，隐士们此时却孕育出了与之截然不同的风格。"在克吕尼，礼拜仪式太长了，几乎没有时间工作，对隐士们来说，问题正好相反：他们很难适应礼拜仪式。蒂伦的伯纳德不得不缩短赞美诗，以便有更多的时间工作。在奥巴辛，隐士们夜以继日地工作，白天在建筑物上收集石头，砍伐树木，晚上借着烛光做社区可能需要的一切。那些身体太弱而不能参加白天繁重劳动的人可以做一些不太费力的工作，比如抄写书。偶尔也雇用工人，但隐士们对自己发展技能感到非常自豪。提伦的伯纳德（Bernard of Tiron）第一次成为一个隐士时，要求自己学习铁艺，后来

---

　　① ［法］雅克·勒高夫：《试谈另一个中世纪》，周莽译，商务印书馆2014年版，第95页。
　　② ［法］雅克·勒高夫：《试谈另一个中世纪》，周莽译，商务印书馆2014年版，第102页。
　　③ Henrietta Leyser: *Hermits and the New Monasticism*, London: Macmillan Press, 1984, p. 56.

聚集在他周围的人有葡萄酒匠、金匠、石匠和木匠,他希望每个人都能教给自己手艺。"① 在内部存在阶级区分的基督教社会,隐士和修士这种风格之间的差异,在新的背景下,很可能在日后演化成一种具有更本质内核的对立——对仪式重视的"偏上"立场和对体力劳动重视的"偏下"立场。同样,这样的区分与对立类似于此后方济各会的分裂——在已有的修士制度面前,隐士们确立并坚持了自己秩序对立面的基层立场和价值观,并努力用这样的价值观引领社会。

通过这样的情况,不难看出,在一个秩序之中,体系化(或说体制化)和非体系化(或说"基层化") 是两种较为基本的选择。在基督教体系之中,体系化的方式并不唯一。教廷和教皇直接的控制范围有限,"体系成员"在广义上也包括有着某种固定或说数量较大的收入来源(往往是从地方世俗势力那里)的宗教机构、名义上尊崇正统教义或支持教皇的组织、机构(克吕尼修道院)和努力建设一个新的社会体系,并在其中努力寻求有利位置的人或这样的价值取向——中世纪基督教社会中,我们可以看到很多这样的价值观为基础的现象。同时,正是在这样的没有统一而有形的政治实体统治的社会中,我们仍可以更清晰地看到很多结构化的社会现象,包括对其他权势的依赖以及在新的人群中建立秩序的倾向——和这样的机构与价值观对立的,就是基层世界。在中世纪,以"信仰"作为社会基本价值观的情况下,如上所述,基层社会的存在有其必然性和特殊意义,这是一个可以反复酝酿"纯洁信仰"的空间,而纯洁的信仰是可以被教廷甚至整个社会反复利用,成为社会改革的旗帜和口号。因此,在社会改革的酝酿阶段,会反复出现曾经的革命力量被同化和新的革命力量出现的情况。

部分隐士作为新的时代的专业人士和基层价值观的承载者,此时体现出了和追求体制化的修士们之间的区别。而对劳动的态度,则是区分二者的一个关键点。当然,作为历史中某种现象的循环,不同时代有着不同的具体表现。在雅克·勒高夫看来,这一时代传统的修士的世界观被抛弃,也有着时代背景。"各个方面都有大量的证据表明,对劳动的精神态度在实践中经历了一个关键的发展。"② 这样的情况下,传统修士认为存在的社会

---

① Henrietta Leyser: *Hermits and the New Monasticism*, London: Macmillan Press, 1984, p. 57.
② Jacques LeGoff: *Time, Work and Culture in the Middle Ages*, translated by A. Goldhammer, Chicago, Chicago University Press, 1980, p. 115.

三级分工的理论，"在更复杂的分类之前消失了，多亏了人们对劳动多样化和分工的日益认识和认可，这些更精确的劳动分类得以确立"①。

隐士们另外一个有基层立场的表现是对待穷人的态度。不同于第一章所述的认为"不应该把钱施舍给穷人"的原则，隐士们的做法与此相反。在修士时期，同情穷人的态度是存在的。"贫困救济和接收客人一直是本笃会的生活方式的一部分，本笃本人，也把他的态度建立在《马太福音》第二十五章之上，该章节规定'所有客人都要受到相似的尊重'。"② 只是此后随着修会逐渐"体制化"，这样的规则没有被深入贯彻，或说逐渐停留在形式上。"慈善变得仪式化：在特定的时间向特定的穷人赠送礼物。施舍成为礼拜仪式的一部分。"③ 但同时，与之对立的做法也是存在的。如第一章所述，在基督教社会的体系中，有些现象，如"自下而上"的传播模式，是存在已久的，而且这应该是体系化社会中必然存在的现象——只是在不同的时期由不同的人群或说生活模式来承载。此时，隐士们承担了这样的价值观。"隐士们，作为基督里的穷人，有着与'富人'不同的观点。他们认为，照顾穷人和病人是宗教真正的核心。贫穷是一种体面的地位。'与穷人交谈是你们的特权'，格兰蒙特的斯蒂芬写道，似乎是为了让格兰蒙特的隐士们清楚地认识到他们自己也属于这个阶层，斯蒂芬也允许他的社区接受穷人的施舍。"④ 其他当时很有影响力的隐士们也提出了类似的观点，很直接地要求对穷苦人进行施舍："阿伯拉德认为，修道院如果不捐出所有剩余财产，就要对那些本可以救活的人的死亡负责。他的观点只不过是早期隐士思想的发展。例如，罗尔达克（Rolduc）的传记作者艾尔伯特（Ailbert）记载，罗尔达克曾说过，他会帮助那些灵魂以上帝形象塑造的穷人，而不是把钱花在注定会消亡的建筑上。图尔奈的奥多出于类似的原因拒绝拥有黄金十字架——'他并不想制作黄金十字架，而是想把穷人给他的所有钱都捐出去'"⑤。此外，"查兹戴尔的罗伯特（Robert of Chaise-Dieu）和的方坦的理查德（Richard of Fountains）都把他们所有的食物都送

---

① Henrietta Leyser: *Hermits and the New Monasticism*, London: Macmillan Press, 1984, p. 57.
② Henrietta Leyser: *Hermits and the New Monasticism*, London: Macmillan Press, 1984, p. 60.
③ Henrietta Leyser: *Hermits and the New Monasticism*, London: Macmillan Press, 1984, p. 60.
④ Henrietta Leyser: *Hermits and the New Monasticism*, London: Macmillan Press, 1984, p. 60.
⑤ Henrietta Leyser: *Hermits and the New Monasticism*, London: Macmillan Press, 1984, p. 60.

给了碰巧遇到饥饿的穷人；奥巴津的司提反吩咐当没有粮食的时候，所有的牲畜（牛除外）都应该被宰杀救济穷人；约翰·高尔伯特（John Gualbert）卖掉了瓦隆布罗萨（Vallombrosa）教堂的全部值钱物，为穷人筹集资金"①。而且，这样的情况似乎不是个案，而是有演化为社会现象之趋势："这样的例子还有很多，但现在是时候更仔细地看看那些隐士们为病人（比如麻风病患者）或旅行者建造的机构了。这些机构通常被称为医院——我们应该记住'这个词的现代用法可能会误导我们……'医院为病人、老人、穷人或旅行者提供优先服务，而且往往同时为所有人提供服务。它是一个避难所或团体之家，而不是一个医疗机构。用现代语言，也许应该将其译为'弱势关怀'"②。如果这个词的记载确实是无误的，那么不难看出，隐士们坚持的基层价值观，对社会产生了现实而长久的影响。基层社会和基层的信仰形式一直存在，中世纪中期之后，这种基层信仰逐渐独立，并影响社会，甚至近代早期欧洲的一些价值取向的出现，也和这种自下而上传播信仰的过程有关。其中的一部分可以说源自这些坚持基层价值观和基层人文关怀的隐士（不同于彼得·布朗提到的古代晚期的社会价值观：穷人不是人和善行不同于直接给穷人施舍）。

在普雷蒙特利（Premontre），有一个兼收男、女需要救助者的收容所。根据诺伯特的说法，在弥撒中，教友们可以通过忏悔来表达他们对上帝的爱，对自己的关心，但只有"弱势关怀"给了他们机会去实践他们对邻居的爱。另外两个证据确凿的隐士救济所的例子，是位于坎布雷的阿弗利根姆（Affligem in Cambrai）救济所和位于弗洛内（Flone）的救济所。虽然在这两处建立救济所的想法似乎不是源自隐士，而是源自当地主教——他们咨询过主教的生活方式，然后主教建议他们在已知对旅行者来说有危险的地方建立收容所。阿弗利根姆的选择具有特殊的意义，在这里隐士们曾遭到强盗们的恐吓。③

---

① Henrietta Leyser: *Hermits and the New Monasticism*, London: Macmillan Press, 1984, pp. 60-61.
② Henrietta Leyser: *Hermits and the New Monasticism*, London: Macmillan Press, 1984, p. 60.
③ Henrietta Leyser: *Hermits and the New Monasticism*, London: Macmillan Press, 1984, p. 61.

这些情况说明，当时的西欧社会，在社会环境变化的情况下，以隐士们的活动为证据，可见西欧社会仍然有效保留了基层信仰（并非半修半俗）空间的发展，并在此基础上有效地保持、发展了基层价值观。这也就不难理解，此后在社会进一步发展，社会很多领域呈现出大众化趋势，有更多人参与进来的时候，女性宗教运动为何也随之兴起。

第六节　隐士运动与女性

这一时期另一个值得注意的现象是，11世纪开始的新隐士运动，在隐士们重返世俗社会的过程中，和走出围墙的新修道主义一起，开始前所未有地影响基层社会，受其影响者也包括女性。伯格音修会运动比较明显的特征，女性对宗教运动的参与，这一时期较大规模地出现了。"隐士运动吸引了很多女性。在拉昂的赫尔曼写作的时期，他认为诺曼的女性追随者有数千之多。"[1] 我国学者王亚平也曾提道："这些活跃的游方托钵僧在社会上掀起了一股强劲的宗教浪潮，他们的追随者像滚雪球般地不断增加，男的和女的，老的和少的，贫的和富的，形成了一支奇异的宗教队伍。"[2] 如果说传统的修道院模式对女性是排斥的，"12世纪传统的修道院是一种排外的机构"[3]，那么此时的新隐士所代表的时代特征，则更开放、对于曾经的边缘群体接纳性更强。传统下层社会的话语要求结合基督教内部运动和外部世俗社会的变化，变得越来越强——这也是中世纪基督教运动发展的一个重要特征，这样的趋势对于体制教会的垄断性和权威性来说，都是一种挑战，因此具有了一定革命的性质——"如果等级和地位在任何运动的开端都不是障碍的话，那么性别也不会是。女性可能会和她们的兄弟或丈夫一起皈依，她们的孩子也可能会来。例如，当时有参与隐士运动的女性，全家都被接纳到图尔奈的圣马丁隐居地。也有专门照顾女性的隐士。例如，萨维尼的维塔利斯（Vitalis of Savigny）特别关心妓女的转变，阿布里塞尔

---

[1] Henrietta Leyser: *Hermits and the New Monasticism*, London: Macmillan Press, 1984, p. 49.
[2] 王亚平:《修道院的变迁》，东方出版社1998年版，第118页。
[3] Henrietta Leyser: *Hermits and the New Monasticism*, London: Macmillan Press, 1984, p. 49.

的罗伯特则在封特弗罗接待寡妇和贞女……以及妓女,这种被其他人唾弃的人"①。前文提到的奥瑞尔的高谢也曾说,"任何性别都不应该被排除在天国之外"②,新隐士和一些基层俗人们共同构成的新社会,并没有排斥女性。所以说,伯格音运动中体现出来的基层女性成员对宗教运动的参与特征,并不完全是该运动兴起时才出现的现象。从隐士时代出现的这一现象来看,女性以宗教之名成立组织的现象,并不是后来突然出现的。

其实如果追溯基督教社会中女性的信仰追求史,是完全可以上溯到耶稣时代的。至少在修道主义出现时,在不太排斥女性的地中海东部世界,就已经有女性同样参与修道生活的现象。"修女院是和修道院同时产生的。当大批的隐修士在埃及的荒漠中出现时,其中不乏同样对现实社会不满的隐修女。4世纪20年代,帕科米乌斯在底比斯组建隐修社团时,隐修女像隐修士一样,20人左右为一个单位,组成了最初的修女院。她们也要遵守帕科米乌斯制定的院规"③。当时还出现了专门针对这种现象的修道院守则,"巴西勒在小亚的阿纳西建立修道院时,同时接受修士和修女,以墙壁将他们分隔开。修士和修女遵守同一个院规,同一时间祈祷,同一时间劳动,同一时间用餐和睡觉。这种模式的修道院被称为双重修道院"④。这样的原则传入受罗马文化影响,女性地位相对不高的西欧时⑤,才出现了变化。"修道院制度传入西欧后,双重修道院遭到一些上层教士的非议,787年在尼西亚召开的基督教普世公会上曾作出决议,禁止建立这种双重修道院,但是并没有完全地杜绝,11世纪在法国、德意志和意大利重又出现,直到13世纪双重修道院才最终消失"⑥。可见,从宏观的时空来看,女性参与基督教运动的现象,几乎伴随着基督教的历史。只是在基督教传到了西欧之后,和西欧地方习俗结合的过程中,这一势头似乎被压制。但是,随着新时代的到来,这一现象在西欧也出现了,并有普遍化之势。

根据当时的很多文献可以推测,当时有很多女性参与宗教运动,虽然

---

① Henrietta Leyser: *Hermits and the New Monasticism*, London: Macmillan Press, 1984, p. 49.
② Henrietta Leyser: *Hermits and the New Monasticism*, London: Macmillan Press, 1984, p. 50.
③ 王亚平:《修道院的变迁》,东方出版社1998年版,第155页。
④ 王亚平:《修道院的变迁》,东方出版社1998年版,第155页。
⑤ 这一论断,可以参见[法]克洛德·列维-斯特劳斯等《家庭史1》第一篇,第五、六章,生活·读书·新知三联书店1998年版。
⑥ 王亚平:《修道院的变迁》,东方出版社1998年版,第155页。

形式是多种多样的。"据说，这一安排让格兰蒙特的斯蒂芬（Stephen of Grandmont）感到不安，据说他当时是高谢的门徒。他告诉高谢，他担心女性的陪伴会危及他的灵魂，因此问他是否可以住在离高谢的院落稍微远一点的地方。后来他搬到更远的地方，据高谢的《生命》（life）记载，这就是格兰蒙特皈依生活的开始……但在奥瑞尔肯定有很多女性，她们可能是真实存在的。"① 同时代，"在奥巴津，据说有 500 多名妇女被从第一个地点转移到更远的地方，因为那里离男人的住处太近了"②。

大量女性的参与，体现了新时代宗教运动的特征。当然，女性的地位不可能在短时间内彻底改变。传统基督教在组织和教义上对女性的排斥是仍然存在的，"根本的紧张仍然存在：女人既是夏娃，也是圣母、黛利拉以及玛丽·抹大拉。这个悖论无法解决，在实践中，不去触碰似乎更好"③。同样，女性作为新成员，也为新宗教运动带来了一些问题。

"然而，对于想要成为隐士的女性来说，有一些特殊的问题。对她们来说，建立一个稳定的组织显然很困难。她们需要人保护，并为她们建造修行和居住的居所，做其他的重活（虽然她们自己做了很多体力活），并管理圣礼。因此，她们必须找到一些愿意——不是所有人都愿意——接受她们并为她们承担责任的人。"④ 于是问题就出现了，她们去哪儿找这些与她们关系密切的人？如果有，那是不是又会成为他们的附庸？"在某些情况下，可以为女性建立一个完全独立的组织。但当女性在修道院发展的早期加入修道院时，她们更自然，在某些方面更容易形成一个双重社区，通常妇女受院长的管辖。"⑤ 当然，也许正是这些问题的存在，才促进了女性宗教运动的进一步发展，以及此后伯格音运动的出现——毕竟传统的女修道院和男性修道院一样，院长一般都是和修道院的资助人或其他世俗权势有着密切关系的人，院长的竞选也往往是在这些势力的操纵下进行，进而导致院内氛围的过分世俗化。而此时相对独立的女性运动和传统之间的矛盾问题，也预示了此后伯格音运动面临的问题。但是不管怎么说，11 世纪随着隐士运动的发展，女性运动和

---

① Henrietta Leyser：*Hermits and the New Monasticism*，London：Macmillan Press，1984，p. 50.
② Henrietta Leyser：*Hermits and the New Monasticism*，London：Macmillan Press，1984，p. 50.
③ Henrietta Leyser：*Hermits and the New Monasticism*，London：Macmillan Press，1984，p. 50.
④ Henrietta Leyser：*Hermits and the New Monasticism*，London：Macmillan Press，1984，p. 49.
⑤ Henrietta Leyser：*Hermits and the New Monasticism*，London：Macmillan Press，1984，p. 49.

其他很多近代现象一样,也已经在这一时期出现在西欧社会。

这一时期的女性活动也有着很强的时代特征,修道院改革和隐士运动虽然并没有明确针对女性,但是整个社会越发普遍的变化"却不可避免地要触动妇女这个社会群体,更何况社会经济的发展导致社会的再分工,妇女开始加入社会性的劳动,特别是在城市中。从11世纪起在西欧各地普遍复兴的城市是以商业和手工业为最基本的经济活动,这两项经济活动不一定需要强壮的体力,例如纺织、裁缝等手工业都利用妇女作为劳动力。妇女参加社会性的劳动,与社会有了直接接触,自然要受到社会各方面的影响,特别是那些活跃在街头巷尾和市场上的托钵僧们,把妇女带入了宗教活动中,他们用通俗的大众语言宣讲圣经,渲染基督的贫穷,激起妇女的宗教情绪,在妇女中出现了一股很强烈的寻觅使徒生活,追随'贫穷赤裸的基督'的宗教潮流,欧洲的历史学家将其称为'虔诚妇女的宗教运动'"①。这些现象说明,11世纪西欧社会平稳和生产力发展促进了宗教运动参与者大众化的趋势,这很大程度上激励了广大女性,让他们有机会、有能力以宗教运动参与者的身份,出现在社会运动当中。

第七节 隐士与上层教会

这一时期,还有一个值得注意的问题即以隐士为代表的基层专业人群,如何传播信仰。如上所言,11—12世纪西欧社会经济、贸易的发展,以及黑死病疫情的缓解,让西欧人口发展、新兴城市增加,新兴市民的生活内容成了新时代的主题之一。而隐士们的活动,也和这一时代主题结合在一起。前文提到,和传统隐士不同,新时代隐士们走出沙漠,回到了社会。而接下来,新兴隐士们就要处理新时代中,他们与上层教会的关系——这是教会体系需要反复处理的问题,也涉及宗教专业人士传播信仰的方式。

众所周知,这一时期也是基督教社会上层,尤其是教皇权力开始集中的年代。在基层信众中,出现了支持教皇的格里高利信徒(Gregorians)和继续坚持独立原则的新隐士。"即使没有彼得·达米安(Peter Damian)——一位

---

① 王亚平:《修道院的变迁》,东方出版社1998年版,第158页。

隐士兼枢机主教——来宣布这一观点，人们也很难忽视隐士运动与教皇改革运动之间的联系。隐士和格里高利教徒一样，认为教会也要得到净化，从腐败的制度中解放出来，回归早期教会的生活方式和习俗。这一点主要体现在他们对教皇与教义的要求上。这两种运动在理论上和实践上是否存在重叠，仍有待进一步研究；二者灵感的来源可能是相同的，但实际上隐士们感兴趣的问题，是直接影响他们的修道院和教规，是否都与罗马有直接关系，这也是值得注意的问题。"[1]

赫里俄塔·雷耶瑟认为，"从授予俗人教权和俗人与教会建立关系的不同态度来看，隐士们和罗马教廷之间是没有关系的"[2]。他列举了一些例子证明这一观点，"例如，据说圣诺伯特曾阻止英诺森无故将授职仪式的权力分给洛萨（Lothar），虽然此时他的身份不仅是一个隐士，还是马格德堡大主教；此外，这个故事可以让人联想起圣伯纳德、英诺森和洛萨在烈日的会议"[3]。这样的例子还有很多。新隐士可以拥有教会上层成员的身份，又和罗马教廷没有直接联系的情况，很大程度上反映出，即使是教皇权力上升的时代，和理想状态大一统宗教国家的设想相比，西欧教会组织上也是相对分散的。我们可以看到，这一时期一些被定义为隐士的人，和传统隐士不同，他们可能和图通的圣诺伯特一样，在教会上层已经有了职位，但仍将他们定义为"隐士"，根据之一就是在11—12世纪，一些在上层教会甚至教廷有职位的人，以及很多基层信众在成为教皇支持者的情况下，仍坚持着独立的基层信仰价值观，这其中包括禁欲主义。例如，坚持独身、坚持宗教组织独立、反对与世俗联合，尤其是买卖圣职等。同时，在感情上对基层民众较为同情，甚至为此反对教皇的权威。而这样的立场，让他们在教皇权力上升，教会与传统观念中的"世俗社会"交集越来越大、教皇基层的追随者越来越多的情况下，和部分上层教会势力以及很多有党派倾向的基层群众的冲突不可避免。作为隐士，他们中的大多数天生就没有教堂这样的地方供他们布道。因此，在新兴城市里和信众面对面地布道，成为当时隐士的特征之一。

这一时期，意大利一位叫约翰·瓜尔伯特（John Gualbert）的隐士，此前很可能是圣米尼亚托（St Miniato）修道院的修士。后因修道院任命了一个指

---

[1] Henrietta Leyser: *Hermits and the New Monasticism*, London: Macmillan Press, 1984, p.69.
[2] Henrietta Leyser: *Hermits and the New Monasticism*, London: Macmillan Press, 1984, p.69.
[3] Henrietta Leyser: *Hermits and the New Monasticism*, London: Macmillan Press, 1984, p.69.

定的院长，约翰不满，离开以示抗议。"他和另一个同伴去了佛罗伦萨，在那里他公开谴责了卖给他圣职的院长和主教；据说，听到他讲话的群众非常愤怒，甚至企图打死他。瓦隆布罗萨一成立，约翰就继续与买卖圣职的行为斗争。他布道反对它，他禁止任何买卖圣职者或买卖圣职者任命的人在瓦隆布罗萨做弥撒，他反对佛罗伦萨的买卖圣职者，主教彼得。他的原则立场使他成为意大利北部教会冲突的中心人物"①。1068年，瓦隆布罗萨的一位僧侣因控诉主教参与圣职买卖行为，而被处以火刑。他坚持"教皇参与这一行径很久了，但上帝会亲自审判这些行为并保护他的子民"②的说法，据说当时在场的人们听到他说：'弟兄姐妹们，我这样做，是要叫你们的灵魂得救，叫你们以后脱离那几乎叫普天下都污秽了的圣职买卖行为。神会给我们作见证的。你知道这种行为的罪恶，与它的污秽程度相比，其他的罪行几乎算不了什么。'"③ 这样的一段话，可以让我们看到这一时期隐士面对秩序时的立场——也许在身份形式和"入世"的程度上，他们与传统隐士有别；但是从价值观的坚持上，可以看出他们还是基层纯洁信仰的代表，信仰自下而上传播的发起者。而在此过程中，新隐士们也在积极以布道的形式传播自己的价值观。以他们反对"买卖圣职"这样的新时代教会世俗化行为为例，布道就是他们反对这一行为的方式之一。在这一过程中，一些隐士也由此建立了自己的威信。"对于隐士来说，抗议买卖圣职最有效的方式是布道。"④ 这让他们赢得部分市民的支持。

如前所述，新时代的隐士是回归原始教义，同时积极回归社会的一群人。"如果隐士们不关心神学上的推测，那就不会关心个人的救赎和忏悔。这当然是他们任务的一部分，但不是全部。他们的视野更开阔了。他们中的许多人强烈地感觉到整个社会需要改革，他们布道的目的不仅是让人们承认自己的罪，而且还要给他们树立新的标准，而这些不仅关心个体的行为，也关系到基督教社会的重组。"⑤ 隐士们的志向，不只是以自己的价值观影响信众，还有以此为基础，重组基督教社会的成分。新隐士的志向，内容更加具体，更

---

① Henrietta Leyser: *Hermits and the New Monasticism*, London: Macmillan Press, 1984, p. 71.
② Henrietta Leyser: *Hermits and the New Monasticism*, London: Macmillan Press, 1984, p. 71.
③ Henrietta Leyser: *Hermits and the New Monasticism*, London: Macmillan Press, 1984, p. 71.
④ Henrietta Leyser: *Hermits and the New Monasticism*, London: Macmillan Press, 1984, p. 71.
⑤ Henrietta Leyser: *Hermits and the New Monasticism*, London: Macmillan Press, 1984, pp. 71-72.

有"组织化"的特点，这很大程度上解释了他们这样的人群，为何天生和教廷直接存在矛盾和冲突的可能性。这样的志向，也让他们提出了类似于回归原始状态的号召——众所周知，最初的基督教即为存在于基层，价值观也根植于基层的宗教形式。最重要的是，最初的教会没有官方化、体制化的教会机构，也没有教皇。而如前所述，隐士很难说是一个特定的人群，他们更像一种社会现象，一种生活模式，一种立场的定位。因此隐士的号召与立场，对 11 世纪后西欧的基督教基层运动来说，是很有代表性的。此后的很多修会运动，一定程度上可以被视为变形或者说组织性更强的隐士运动。

同时需要注意的一点是，作为基层价值观的实践者，隐士们却不总是与教会上层组织和其他人群对立的。和修士类似，隐士和修士们都在主观上继续以类似本笃会修士的方式维持着对信仰的追求，对抗着时代发展带来的又一轮世俗化的冲击，但多数人并没有明确提出反对上层教会的口号。地方主教，"通常是隐士最坚定的支持者"①。教廷此时对隐士的反应似乎不是很热情，"教皇通常只在隐士建立的组织发展壮大时才干预他们，发布敕令表示确认，通常也通过免除他们自己耕种的土地的什一税来表示他们对新组织的认可"②。当然，和后来的包括伯格音运动在内的修会运动的经历一样，也有教皇对隐士表示明确的支持。"在该运动的早期阶段，也有教皇支持的例子。格兰蒙特的斯蒂芬（Stephen of Grandmont）在离开意大利之前，建立一个隐居地的计划得到了教皇的批准；乌尔班二世（Urban II），加里斯都（Calixtus）和格拉西乌斯（Gelasius）准许隐士传教士；帕斯卡（Paschal）任命卡侬的阿罗埃斯（Conon of Arrouaise）为普雷斯特（Preneste）的主教；乌尔班二世还把查特鲁的布鲁诺召进教廷做他的顾问……教皇的使节的名单中也会发现一些被认为是隐士的人。"③ 这样的现象可以说明，作为一个想象的共同体，教会在面对整个社会世俗成分比重上升的时候，共同的价值观仍会让其内部面对这种情况产生相近立场的人群，出现团结、包容的态度。但是，这样的情况会维持到什么程度，取决于现实物质社会的发展趋势。以这一时期地方主教支持隐士的态度来说，很可能反映了地方主教与地方领主或教廷由来已久的矛盾，以及教廷企图

---

① Henrietta Leyser：*Hermits and the New Monasticism*, London：Macmillan Press, 1984, p. 80.
② Henrietta Leyser：*Hermits and the New Monasticism*, London：Macmillan Press, 1984, p. 82.
③ Henrietta Leyser：*Hermits and the New Monasticism*, London：Macmillan Press, 1984, p. 71.

寻找新的势力联合的情况。只是种种原因，决定了新隐士并非教廷理想的长期合作伙伴。

因此，这部分人员暂时可以与教会势力和平相处的情况，并不意味着隐士运动能够顺利长久地和教廷合作，建立起一个统领世俗社会的基督教世界，更不意味着隐士运动会成为新时代基督教社会的主流。本质上，隐士运动还是属于基层的，或说边缘的、理想化的运动，和上层对立的宗教运动。自彼得·布朗描述的古代晚期"穿过针眼"的时代之后，基层运动和理想化的价值观已不可能完全成为基督教社会的主流。但是，作为宗教体系，这样的运动又会反复出现在基督社会。"在正规的教规运动背后的灵性成分在很大程度上是隐士式的。因为在官方的规划中，这种灵感的一个元素是缺乏的，即对禁欲的愿望。"[1] 这也是在基督教社会中，基层宗教运动必然存在并反复出现的一个基本原理。最终，隐士制造的有意义的"灵性成分"可能被上层"吸纳"，隐士们却被抛弃。

地方主教对隐士的支持，其原因和此后教皇对修会的动机有一定的相似性。对于修士来说，主教的支持可以保证新宗教运动的正统性。而对于主教们这样做的动机，还有待进一步考察。不过，这时候地方主教的动机和此后教皇的动机应该有相似之处，即通过吸收一个不依附于地方世俗势力的力量，来加强自己的影响力。但是随着形势的发展，教会势力内部又会出现矛盾与斗争，参与斗争的势力是主教、黑衣修士与隐士。也许如同传统观点所言，一定程度上，教会人员是社会经济的负担。因此一个组织对于他们来说，经济，对世俗的有效影响，是一种资源，可以让自己持续获得经济、社会资源。因此一个组织会和其他宗教组织产生一种竞争关系。重要的是，在这个竞争的过程之中，不同的势力扮演了不同的教会发展模式。不难看出，三者和上层世俗世界的关系密切度是不同的，信奉本笃会规的黑衣修士在隐士面前更像一种入世的存在，他们之间的竞争也是一种教会模式和价值观的竞争。这种竞争仍然在一定程度上反映了本书反复提到的基督教历史中反复出现的问题。此时我们可以再次回顾一下隐士出现的背景。依附于地方势力的主教和教士（canons）容易被世俗化，而选择静修的修士（monks）也是一个小型社

---

[1] Henrietta Leyser: *Hermits and the New Monasticism*, London: Macmillan Press, 1984, p. 97.

会，并在经济甚至政治权力上仍一定程度上依赖世俗，或说地方世俗权势。这样的情况刺激了教内的理想主义者，让隐士们提出了"小即是美"的口号，最初几乎抛弃了一切对物质的系统性依赖而产生的经济关系、社会关系，以在几乎没有人的地方修行的方式，达到对信仰的纯粹追求。不可否认，在中世纪的环境下，这样做的隐士，除了一些客观原因之外，主观上很有可能确实存在着纯洁的对信仰追求的动机。如第一章所述，在中世纪的基督教社会里，教会经过一个时期的体制化过程后，信仰的旗帜往往会被这些非体制化的人群再度扛起。但是显而易见，这样的生活模式的代价，就是出现了"反社会"的特征——在当初的修士和如今的隐士眼中，社会即是世俗或世俗风气出现的根源，因此他们曾经拒绝建立一切人与人之间的关系。这样的特征，是在隐士们走出沙漠，走进社会时，必须做出选择，是否继续坚持的。

　　隐士们的选择让自己成为又一个时期道德高尚者的代表。既坚持道德标准又开始影响社会的姿态，让自己成为社会的一个标杆。如前所述，这样的旗帜对于基督教体系来说还是重要的。毕竟，作为一个将各阶级、各民族的所有信徒容纳其中的容器，需要一个理论上所有个体都需要，并可以感知的维持原则的存在。宗教自身的特点与定义，也决定了道德是一个无法忽略的主要成分。从教皇到普通信众，都不能不重视这一要素。这是由意识形态构成的社会特征，也是天主教历史中，出现一种循环性特点的原因。当主教和教士们成为较为世俗化的存在时，修士和隐士自然会出现。而如第一节所言，当时代改变，教廷有机会以信仰的旗帜再次努力整合社会时，隐士们靠着他们的行为方式成为这一阶段旗帜上面的重要标记。这时，他们被拉回到社会中来，成为影响基督教社会重要因素的承载者。

　　各时期循环的内容是有差异的。这一时期，还可以看到隐士和曾经与隐士有很强相似性的黑衣修士之间的差异与竞争，虽然这未必完全能说明二者之间存在本质差异——至少从理论上说是这样，黑衣修士无非是自诩为严格遵循《本笃会规》的修士们。此时的竞争，很可能是同一种人中不同小团体对资源的争夺。这样的矛盾，反映的是整个基督教社会的结构化问题，而不是二者之间的区别。

　　当然，修士可以入世影响社会，并不等于他们在主观上放弃对信仰的追求。在这里，对贫穷的态度，与世俗世界以何种方式交流，是否要坚持体力劳动，仍然是体现他们原则的焦点。二者的关系更像一个结构中的两个角色，这也许像支持隐士的主教也会和隐士发生冲突一样。资源和话语权引起了同为上层建筑的三种模式的冲突，更重要的是，即使是最离群索居的隐士，在环境变化时也自觉不自觉地走出深山沙漠，走进社会去影响世俗世界，同时，入世的概念不仅仅涉及建立与世俗世界的联系，还要处理基督教内部的各种模式或说势力之间的关系。如在修道院一章所述，在这一过程中，修士，或说这种坚持信仰模式者的结局，也是可想而知的。这时候，隐士当中的《奥古斯丁法则》应运而生。

最终，隐士运动什么时候消失的，是否消失了，也是一个很难回答的问题。如本章前面所述，这是一个基层运动，一种根植于民间的特定人群在新的时代对于宗教价值观的追求。隐士积极影响社会的时代可能过去，但是隐士们坚守的价值观，代表的基督教基层运动，自下而上的影响方式，在基督教社会中是很难消失的。在此后的时代中，不知道是否可以说各种修会运动某种程度上可以看到隐士运动的影子。但是从本书涉及的内容来看，从此后伯格音等基层运动的特征来看，类似隐士时代的要素似乎一直存在，这甚至可以说是基督教历史的重要组成部分。可以说，隐士运动反映出来的诸多问题，是我们认识此后修会运动的重要背景。如上所述，伯格音运动自身的诸多要素已经在隐士时代出现。利用这些长时段历史中显现出的痕迹，可以更好地勾勒此后修会运动的轮廓。

本章结论

西欧基督教社会的传统问题，在隐士们这个时代仍然存在。新隐士生活的时代的特征，决定了他们和社会的互动性更强。但是这样的互动，结合传统的问题，也向他们提出了新的挑战。如果说基督教内部的信仰运动是要保持自己的教义蕴含的价值观，避免被世俗社会同化，那么对于隐士们来说，新时代提出的挑战不再只来源于上层世俗社会。和此前的一些修士一样，隐士们以自己对基督教基本教义和价值观的坚守来塑造自我，去影响整个社会。但是，社会的稳定，经济的发展，让一些此前以隐性方式存在的社会因素开始逐渐变得显性，世俗的价值观逐渐开始影响社会，隐士们对纯粹宗教价值观的专业追求，从长时间来看，不再会是基层民众真正的追求，尽管在隐士活动的11、12世纪，还不能完全看出这一趋势。专业与大众化的矛盾，再一次从某种程度上以信仰反对世俗的形式出现。

　　隐士运动也是历史的产物。如第二章所述，很多修道院都是法兰克贵族因各种动机建立起来的，因此这些修道院，无论提出什么样的口号，都是不可能与世俗社会完全划清界限的。而隐士的出现，则是在一个教会不是急切寻求世俗政治体依靠，甚至是"教廷抛弃帝国保护"① 的时代。在这样的背景下，隐士身上体现出了更激进的革命性特点。只是，这种"革命"不是针对具体的政治势力，而是世俗的价值观以及产生它的土壤。相对于此前的修士，"隐士们不仅是改革者，还是革命者"②。但是，这样的革命，是在基督教信仰价值观的框架内进行的，无法摆脱其内部逻辑的矛盾。即用主观去改变客观世界，无法获得成功。更重要的是，这样的运动本身，也无法跳出其自身的桎梏。"如果运动太受欢迎，其成功的要素，也为其失败的原因。"③

---

　　① [英]大卫·勒斯科姆、乔纳森·赖利-史密斯主编：《新编剑桥中世纪史》第四卷第二分册，陈志强等译，中国社会科学出版社2021年版，第4页。
　　② Henrietta Leyser: *Hermits and the New Monasticism*, London: Macmillan Press, 1984, p. 100.
　　③ Henrietta Leyser: *Hermits and the New Monasticism*, London: Macmillan Press, 1984, p. 105.

第五章　方济各修会运动

在中世纪中期，随着上一章所述社会环境的变化，"从 1000 年到 1200 年，西欧社会的很多领域都在发展。城市和农村的居民成倍增加，更多的土地被耕种，土地所有者的收入增加，流通的商品数量增加。与此同时，西欧社会出现了更多的权力中心，法院，地产所有者，土地所有者，城市议会，大主教和僧侣的工会"①，以经济、贸易为基础利润为目标的"世俗价值取向"逐渐成为西欧社会的时代旋律，时代的变化让新隐士在很大程度上改变了自身的生存形式，走出沙漠，开始积极地影响社会。但是，他们的追求还是传统的，神学性质的，即使改变了与世隔绝的生存方式，他们的主观目的也还是"职业化神职人员统领社会"，即希望以自身纯粹的追求影响大众，改变大众世俗的价值观。他们本质上是通过严格的道德标准反世俗价值观的，这样的目标让他们和大众有着一定的距离。因此，随着时间的推移，新隐士运动也逐渐被边缘化，或说，逐渐改变了活动的形式。相应地，前伯格音运动的修会运动兴起。和隐士运动相比，多数修会似乎距离民众更近，也有更强的组织性，如方济各会、多明我会，组织有明确的名称，尤其后者，成员相对比较固定。修会的总体特点是仍然追求传统的基督教神学价值观，反对封建世俗秩序统治一切。他们或游走于西欧各地，不隶属于某一地区——这也是当时防止被地方权贵干涉的有效手段，在各地都设有分部，所有成员听命于会长，而非当地世俗势力——后一特征很像加强了实践效果的新时代克吕尼运动。值得注意的是，同时期并存的诸多修会，都已经有了等级式的区分，以及社会分工：

---

① Giacomo Todeschini: *Franciscan Wealth From Voluntary Poverty to Market Society*, New York: The Franciscan Institute, Saint Bonaventure University, 2009, p. 11.

"西多会修士们从来没有系统学习过布道……所以他们不适合与那些生活方式比浮夸的修道院长们以及更虔诚、更禁欲的人进行激烈的面对面交锋,也就不足为奇了。多明我会的地位要好得多:它一直以教士的身份生活在圣奥古斯丁的'统治'之下,其规则为它创立的秩序提供了基础。1215 年的第四次拉特兰会议试图要求所有新的修会使用已经存在的规则,来阻止修道院数量的过快增长。因此,多明我人履行了首先由前蒙斯特拉坦教派表现出来的承诺,成为一种致力于讲道的教规秩序。"①

不难看出,多明我会此时更像是一种秩序的维护者,"多明我人似乎总是做正确的事,难怪他们很快就成为教皇的宠儿,负责在有异端嫌疑的教区设立新的宗教裁判所。到目前为止,此类调查一直是主教的职责,但面对伽他利教徒的威胁,教皇似乎有必要承担揭露异端信仰和行为的责任。到 1230 年,多明我人取代了主教们的位置,成为教皇使节,进行了一次新的更有效的审讯"②。在仍没有大一统的政治实体的中世纪中、后期,多明我会身上逐渐出现了官方的色彩,往往会成为宗教裁判所中教皇的代言人。他们和代表中间阶层的方济各会,代表基层的托钵僧和伯格音,一起构成了中世纪中期的修会乃至社会的图景,这也是一个比较有趣的现象。

修会,是中世纪中期以后的,尤其是在教皇权力上升的背景下,活动于民间的非体制神职人员自发追求信仰而形成的组织——虽然后期的多明我会很难算民间力量——时间上,他们应该是在修道主义、隐士主义逐渐退居幕后之后,走到历史舞台的台前的。一定程度上可以说,修会形式是前两种追求信仰形式在新时代的某种变形。某些修会运动,由于时代的缘故,"基层"的意味更浓——此后到伯格音运动时期,运动的直接参与者就是基层民众。同时,修会的多数成员以"游走"的形式,继续对抗世俗甚至宗教秩序。

不难看出,和伯格音运动一样,修会运动是中世纪晚期,信仰运动在

---

① Miri Rubin and Walter Simon: *The Cambridge History of Christianity. volume 4 Christianity in Western Europe c. 1100-c. 1500*, New York: Cambridge University Press, 2009, p. 65.

② Miri Rubin and Walter Simon: *The Cambridge History of Christianity. volume 4 Christianity in Western Europe c. 1100-c. 1500*, New York: Cambridge University Press, 2009, p. 67.

内的社会活动大众化过程中的一个重要结果。修会时代,是一个经济关系为基础的现实秩序在西欧逐渐确立,同时,阶级问题开始隐约出现在西欧社会的时代。同一面形而上的旗帜和概念之下,不同人群的本质差异和矛盾逐渐显露出来。当然,这是一个漫长的过程,修会成员的基本价值观和行为规范,还是基于传统的基督教体系,或说天主教体系(本章也开始以天主教取代前几章的基督教,以与新兴教内价值观相区别)。对于修会的理解,总体上还是可以置于传统的模式之中,即可以将修会的兴起,视为又一次基督教自下而上传播的色彩更重。只不过如哈纳克所言,基督教自产生之日起,就有社会运动的性质。比起前两次类似的运动,这一时期的自下而上传播的下的色彩更重,"社会运动"的意味更浓。

第一节　方济各与早期的方济各会

一　方济各生平与修会的建立

如上所述,修会时期,又是一个变化的时代。对于变化的内容,以及这样的变化对方济各故乡阿西西的影响,约翰·穆勒曾有一段描述:

> 依靠物物交换和服务的封建社会,正在让位于 13 世纪席卷意大利各城镇的商业革命带来新机会的新社会。由封建地主(maiores)控制的农业奴役制度受到了少数人的挑战。在国际贸易驱动的货币经济中,少数人越来越有机会维护自己的自由,这样的情况又增加了社会对熟练工人和商人的需求。许多曾经与田地和庄园作坊紧密联系在一起的人找到了其他职业谋生,成为公证人、屠夫、泥瓦匠、鞋匠、医生、裁缝、面包师、教师、磨坊主和理发师。像阿西西这样的小城镇正在成为新市场经济的"神经中枢"。这些城镇获得了与贵族讨价还价的货币影响力,而此前贵族完全控制着这里的土地和人口。[1]

---

[1] Joan Mueller: *The Privilege of Poverty-Clare of Assisi, Agnes of Prague, and the Struggle for a Franciscan Rule for Women*, Pennsylvania: The Pennsylvania State University Press, 2006, p. 9.

社会的变化，很大程度上改变了中世纪早期普通人作为弱者寻求保护，整个社会阶级问题淡化的社会状态。尤其是城市中的普通民众，独立性大大增强，这样的变化对基层信仰运动的影响是直接的。但这样的变化，是一个漫长的过程。在出现变化迹象的时候，传统社会模式还是西欧社会的主流。方济各加入修会运动的动机，都还是传统式的，即出于对"信仰"的追求和对世俗秩序的反抗，以及对教会内部世俗化现象的不满。本章以及此后的内容，仍用修士来表示修会成员，但需要指出的是，这时的修士不同于克吕尼时期的修士(以方济各会成员为例，他们被称为 cordati)。

　　在这样的背景下，基层信仰运动以人们熟悉的形式再度兴起。"阿西西的圣方济各 (St Francis of Assisi) 尽其所能地模仿他的神圣导师耶稣基督 (Jesus Christ)，为了穷人的利益而放弃自己的财产。他自愿的贫穷被认为是对早期基督教传统的一种恢复，即相信基督和使徒们曾经过着的俭朴甚至艰苦的生活。作为这种牺牲生活的象征，修士们以腰间的绳子标明身份；他们被称为科达蒂 (cordati)。绳子上的三个结表示贫穷、贞洁和顺从的誓言。随着这场运动的深入，修士们几乎到达了基督教世界的每一个教区；在修会创始人去世后的一个世纪内，全国①已经共有 1421 所分会组织，阿尔卑斯山以北的修道院数量更多。"② 不难看出，方济各本人的想法和行为同此前的修士与隐士很相似：直接效仿耶稣（而不是通过教会的领导去追求信仰，这一点和克吕尼修会有所不同），放弃财产（和《穿过针眼》提到的以捐钱给教会为手段变相保持自己地位的人不同），恢复早期基督教徒的贫困状态——这也可以认为是恢复最初教会与官方无直接关系的非体制甚至对抗状态。贫穷，是抛弃世俗的一切，保持信仰纯洁的标志，这样的标志可以挂在身上。这种装束很可能是对隐士意志的一种继承，无意中显示了两个人群之间的某种传承关系。不过，方济各代表的新修士似乎更具有改革的性质："隐士的习惯被使徒的服装所取代：光着脚，一件束腰外衣和一根小绳子。一种新的服装形式宣告了方济各生活中的根本变化"③。此

---

① 指意大利。
② Michael Robson: *The Franciscans in the Middle Age*, Chippenham: The Boydell press, 2006, Introduction, p. 1.
③ Michael Robson: *The Franciscans in the Middle Age*, Chippenham: The Boydell press, 2006, p. 15.

第五章 方济各修会运动

外,如前所述,他和他的弟子们四处游走,从而避免与某一地点的世俗力量产生关系,"修道院是一个庞大而充满活力的宗教社区,为城市人口服务。它的成员都是拥有非凡技能的人。修士们从周围的村庄、乡村和海外带来消息,这种服务强调了社区的世界性(不再只是理论上的)。他们的队伍中有少数游历甚广的传教士和信使。作为世界秩序的一员,修士所居住的世界不受城市、教区或国家的限制"①。这些主观特征和此前的信仰运动并无二致,在基督教历史中,这一现象可以视为又一次的循环;但不同的是历史环境,因此修会运动本身体现出了和此前信仰运动不同的特征。前面在第四章曾指出,新隐士的成员已经包括地方主教,此时的修会成员更为复杂。随着运动的传播,很多专业神职人员也加入了进来。"修士的队伍包括教士和修行者、哲学家和苦行僧、工匠和艺术家、神学家和音乐家、传教士和科学家、历史学家和神秘主义者、诗人和工匠。他们占据了许多最高的教会职位也从事最卑微和卑贱的职业。"② 这也预示了这一运动此后内部出现的矛盾。

运动的先锋人物方济各出生于意大利的阿西西。12—13世纪的意大利,陷入城市之间和城市内部的党派斗争之中,当然,此时的很多党派之间的区别都是以遵循不同教义的形式出现的。"阿西西也未能幸免于扰乱意大利许多城市生活节奏的党派斗争。"③ 城市内部公民因对教皇和对神圣罗马帝国的态度不同,而分裂为不同党派。一些城市也因历史和现实问题而存在矛盾,阿西西和佩鲁贾两个城市就是一对死敌,"阿西西和佩鲁贾之间古老的敌意一直持续到11世纪中期,双方的争论一直涉及对圣鲁菲诺(St Rufino)的崇拜问题当中。阿西西的守护圣徒(patron saint)曾出面制止佩鲁尼亚人的'过分'行为"④。这样的情况,说明在新的时代,基督教仍是社会运动的一面旗帜。这也让变革时代,各种各样的政治动机都会继续以宗教

---

① Michael Robson: *The Franciscans in the Middle Age*, Introduction, Chippenham: The Boydell press, 2006, p. 2.
② Michael Robson: *The Franciscans in the Middle Age*, Introduction, Chippenham: The Boydell press, 2006, p. 1.
③ Michael Robson: *The Franciscans in the Middle Age*, Chippenham: The Boydell press, 2006, p. 10.
④ Michael Robson: *The Franciscans in the Middle Age*, Chippenham: The Boydell press, 2006, p. 10.

作为外衣。"这两座城市之间的摩擦历史构成了方济各早年皈依和传教的背景"①。

方济各应该是出生于一个富商的家庭，早年的方济各生活比较奢侈，完全没有修士的意味。"他的传记作者证实，他对华丽的生活姿态并不陌生。他是个挥金如土的人，他的收入都浪费在大吃大喝上了。周围的人把方济各看作酒肉朋友们的领袖，邀请他参加宴会。方济各过去很慷慨，他轻浮的名声传遍全城……"② 有可能年轻时随着父亲到过意大利和法国贸易发达的城市，因此他对一些奢侈的商品有比较浓厚的兴趣。但同时，这些商品蕴含的艺术和宗教文化成分，也吸引了他。其传记作者还认为，当时的十字军运动激起了他去做一名骑士的愿望。再后来，意大利的历史改变了他。"方济各的青年时代是在被强大而复杂的力量所控制的土地和城市中度过的，这些力量要么遥远，要么孕育在附近的城市中。这些城市，像附近的佩鲁贾一样，试图参与一个基础广泛的政治联盟，或者追随象征着权力的人物（教皇、皇帝、国王），愿意以牺牲弱小的邻国土地为代价，扩大他们的地盘。"③ 阿西西曾是腓特烈一世的土地，而教皇英诺森三世在佩鲁贾去世。政治力量复杂的年代，和两个城市产生关系的著名人物，一定程度上显示了两座城市当时的大致立场。可见，在方济各的时代两个城市中仍孕育着彼此冲突的因素。

"1201年2月阿西西爆发内战时，一个赢得令人钦佩声誉的机会比预期更早地来到了。方济各和他的许多朋友和邻居一起与城市的封建势力作战。战争造成了许多阿西西人的经济损失、流亡和死亡。1202年11月，方济各在科莱斯特拉多战役中被俘，被监禁在佩鲁贾的监狱里。这期间他长期被疾病折磨，不过这段时间也使他有机会回顾、反思自己此前的人生。一种深刻的变化正在他的灵魂深处酝酿，新的梦想与早期的骑士梦想相碰

---

① Michael Robson：*The Franciscans in the Middle Age*, Chippenham：The Boydell press, 2006, p. 10.

② Michael Robson：*The Franciscans in the Middle Age*, Chippenham：The Boydell press, 2006, p. 12.

③ Giacomo Todeschini：*Franciscan Wealth from Voluntary Poverty to Market Society*, New York：The Franciscan Institute, Saint Bonaventure University, 2009, p. 56.

撞"①。战争的经历，战友之间的情谊，让方济各对于身份问题，有了新的看法。他曾经视为敌人的穷骑士，在现实之中成了他的战友，也许是他们在战争期间对他本人有过很大的帮助，很可能救过他的命，因此，方济各此后对他们表现出了很大的好感与慷慨。

出狱后，据方济各的传记记载，他遇到了很多使徒时代圣人经历过的神迹，这些神迹促使他皈依基督教，并决心按照最初教会的方式，去追求信仰。神迹的内容，是中世纪圣徒传记之中常见的内容，并不完全可信。但可以肯定的是，"方济各决定与他人共同实现自己的精神愿景，这是一个决定性的时刻，为他的一种新的宗教生活方式铺平了道路，也反映了12世纪一些改革精神的价值"②。此后，开始有人加入方济各的组织。但由于方济各的初心，组织的规模一直不是很大。而且值得注意的是，最初的成员多是方济各一样的中产阶级。"尽管一些历史学家认为方济各不希望建立一个宗教秩序，但从1208年开始，他还是接受了信徒和同伴。伯纳德和另一个早期的新成员彼得从方济各那里寻求方向和灵感。方济各愿意传达他的精神愿景，这标志着一个兄弟会的诞生。此后，律师彼得·卡塔尼（Peter Catani）和贾尔斯（Giles）也加入了这个兄弟会。"③ 最初成员们对于修会建设的意见也是一致的，"修士对基督信仰的看法和方济各的见解是一致的；他们靠自己的劳动生活。他们自称是阿西西的忏悔者，两人一组被派去传道。当他们的人数增加到8人时，方济各将他的牧区计划扩大到翁布里亚（Umbria）和意大利的其他城市"④。修会的原则最初被较好地贯彻执行，"方济各的使命反映了当时他对更清楚地表达基督教价值观的渴望。他对《圣经》的文字回应，为这个正在寻找新的方式来真实表达基督教使命的社会注入了新鲜血液和活力。对福音的忠诚，苦行生活和对善的追求，这些以前被认为是居住在修道院的精神精英的专属，现在都被方济各带到

---

① Michael Robson: *The Franciscans in the Middle Age*, Chippenham: The Boydell press, 2006, p. 12.

② Michael Robson: *The Franciscans in the Middle Age*, Chippenham: The Boydell press, 2006, p. 16.

③ Michael Robson: *The Franciscans in the Middle Age*, Chippenham: The Boydell press, 2006, p. 16.

④ Michael Robson: *The Franciscans in the Middle Age*, Chippenham: The Boydell press, 2006, p. 17.

市场和广场上。修士们的热情和奉献精神植根于使徒式的热忱和社区生活，其特点是简单和快乐"①。而方济各本人一直在努力寻找一条"兼容在城市中传教和在偏僻之地隐修这两种状态的第三条道路"②。在修会内部，他一直反对建立等级制度，号召大家将耶稣视为唯一遵循的典范，同时他还比较乐于接近女性③。此后，修会人数进一步增加。值得注意的是，规模扩大后，客观上，其成员的身份也开始多样化，"1212年至1220年间修会的规模急速扩大，人数快速增长，并引起了当时编年史家的注意。他们来自社会各阶层，其中包括伦纳德，他的父母在阿西西的社会地位比方济各的高，另一个会员从前是博尔戈圣塞波尔克罗地区的盗贼，还有很多其他人"④。至少在这个时候，方济各会体现了基督教作为普世性宗教的社会黏合剂的特点，也面临着成员多元化带来的挑战。

二 方济各会的发展

对于方济各会的性质，学者大卫·布尔（David Burr）将他们概括为"属灵的方济各修士"（the spiritual Franciscans）。对于这样命名的原因，他有一段解释："尽管名字可能有问题，但我们看到它所描述的对象从12世纪70年代开始就在我们眼前成形。我们发现的不是一个单一的群体，而是几个群体，每个群体都有自己的历史和特点。但到12世纪70年代末，这些团体已经开始相遇，并发现了共同利益。维也纳理事会此后认为，这些问题有足够的共同点，可以视为需要同一解决办法的同一个问题。在同代人为其命名之前，精神方济各会正在成为一场运动（这永远不会是一个内部各派、各阶段完全相同的运动，很少有运动是这样的）。"⑤ 这段概述不仅是对方济各会特点的概述，很大程度上也是对基层宗教运动特征的总结。不难看出，12世纪70年

---

① Michael Robson: *The Franciscans in the Middle Age*, Chippenham: The Boydell press, 2006, p. 17.

② [法] 雅克·勒高夫：《阿西西的圣方济各》，栾颖新译，商务印书馆2022年版，第27—28页。

③ 详见 [法] 雅克·勒高夫：《阿西西的圣方济各》，栾颖新译，商务印书馆2022年版，第28页。

④ Michael Robson: *The Franciscans in the Middle Age*, Chippenham: The Boydell press, 2006, p. 17.

⑤ David Burr: *The Spiritual Franciscans-from Protest to Persecution in the Century After Saint Francis*, Pennsylvania: The Pennsylvania State University Press, 2001, Introduction, p. 8.

代，这样的修会运动已经普遍，成为一种社会现象。

时代对于修会发展的影响，首先体现在新兴城市为修士们提供了活动的空间上。"修士们在中世纪的教会和社会中留下了他们的印记——他们中的巡回教士几乎走遍了每个教区。它们起源于西欧城市的发展和扩大的过程之中。他们的使徒满足了城市的田园需求，他们成为城市结构的一部分。他们在教堂和广场上用生动、通俗易懂的语言把福音带给俗人。这种改变也促使他们将布道和聆听忏悔联合起来。"① 松散的教会和世俗结构，为新生事物的成长留下了巨大的社会功能空间。尤其在社会变化的年代，新兴组织可以在条件合适时填补这些社会空隙。在这一时代，新的修会和世俗社会的互动性加强，"修道院是一个天然的度假胜地，特别是对旅行者和商人，那些发现自己置身于中世纪教区体系之外的人来说。"②

修会成员也是历史与现实的联结者，他们在新的环境中维持着传统的追求。"他（方济各本人）发誓要保持贞洁、服从，没有自己的任何东西，他放弃了世俗的社会和那里的经济地位。"③ 和新隐士一样，他们对当时的基层社会产生了很大的影响。"修士们在意大利分裂的城市宣扬和平，修士们也经常在公开的和解示威中恢复和平与和谐。他们反对高利贷的布道和他们自身的社会影响，让 15 世纪下半叶在几个意大利城市出现了蒙特（monte di pietà）。蒙特是一个慈善的非营利组织，以低利率贷款。有些城市尊崇个别修士为蒙特教堂的创始人。"④ 修会成员还继承了专业修士们的传统特长和社会角色：掌握知识，并以此影响社会。13、14 世纪是西欧教育呈现世俗化趋势，大学发展的年代。方济各修士和托钵僧一起，成为当时社会中很有影响力的教育者。"两位修士在牛津的贝利奥尔学院（Balliol College）和剑桥的彭布罗克学院（Pembroke College）的建立中发挥了重要作用，这些学校的校友也以各种方式向教会捐款。'法弗沙姆的海摩'

---

① Michael Robson: *The Franciscans in the Middle Age*, Introduction, Chippenham: The Boydell press, 2006, p. 1.
② Michael Robson: *The Franciscans in the Middle Age*, Introduction, Chippenham: The Boydell press, 2006, p. 2.
③ Michael Robson: *The Franciscans in the Middle Age*, Introduction, Chippenham: The Boydell press, 2006, p. 3.
④ Michael Robson: *The Franciscans in the Middle Age*, Introduction, Chippenham: The Boydell press, 2006, p. 1.

（Haymo of Faversham）对礼拜仪式的修订，获得了比教团修订版更强的认可度。"① 雅克·勒高夫《炼狱的诞生》中引用了不止一位方济各成员的作品。从他们的职业来看，他们多在巴黎大学有教职。②

现在保留下来的这一时期修士们的布道词可见，方济各修士们的行为本身，反映了这一时期社会变化的趋势。开启于古代晚期的教会地方化的趋势，在这一时期有了阶段性的结果，民族语言在需要的场合得到运用。和伯格音的很多成员一样，此时方济各修士们使用的语言很多都类似于方言和民族语言。这一方面反映了他们主观上是接近基层信众的，另一方面也反映了客观上，基层文化逐渐掌握了部分话语权，他们的活动又促进了这一趋势的发展："他们的布道和祈祷文学促进了方言在散文、诗歌和赞美诗中越来越多地被使用。例如，对当地语言的掌握反映在埃克塞特教区（diocese of Exeter），那里的修会所（penitentiaries）是唯一充分理解康沃尔语（Cornish）的。"③

和加洛林时期的上层教会人员、新隐士的一些成员与伯格音的基层信众一样，方济各会员有一些也会积极参与世俗事务。像新隐士一样，方济各本人也积极地参加现实社会的实践活动并起到不可替代的作用。"他常访问监狱和贵族家庭，也经常被选为城市纠纷调和者或地方公社之间的调解人。他可以被邀请在国王面前布道。同样，他也可能被选为他的社区或国家的大使，宣布和平或参加和平谈判；他对战场并不陌生。作为一个庞大的国际性组织的一员，他的身份使他成为国王的理想工具，从一个地区到另一个地区，他也经常因其独特的习惯而被人认出。新修士作为这一国际化性质的现象，也为在市场中流动的旅行者服务。一些修士得到当地主教的明确许可，可以聆听到西欧集市的外国商人的忏悔。"④ 不过值得注意的是，这是一个社会行为能力下移或说大众化的时

---

① Michael Robson: *The Franciscans in the Middle Age*, Introduction, Chippenham: The Boydell press, 2006, p. 3.

② 参见［法］雅克·勒高夫《炼狱的诞生》，周莽译，商务印书馆2022年版，第393—408页。

③ Michael Robson: *The Franciscans in the Middle Age*, Introduction, Chippenham: The Boydell press, 2006, p. 3.

④ Michael Robson: *The Franciscans in the Middle Age*, Introduction, Chippenham: The Boydell press, 2006, p. 4.

代，个人兼有多重身份的情况也出现在基层劳动者层面——这样的现象，让此后半修半俗修会的出现显得顺理成章。"事实上，这些人至少有双重身份。他们首先是平民，穷人，为领主服务或者以某种方式依赖领主。然而，他们所从事的经济服务也使他们的身份有了世俗的性质。他们可以进行交易、交换和借贷，既是为了自己的利益，也是因为他们的领主——主教或地方公爵——授权他们这样做，这些领主以这种方式创造了他们的又一层身份。"① 不过基层民众身份的多元化，无疑给方济各会推行原教旨主义的信仰追求，增加了一个不确定因素。

如上所述，方济各会是国际化的组织，会员在西欧各地建立了分会。1212 年在法国，1221 年在德意志，1230 年在爱尔兰，1232 年后在苏格兰。方济各会的发展模式，让人想起了当年的克吕尼修道院。二者的管理模式也有异曲同工之处："方济各本人是指导和激励修士的源头，他们必须服从他和他的继任者。"② 13 世纪，天主教文明的影响范围早已经超过了西欧，方济各会员的活动空间，也不止于西欧。"方济各的视野是全球性的，他的规则（常规）为受启发、到偏远地区成为传教士的修士提供了动力。他在朝圣圣地以身作则。在 1219 年达米埃塔战役期间，他大胆地走进穆斯林营地的中心地带，这令人惊叹，也表明了他对不同信仰的人的尊重。"③ 他的会员们也尝试着在西欧之外的地区布道、发展修会。"14 世纪初，修士们向埃塞俄比亚人、印度人、蒙古人、波斯人和叙利亚人传教。他们是唯一在叙利亚、圣地、阿拉伯和埃及传教的天主教传教士和修士。1322 年，卡法主教詹姆斯宣称，修士们在摩洛哥、印度和中国传教了几十年，并为教会奉献了新的殉道者。"④。同一时期的修会有着同样的生存背景和部分特征，国际化就是这一时代修会的共同特征。

---

① Giacomo Todeschini: *Franciscan Wealth From Voluntary Poverty to Market Society*, New York: The Franciscan Institute, Saint Bonaventure University, 2009, pp. 14–15.

② Michael Robson: *The Franciscans in the Middle Age*, Introduction, Chippenham: The Boydell press, 2006, p. 24.

③ Michael Robson: *The Franciscans in the Middle Age*, Introduction, Chippenham: The Boydell press, 2006, p. 3.

④ Michael Robson: *The Franciscans in the Middle Age*, Introduction, Chippenham: The Boydell press, 2006, p. 4.

第二节　方济各会面临的挑战

一　客观环境的挑战

如上所述，12 世纪到 13 世纪是变革的时代，经济发展带来的社会价值观的变化，直接影响到基督教社会。"从 1000 年到 1200 年，数字和金钱真正成为日常生活的现实，成为一种政治和经济思维方式……修道院院长、主教和领主开始以他们认为有价值的东西，无论好坏，注释他们的历史，标榜他们的权力，计算他们财富的范围以及考虑如何保存、增加财富，而不是浪费它。"① 这样的经济层面的价值取向很快催生了政治层面的价值观。"1150 年左右，圣德尼修道院院长苏格（Suger）自豪地回忆起修道院财富的增长史，他称自己为圣人，因为他能让财富成倍增长。克莱沃的伯纳德，著名的西多会僧侣，杰出的政治家和理论家，把教皇权力视为至高无上的权力，他在写给教皇尤金三世（Eugene III）的信中坚持，行政能力是评价一个教皇的首要标准"②。在这样的时代环境下，方济各会坚持小修会与贫穷的教规，遇到的困境是可想而知的。即使没有有形权势的直接影响，方济各会也面临着又一次价值观的竞争。"公元 1100 年后，信奉基督教的欧洲的经济增长，是人口激增、森林砍伐、贸易日益繁荣、货币流通速度加快和货币数量不断增加的结果。宗教的语言体系已经准备好对这样的现象进行讨论……"③，似乎说明面对这样的局势，教廷代表的主流舆论、态度和立场是不确定的。但是这对于更基层的修会来说，不同的立场则意味着分裂：变革时代涉及的过去和未来的价值观，演变成为两派各自的立场。方济各会之外，这两种价值观已经导致了修道主义的分裂。同样，方济各会也受到过内部分裂的威胁。方济各会没有第一时间陷入分裂危机，

---

① Giacomo Todeschini: *Franciscan Wealth from Voluntary Poverty to Market Society*, New York: The Franciscan Institute, Saint Bonaventure University, 2009, p. 12.

② Michael Robson: *The Franciscans in the Middle Age*, Introduction, Chippenham: The Boydell press, 2006, p. 4.

③ Giacomo Todeschini: *Franciscan Wealth from Voluntary Poverty to Market Society*, New York: The Franciscan Institute, Saint Bonaventure University, 2009, p. 14.

只能说，在变革时期，变革给方济各会带来的并不完全是阻力，毕竟天主教式的价值观在此时仍是主流，或说革命的时代还没有到来。但是教廷的态度，也在随着现实的变化而改变。总体来说，修会在新的环境中，面对更多分裂的挑战。

首先，不同的价值观影响了传统的修行模式。"从 1120 年到 13 世纪初，两种模式的修道院经济由此产生：一种是克吕尼式的本笃会修士，另一种是西多会的本笃会修士。克吕尼和西多会，根据西多会领袖之一，克莱尔沃的伯纳德的说法，体现的是两种不同的经济原则。第一个是克吕尼式的，它在经济上是失败的，因为它倾向于囤积财富并将其用于奢华的物品和豪华的建筑，这些习惯使修道院成为极度富裕的宫廷。第二种是西多会，它在经济上取得了胜利，因为它能够将单身僧侣或属于修道会的人团结起来，组成一个重要的组织，这是一种具有生产性质的经济选择。例如，它的业务有实质内容，通过不断地将该教团已经拥有的土地所获得的利润再投资于土地，达到经济上的持续发展。"① 相比之下，方济各本人和坚持他的理想的守约派的追求，则是相对传统（而非保守）的。"方济各的基本目标是他在基督身上看到的那种掏空自我，这种行为不仅包括谦卑，还包括爱。因此，在方济各会的传说中，对方济各的计划的最终认可者不是教皇，而是基督本人在阿尔弗纳山（Mount Alverna）上的印章。在方济各生命即将结束时，他被授予了'基督的印记'的称号。"②

方济各本人也许可以定义为传统的修士或隐士。尽管他本人也在寻求在现实中合适的发展道路，但传统职业修士的价值观仍旧是他本人的根本标识。"他的原则是 16 世纪基督教世界动乱之前，教皇认可的最后一个教规。"③ 此前，基督教社会内部理想与现实的张力就一直存在。在方济各的时代，这样的张力演化为以不同经济观念为外表的不同原则与组织观念，部分市民支持的修会与教会的矛盾产生，也与这样的时代背景有关。较之此前的时代，此时理想主义对信仰追求的方式，与现世社会的矛盾更加激

---

① Giacomo Todeschini：*Franciscan Wealth from Voluntary Poverty to Market Society*, New York：The Franciscan Institute, Saint Bonaventure University, 2009, p. 19.

② David Burr：*The Spiritual Franciscans from Protest to Persecution in the Century After Saint Francis*, University park, p. 2.

③ Michael Robson：*The Franciscans in the Middle Age*, Introduction, Chippenham：The Boydell press, 2006, p. 4.

烈，这是修会时代的一个重要背景。此时，无论是教廷还是修会本身，也在苦苦地寻求纯洁理想与现世问题的统一之路。但是，整个物质社会的变化对基督教世界的影响已经不可忽视。"在这种情况下，商人和金钱似乎是保护组织的现实手段，因此他们有利于基督教的发展，而基督教仍在定义自己。"① "仍在定义" 自己说明统一的基督教社会仍未出现，内部的原则仍然多元。而商人和金钱对宗教话语的影响，加速了这一未统一社会内部的分裂。

隐士们"小即是美"的原则，也是修道主义最初的原则，决定了对信仰的追求过程中，不宜很多人共行；组织的核心部分，也不宜结构复杂。这也是前文提到的，一直存在于基督教社会内部组织的，也往往是基层和专业运动坚持的一个传统原则。作为理想主义者，方济各自然坚持了这一原则，方济各会的规章明确规定，"小型修会的准则和生活，就是遵守我们主耶稣基督的神圣福音"②。此后，这一原则也被遵守会规的修士们很大程度上贯彻，这一秩序也就是上文提到的"16 世纪之前教皇最后认可的规则"。但是，这样的社会组织原则，和人口增多、城市化进程开启的 13 世纪的西欧显然不太合拍。"接受门徒，虽然最初人数不多，但开始改变这个小兄弟会的性质，它很快就会转变成一个国际宗教秩序。"③ 当修会发展到一定规模，"然而，这样的原则，对于 1210 年左右，在翁布里亚（Umbria），十几名修士规模的修会来说，是可取的；但在一个世纪后的巴黎科迪莱尔（Cordeliers），对 100 多人规模的组织来讲，就不那么可行了。"④ 这样的矛盾，造成了修会在继续发展的路线上的分歧，影响了修会的统一。"在圣徒本人去世后的四年里，出现了一次领导危机；由于无法解决他们对创始人的教义的怀疑，修士们在 1230 年寻求教皇的干预，这导致了 *Quo elongati*，第一部教规的解释的诞生。"⑤ 以教皇为权威，这对于修士

---

① Giacomo Todeschini: *Franciscan Wealth from Voluntary Poverty to Market Society*, New York: The Franciscan Institute, Saint Bonaventure University, 2009, p. 62.

② St Francis's Rule, c. 1

③ Michael Robson: *The Franciscans in the Middle Age*, Introduction, Chippenham: The Boydell press, 2006, p. 4.

④ Michael Robson: *The Franciscans in the Middle Age*, Introduction, Chippenham: The Boydell press, 2006, p. 4.

⑤ Michael Robson: *The Franciscans in the Middle Age*, Introduction, Chippenham: The Boydell press, 2006, p. 4.

和修会来说，本身就与他们的原则存在某种矛盾。果然，当这样的原则被贯彻时，修会内部直接出现了分裂。双方争议的焦点在于，此后教规的来源，应该源自教皇，还是修会的会长。"科托纳的伊莱亚斯（Elias of Cortona）有争议的行为使修士们的注意力集中在他们的职业和总会长职位的限制上。在1239年，总章成为最终的权威来源，牺牲了总会长的权威。12世纪80年代和90年代会长们威信的不足，坚定了改革者寻求独立的决心，这就是分离的动因之一。其中一派希望修士们更严格地遵守教规和会长遗嘱的号召激起了反对，这些争论导致了两个版本的修士的生活的出现。"① 这样的争论直接导致了修会内部的分裂。"彼得·奥利维（Peter Olivi）被任命为佛罗伦萨圣十字教堂的讲师（1287—1289年），这使他与托斯卡纳改革者建立了联系。他关于尊重贫穷的观点，特别是他关于'普通穷人'的概念，表达了对改革者理想的同情……1299年，总会长说服里昂总会长遵守彼得·奥利维（Peter Olivi）的教义……贝兹尔斯（Béziers）的一个教会委员会抱怨说，某些宗教人士正在煽动伯格音人对世界末日的期待。作为回应，会长在普罗旺斯修道会中发起了一项调查，以确定奥利维的影响范围和特点，特别是在'正常的穷人'争议问题上"②。最重要的是，这种分裂导致教皇等"正统势力"有机会直接干涉修会内部事务，修会不可能再统一起来。

上述争议不只是关于一个简单问题的争议，而是两种发展策略，或说宗教原则的争议。综合前几章的内容不难看出，两种原则的存在也是中世纪早期以来，非体制层面信仰运动中一直面对的挑战，以及内部一直存在争议的重要原因。在这个时代，这一问题作用于修会，让修会也面临着"究竟确立什么样的与外部世界之间的关系原则"这样的问题。"虽然方济各相信基督知道贫穷和困苦，但他也要求其追随者为该秩序制定他们自己相应的基本教义，并证明这些教义的圣经和神学基础。"③ 这样严格的修道主义的原则，遭到了同时期世俗知识分子的抨击。"12世纪50年代，巴黎

---

① Michael Robson: *The Franciscans in the Middle Age*, Introduction, Chippenham: The Boydell press, 2006, p. 4.

② Michael Robson: *The Franciscans in the Middle Age*, Introduction, Chippenham: The Boydell press, 2006, pp. 143-144.

③ Michael Robson: *The Franciscans in the Middle Age*, Introduction, Chippenham: The Boydell press, 2006, p. 4.

大学的世俗教师们对巴黎大学的攻击产生了巨大的影响；在大学内部流行一种说法，将修士称为伪使徒和伪君子。"① 尽管教皇尼古拉斯三世以退出研讨会的姿态对修士们的价值观表示支持，并将修士们置于道德的制高点上，"但事实证明，这对修会来说，这只是一个似是而非的黎明"②。同时，为了在舆论上配合这种道德标准，当时很多修士很可能夸张了自己的贫困程度，"大量声称生活在贫困中的修士的实际情况，引发了进一步的争议"③。和当年的隐士们相比，方济各修会的修士们，面对的问题更为严重：此时他们面对的不仅是过高的标准能否在基层赢得支持的问题，更有世俗社会的价值观已经形成话语权并与传统的宗教价值观展开了竞争的问题，巴黎大学世俗教士们对修士的抨击就是一例。如上所言，这是包括此后伯格音在内的修会运动重要的时代背景。

而在这些错综复杂的矛盾和时局变化之中，教会上层权威，教皇的具体立场也总是在变化。原则上，和克吕尼时期一样，教皇理论上应该支持有着原教旨主义色彩的追求信仰的教派，这就决定了教皇对守约派有支持的理由。但是，教皇也企图把握现实趋势，就像"教会不总是社会动荡的受害者"一样，教皇也未必是基督教社会世俗化的受害者，尽管这一时代的教皇和教廷多了一些体制性特点。但为了维护宗教权威，他需要在理想与现实之间寻求平衡。教皇和世俗统治者变化的需求一起作用于修会，加剧了修会内部的分裂。

"随着修道会规模的扩大，修士们受到城市和城镇的欢迎，在那里他们与邻居建立了互惠互利的关系。他们的精神服务受到热烈欢迎，他们对城市生活的贡献并不局限于讲道坛和忏悔室。这种转变的一个明显的迹象是，人们看到了修士成为理想的调解人，并越来越多地卷入当地社区的事务中。萨利姆拜恩（Salimbene）提供了无数修士调解地方争端的例子。修士被任

---

① Michael Robson：*The Franciscans in the Middle Age*, Introduction, Chippenham：The Boydell press, 2006, p. 4.
② Michael Robson：*The Franciscans in the Middle Age*, Introduction, Chippenham：The Boydell press, 2006, p. 4.
③ Michael Robson：*The Franciscans in the Middle Age*, Introduction, Chippenham：The Boydell press, 2006, p. 4.

命为教皇的使节,并被授予代表主要神职人员行动的权力"①。世俗政权也在对修士进行争取:"从 1286 年起,当普罗旺斯的弗朗西斯·勒·布伦(Francis le Brun of Apt)成为西西里国王查理二世的家庭神父之后……尽管这样的任命似乎证实了修士成功完成了其使命,但它们也是微妙变化出现的征兆。尽管修士们信奉谦逊,但他们还是被市政当局赋予了权力。不管修士们多么希望维持高标准的道德水平,各种各样的因素都妨碍了这一标准指导现实"②。大卫·布尔认为,方济各最初的愿望,也就是践行传统修士和隐士的原则,和当时的现实已经出现了较为严重的矛盾。"方济各的《教规》给修会制造了一个问题,因为他的许多原则与已经开始出现的现实趋势不符。他告诉他们不要为了自己的利益寻求教皇的干预,如果某个城镇的神职人员阻止他们布道,甚至阻止他们定居,他们就可以搬到其他城镇。……方济各会教徒如何能在没有教皇保护的情况下完成他们的布道和教学任务?"③ 修会时代,世俗成分在全社会的比重变大,修会与教廷之间的关系也越发复杂。和克吕尼时期一样,这时以地方势力的形式出现的世俗力量,成为决定修会和教廷关系的一个重要因素。

时代决定,如果修会运动扩大规模,就要面对着对更大的外部冲击和内部原则的变动。"大卫·诺尔斯评论道:修士们'在遵守他们的创始人的观念和像基督一样的贫穷的命令上,被一系列激烈的争论弄得支离破碎'……尽管修士在 15 世纪 20 年代和 30 年代进行了改革,但是会长们缺乏远见,许多会长把重点放在服从上,而不是提供果断的领导和开放的革新上。但当时还是有机会来维持修士的有机统一的。"④ 当时的很多会长与修士开始着手改革,"锡耶纳的博尔纳修士们(Bernardine)代表了 15 世纪上半叶,'守约改革派'(Observant reform)的纯洁和活力,当时改革的主动权正移交给改革派。这两个分支有时在同一个城市共存,并受到当地教

---

① Michael Robson: *The Franciscans in the Middle Age*, Chippenham: The Boydell press, 2006, pp. 95-96.

② Michael Robson: *The Franciscans in the Middle Age*, Chippenham: The Boydell press, 2006, p. 96.

③ David Burr: *The Spiritual Franciscans, From Protest to Persecution in the Century After Saint Francis*, Pennsy Lrania: The Pennsylvanis State University Press, 2001, p. 4.

④ Michael Robson: *The Franciscans in the Middle Age*, Introduction, Chippenham: The Boydell press, 2006, p. 5.

会的重视"①。但是，这样的改革无非是让传统的出世与入世两种观念都存在于修会当中，在时代的作用下，修会的分裂还是不可避免。"1517年，利奥十世正式将修道会分开，15年后，另一场改革运动——小僧帽修道（Friars Minor Capuchin Rite）会诞生了。"②

进而，在民众层面，方济各会最初的风格，让他们在基层遇到了类似于当年隐士一样的问题。即民众更易于接受世俗的价值观，更难以因为抽象的追求而放弃世俗的利益。修士们"通过引用正直和神圣的例子来激励他们增加美德，提醒他们该组织的使命。然而，这一政策为该教团的衰落及其成员的一些丑闻的出现埋下了隐患。相反，在当时的坎特伯雷和索尔兹伯里，人们更乐于晚上围坐在火堆旁，喝着劣质的啤酒，说着粗俗的笑话，排解那些日常的苦闷。这样的消遣在当时简朴而又贫穷的社区，会给人一种享受和新鲜的感觉"③。

二 自身发展面临的挑战

思想层面的挑战不仅源于现实层面。如前所述，修会最初的原则，即此后守约派的原则，是传统基督教社会追求信仰过程中的关键性问题。如何坚持，之前的修道院和隐士，都没有找到一个最终的答案，修会成员同样面临着这样的问题。"他和他的门徒们所追求的价值观被女性化为'夫人'。他们以此为美德，这成为修会最显著的特征。方济各视贫穷为圣子特别珍视的特征，尽管贫穷在全世界都遭到唾弃。但丁把方济各描绘成贫穷夫人，她失去第一任丈夫，被人鄙视，默默无闻了1100多年。这种对贫穷、'卑微'的耶稣和使徒的模仿，让模仿者感觉自己恢复了较早的基督教传统，而修士们决定采用福音派的贫穷方式，以遵循教义内容的方式，让自己明显地区别于其他宗教的教徒。形容词'乞丐'指的是修士们决定把自己寄托在神的旨意以及对施舍的依赖上。比萨的阿尔伯特（Albert of

---

① Michael Robson: *The Franciscans in the Middle Age*, Introduction, Chippenham: The Boydell press, 2006, p. 4.
② Michael Robson: *The Franciscans in the Middle Age*, Introduction, Chippenham: The Boydell press, 2006, p. 5.
③ Steven J. McMichael: *The English Province of the Franciscans* (1224-c.1350), Leiden: Brill, 2017, p. 5.

Pisa）称，修士们光着脚，衣着寒酸，不愿花钱，这些都提升了修士的地位。"① 很多成员不折不扣地贯彻这些原则。"他们的赤脚成了他们生活的一个鲜明特征，也是福音派贫穷的象征……约翰·佩查姆（John Pecham）夸口说，修士们的光脚见证了他们对社会习俗和价值观的摒弃。"②

但是，坚持这样的纯粹信仰指导生活的方式导致的后果是可想而知的。"修士们都是乞丐，只能靠施舍维持生活。科英布拉（Coimbra）的修士们向奥古斯丁教会的教友们寻求物质援助，证明了他们向当地的宗教机构乞讨的生存方式。他们只在街上和主要广场乞求必要的施舍。在某些情况下，他们会以'被册封为圣人的创始人'的名义请求物质上的支持。从一开始，他们就每天挨家挨户地乞讨，这种说法在所罗门（Solomon）的经历中得到证实，他是英国的第一个修会成员。他甚至到他姐姐家里去乞讨，她给了他面包，然后转过脸来骂他。"③ 所罗门的经历是修士们的一个缩影，并不是说修士们此时没有了生存空间——从当时的记载来看，很多市民曾积极地帮助修士——而是如第一节所言，个人的所遭所遇不是最严重的问题，严重的是，面对这样的问题，修会内部人员会产生动摇。同时，这样的原则在这样的时代，妨碍了修会大规模地发展。

在一个非闭合结构的修会中，内部争议会很容易和外部矛盾相汇聚，进而将修会的问题社会化，反过来将社会的矛盾带入修会内部。方济各修士们以基层信仰者的身份出现，如同当初的新隐士一样，得到了广大市民的支持和尊敬。但是，在一个社会中，被人尊敬似乎也是一种资源。尤其在信仰体系内，这更像是一种排他的资源。方济各成员对社会支持和尊敬"资源"的占有，无疑压缩了与其他类似组织的空间，这和此后伯格音与行会的矛盾是相似的。"众所周知，新的宗教秩序会招致批评，他们的圣人也会被人取笑，修士们也会有这样的经历。起初，神职人员欢迎修士。修士的到来，并没有让人们感觉他们对教区的圣礼和礼拜生活，以及教区教士

---

① Michael Robson, *The Franciscans in the Middle Age*, Chippenham: The Boydell press, 2006, p. 37.

② Michael Robson: *The Franciscans in the Middle Age*, Chippenham: The Boydell press, 2006, p. 39.

③ Michael Robson: *The Franciscans in the Middle Age*, Chippenham: The Boydell press, 2006, p. 40.

或教区教士的收入构成威胁；早期的修士中很少有人接受过圣职。"① 但是，修士不会永远保持着完全的非主流状态。当他们的人数增加、居住地由城外转为城内，甚至开始兴建自己的建筑时，这样的关系发生了改变。相对"主流"的传统势力和地方修士，与他们的矛盾产生了。"12世纪30年代后期，修士们雄心勃勃的建筑计划加剧了这种矛盾。有充分的证据表明，世俗的神职人员和传统修士们都开始感到他们的既得利益受到了损害；两个团体都对新来者采取了行动。"② 不难看出，新兴的城市为修会的发展提供了空间，但是，想占据这个空间的宗教势力不止一个。有的国际化的修会，最终还是和地方势力遭遇，形成对立。在这一过程中，教皇也希望有一个属于自己的力量，来占领新兴城市。教皇和这一时期的修会都曾建立起合作关系——方济各本人，据说和教皇的关系一直很好。但是正因为要被教皇视为正统，因此教皇也会时刻注意修会的发展，希望将其置于自己的管辖之下。但内部的分裂，或发展原则的不合时宜，也都会让修会面临内部的某一派别乃至整个修会被打为异端的危险。"教皇格里高利九世在1233年6月3日的信中宣布，他收到报告说，修士们毁坏并洗劫了（当地的）修道院；主教和修道士因这一行为被逐出教会。"③ 因此，他们开始被控诉。此后，伯格音运动同样没有躲过这样的命运。

后来，还有更直接的镇压——来自教廷的审判。其原因也很简单，方济各会"独立自主"的原则触犯了教皇，让他认为该修会有向异端方向发展之嫌。于是，"1317年春，在纳邦（Narbonne）的方济各会士收到了教皇约翰二十二世的一封信。内容不是他们希望看到的那种信息：约翰命令他们十天之内在阿维尼翁的教皇法庭上出庭并解释为什么他们暴力抗拒教廷对修会的控制，并在此过程中驱逐了他们的上司。在本泽斯（Béziers）的

---

① Michael Robson: *The Franciscans in the Middle Age*, Chippenham: The Boydell press, 2006, p. 55.

② Michael Robson: *The Franciscans in the Middle Age*, Chippenham: The Boydell press, 2006, p. 56.

③ Michael Robson: *The Franciscans in the Middle Age*, Chippenham: The Boydell press, 2006, p. 56.

修士，那些做了同样事情的人，收到了同样的信"①。之后，教皇对他们行使了基督教会"上层"的权力——古代晚期以来，教会的"上层"出现之后，教皇并不是总拥有这种现实中有立竿见影效果的权力。但如今，他们似乎在教内拥有了。"约翰二十二在 1317 年 10 月 7 日的……一系列审判中……直接面对修士们，要求他们签订某种形式免除院规的字面保证……到 11 月 6 日，一半以上的修士已经投降，并被送回他们的监护人那里。其余的 25 个交给了普罗旺斯的检察官迈克尔·勒梅因（Michael le Moine）。在他的'照料'下，坚持原则的人数急剧减少，有 20 人公开宣誓放弃。他还任命了一个委员会，来判决他们在这个问题上否认教皇权威，是否属于异端行为。对于后一问题，法官最终给出了肯定的回答，于是审问官对修士们进行了起诉，其中一人承认了自己的错误，被判终身监禁，其余四人于 1318 年 5 月 7 日在马赛的市场上被执行火刑，因为他们不愿遵守教皇的法令。普罗旺斯的伯格音成员认为，这些修士因为捍卫他们的真理而受到不公正的谴责。他们根本不是异端，而是天主教殉道者"②。在这里，我们先不展开教皇干涉的具体原因，但可以看到，面对精神领袖教皇的干涉，如果修会并无反制措施，那么他们的生存都是问题。在最初的计划空间，即非体制的空间内的发展也会出现困难，这也决定了他们必然受挫的结局。值得注意的是，此时伯格音的成员们站了出来，并和教皇宣布有罪的修士们站在了一起。不难看出，此时的方济各会和伯格音运动有着共同的背景和相似的立场，这也决定了二者在某些层面同样会有类似的命运。

此外，和隐士一样，生活方式从"院内"到"院外"，最大的挑战是环境导致的修会本身性质的变化，以及新时代外部势力对修会事务的影响和干涉。有观点认为，对现实秩序的适应，对现世事务的参与，让修会本身发生了变化。"学者估计，到 13 世纪中叶，方济各会的人数已达 3 万人——方济各教会开始承担一系列新的职能。随着受过教育的人加入该组织，他们被挑选来担任方济各和他最初的同人不适合担任的角色，有些人

---

① David Burr：*The Spiritual Franciscans from Protest to Persecution in the Century After Saint Francis*，*From Protest to Persecution in the Century After Saint Francis*，Pennsy Lrania：The Pennsylvanis State University Press，2001，p. 2.

② Michael Robson：*The Franciscans in the Middle Age*，Chippenham：The Boydell press，2006，pp. 131-132.

入会就带进来了自己身上的世俗成分。……在其他情况下，这些角色是由社会需求和方济各会的能力结合而慢慢发展起来的。"① 这样的情况，不仅使修会内部出现了世俗化因素，也让教皇等势力对修会的干涉变得有据可循："当然，存在的必要性是一回事，权威人士承认是另一回事。这就是教皇介入的原因。方济各会修士和与他们同时代的多明我会修士很快发现，大学校长们见到他们并不十分高兴，主教们也常常犹豫是否允许他们在城市中立足。"② 新兴城市给修会的发展带来了契机，"城市发展迅速，但城市教区系统发展缓慢，所以当方济各会士进入城市布道时，他们遇到了大量需要布道和牧领关怀的人口"③，但进一步发展遇到的问题，例如城市空间的紧凑化等现实，让"秩序"成为城市急需的需求，这就让城市主教对方济各会这样保持初衷发展的修会，变得不是那么友好，毕竟他们会威胁主教的权威。外部的压力又加剧了内部之争，内部的纷争加剧，又让外部的势力，例如教皇，进一步干涉修会的发展成为可能。当时流传着一个教皇命令方济各修士接收财产的故事，"这个故事是假的，但它引发了一场重大的理论争论，争论的焦点是人们应该遵守自己的誓言，还是应该遵守教皇的命令"④。

不能忽视的是，这一时期逐渐实体化、稳固化的地方政治势力，和修会之间的冲突，也是修会运动面对的挑战。如上所述，"地方"与修会的关系，有时也会决定教廷对修会的态度。以方济各会为例，他们的"国际性"特征建立在他们的普世主义基础之上。但是，如果在冲突中他们有了立场，那很难想象他们还如何维持最初的纯粹信仰的追求目标。"从1233年的阿利路亚运动开始，修士们倾向于以一种反帝国的方式重组众多意大利城市的政府和法规。方济各会士和多名我会成员在教皇格里高利九世和皇帝弗雷德里克二世之间发生冲突的背景下，与米兰、帕尔马、帕多瓦等地进行

---

① David Burr: *The Spiritual Franciscans, From Protest to Persecution in the Century After Saint Francis*, Pennsy Lrania: The Pennsylvanis State University Press, 2001, p. 4.
② David Burr: *The Spiritual Franciscans, From Protest to Persecution in the Century After Saint Francis*, Pennsy Lrania: The Pennsylvanis State University Press, 2001, p. 4.
③ David Burr: *The Spiritual Franciscans, From Protest to Persecution in the Century After Saint Francis*, Pennsy Lrania: The Pennsylvanis State University Press, 2001, p. 4.
④ David Burr: *The Spiritual Franciscans, From Protest to Persecution in the Century After Saint Francis*, Pennsy Lrania: The Pennsylvanis State University Press, 2001, p. 44.

了接触，希望双方达成和解，并明确与教皇军队结成联盟"①。在不列颠，"同样，皇室的支持也是方济各会理想在英国传播的一个重要条件"②。但是，这一时期，中世纪的地方化进程，在一些领域，已经演变出了一些民族国家的雏形。以传统国际化价值观为指导思想的修会，和现实中兴起的地方主义和国家化趋势已经出现了矛盾。"13世纪末，国王爱德华一世（1272—1307）面临爱尔兰、苏格兰和威尔士的动荡，他希望修士们支持他的政策。这个时候，曾经给修士们提供支持的世俗势力，变成了一股破坏修士内部团结的力量，在修道院里引起猜疑、不和和摩擦。本土修士的民族主义倾向受到了国王的青睐，国王给予慷慨施舍给他们，以换取对国王自己的支持"③。和经济问题一样，政治上民族主义地方化的趋势，给这一时期的修会运动的发展，带来了很大阻力。当世俗势力在某一维度形成合力，在西欧社会的影响进一步加大，本质上还是传统形式的修会运动，在全社会发展的空间就会被进一步压缩。"1317年，爱尔兰的王子们向教皇约翰二十二世抱怨，阿马大主教在基尔肯尼的一次会议上颁布了一项法令，规定英格兰的宗教团体（英国式）只能接纳盎格鲁-爱尔兰信徒。当地修士们已经接受了一套正典。"④

在这种情况下，方济各会的活动一度陷入低潮，不过在14世纪曾迎来复兴。"在14世纪20年代的动乱之后，修会进入了一个重新评估其内部矛盾和使徒式努力的时期（这期间，某种进程可能被打断了）……与此同时，人们对方济各的生活经历、他的著作以及与他对于'人'的观点的理论来源，重新产生了兴趣。"⑤ 但是最终，这个在传统天主教文明框架内发展的修会，和传统修士与隐士一样，并没有按照自己的意愿，实现"上帝秩序"在人间有效运行的愿望。最后，修会在整个社会的位置也逐渐边缘化。这

---

① Giacomo Todeschini: *Franciscan Wealth from Voluntary Poverty to Market Society*, New York: The Franciscan Institute, Saint Bonaventure University, 2009, p. 77.

② Steven J. McMichael: *The English Province of the Franciscans*（1224—c.1350）, Leiden: Brill, 2017, p. 4.

③ Michael Robson: *The Franciscans in the Middle Age*, Chippenham: The Boydell press, 2006, p. 36.

④ Michael Robson: *The Franciscans in the Middle Age*, Chippenham: The Boydell press, 2006, pp. 143-144.

⑤ Michael Robson: *The Franciscans in the Middle Age*, Chippenham: The Boydell press, 2006, p. 185.

样的运动仍可以视为"基层宗教运动"的一环：他们遇到的问题和传统同类运动是一样的，同样，修士们又陷入了上面几章提到的循环问题之中。和此前的情况不同的是，修士时代世俗秩序已经逐渐崛起，基层环境也出现了不利于传统职业僧侣们传播思想的情况。"方济各教会的新活动，不仅使该秩序吸引了那些可能希望拥有这些职位的人，它还赋予方济各会士权力，从而改变了他们与社会的关系。"①

三 时代问题

时代让西欧的世俗成化增加，对修会的挑战不止来自外部，更重要的是教内的世俗成分同样在增加。以方济各修会运动为例，和此前的基层运动相比，其本身就出现了某些近代的特点，很多学者在研究方济各会时，也使用了近代词汇。"很明显，到这时，'修会'这个词已经成为一个政党的标签，适用于执行该秩序中的一群严格主义者。"② 方济各时代，是一个表面以教皇为中心重建西欧秩序的时代。这一时期，体制与民间的对立，不再只体现在生活方式的选择和精神信仰的方向选择上，还体现在"方式"和"方向"的多元上。"世俗"的比重增加，这样的变化直接导致了修会内部的价值观的冲突、持有不同价值观的人对会长等位置的争夺等问题的出现。即使在选择与教皇合作的修士当中，这样的矛盾也仍然存在。这似乎可以说明，尤其是方济各时期的社会，基层信仰也不再主要面对天主教体系内的上与下二元对立的矛盾，在修会代表的基层内部，由于信仰的方向和重点不同，运动世俗化还是坚持信仰至上的争议导致的矛盾出现了，甚至有成为西欧基督教社会主要矛盾的趋势。从形式上看，天主教社会内部的争议，仍然和此前的争议相差无几；但是这样争议的环境和时代背景改变了，因此争议本身也不再只是教义的层面或说天主教社会内部的争议。如生活模式的选择、新时代出世还是入世、世俗还是信仰的争议，其实都是在争论"如何面对一个可能不再以信仰为主题的时代"。"大多数修士选择接受这些变化，并接受因方济各的贫穷原则所带来的不可避免的妥协。

---

① David Burr: *The Spiritual Franciscans, From Protest to Persecution in the Century After Saint Francis*, Pennsy Lrania: The Pennsylvanis State University Press, 2001, p. 6.

② David Burr: *The Spiritual Franciscans*, preface, *From Protest to Persecution in the Century After Saint Francis*, Pennsy Lrania: The Pennsylvanis State University Press, 2001, p. 2.

但有一小部分修士（学者们称之为'精神方济各修士'）抗议日益严重的原则松懈现象，坚持按照方济各的意愿遵守规则，即使这意味着拒绝世俗和教会领袖所希望的世俗介入。"① 在自发式的运动中，基层运动分散的特点和他们自己坚持原则的不同，决定了修士们和前人一样在原则性的问题上不容易达成共识，没有办法进一步形成团结、统一的力量。"结果是在秩序中出现了双重焦点：一方面，一个开放的团体可以自由地追求其对原始方济各会生活的憧憬；另一方面，一个从事布道、牧师和教育的团体，他们的活动即使不是被迫，也不是被鼓励地，去修正原始的方济各主义，以调解它和现实的矛盾。"②——抽象的宗教原则对于短时间内解决现实问题并没有很多的帮助。妥协者面临泛化的结局，精神修士继续面对时代的挑战。

在修会时代，我们能看到不止一位类似于伯格音代表人物玛格丽特·博雷特式的人物。本书将他们的立场定义为基层立场：坚持运动的独立，反对教皇的权威，在更具体的层面，坚持宗教旗帜下的贫穷生活方式，坚持以自食其力的方式生存，反对以生存、影响信众为名，在修士中出现利用信仰资源争取世俗利益的倾向。从他们祈祷的内容中可以看到，他们对传统价值观的坚持。"主啊，我的弟兄们应被称为卑微的，免得他们妄自尊大。他们的职责教导他们要居于卑微的地位，并跟随谦卑的基督的脚步，使他在圣徒面前终能显为高过其余的人。你们若要他们为神的教会结果子，就留住他们，保留他们原有蒙召的身份，就算不愿意，也可以叫他们归回卑贱的身份。所以，父啊，我求你，切不可叫他们起来讲论，恐他们更骄傲，而不是更贫穷，在别人面前妄自尊大。"③ 这样的祷告词，反映了时代造成的挑战，教内的原型的"世俗"成分在增加。和此前的修士一样，方济各修士也在坚持对信仰的追求，但他们面对的"敌人"在逐渐内化。以当时的意大利修士乌伯蒂诺·达·卡萨尔（Ubertino da Casale）的经历为例，"这些年里，他反复提到自己的理想和具体行为之间的差距，他说这样

---

① David Burr: *The Spiritual Franciscans*, *From Protest to Persecution in the Century After Saint Francis*, Pennsy Lrania: The Pennsylvanis State University Press, 2001, p. 11.

② David Burr: *The Spiritual Franciscans*, *From Protest to Persecution in the Century After Saint Francis*, Pennsy Lrania: The Pennsylvanis State University Press, 2001, p. 13.

③ David Burr: *The Spiritual Franciscans*, *From Protest to Persecution in the Century After Saint Francis*, Pennsy Lrania: The Pennsylvanis State University Press, 2001, p. 21.

的问题对其他人来说也是显而易见的。他坚定地坚持说，其他人应该严肃地对待他的意见，就像他后来在维恩和阿维尼翁的反对者那样，他们指责其采取了一种被称为'精神方济各会'的表里不一、装腔作势的生活方式，并指责他，因为放纵肉体而受到了惩罚"①。这里，可以看到乌伯蒂诺的原则和当时存在的问题——对传统信仰的坚持无意地流于形式。

另一位法国南部的修士，佩特鲁斯·约翰尼斯·奥利维（Petrus Iohannis Olivi）的经历同样具有代表性。"在巴黎学习神学之后 13 世纪 60 年代，他回到法国南部。在 13 世纪 70 年代中期担任讲师助理（lector）。他从未成为导师（master），可能是因为修会对他思想的正统性仍有疑虑。"② 此后，他因为坚持自己的贫穷观，与一位讲师发生了争执。"在这场战斗中，对手比奥利维更善于处理自己的立场问题。在 1283 年，一个由七名巴黎学者组成的委员会对奥利维著作中的几项主张进行了谴责。奥利维被撤职，他的作品也被没收了。"③ 拥有现实权力的"务实者"以宗教斗争的形式，打压了坚持传统的价值观的修士。在这里，我们同样看到了在处理奥利维争议的过程中出现的权威部门，巴黎本地学者组成的委员会。在此后对伯格音代表人物玛格丽特·博雷特等人的审判中，我们仍能看到类似的审判机构。这种机构的具体性质暂不展开分析，但它应该并不是教廷的直设机构——教廷并不具备这样设置常设机构的能力——也很难说它没有世俗的性质，虽然当时这样的审判机构多数还是打着宗教的旗号。如果说当时的地方化意味着世俗化，那么这样的地方势力赋予权威的机构，显然也具有世俗性质。有学者认为，这一时期西欧的上层教会已经有了某种联合的趋势，"……罗马教会作为权威来源的地位得到了显著提高，因为整个西欧的教会联合起来，呼吁教皇就教义、组织和纪律等问题做出决定"④。但是，"时代"决定了，此时的这些地方教会的"世俗性质"似乎更强了。以

---

① David Burr: *The Spiritual Franciscans*, *From Protest to Persecution in the Century After Saint Francis*, Pennsy Lrania: The Pennsylvanis State University Press, 2001, p. 48.

② David Burr: *The Spiritual Franciscans*, *From Protest to Persecution in the Century After Saint Francis*, Pennsy Lrania: The Pennsylvanis State University Press, 2001, p. 50.

③ David Burr: *The Spiritual Franciscans*, *From Protest to Persecution in the Century After Saint Francis*, Pennsy Lrania: The Pennsylvanis State University Press, 2001, p. 51.

④ David Rollason: *Early Medieval Europe 300 – 1050: The Birth of Western Society*, New York: Routledge, 2012, p. 288.

当时大学的教师和修会的修士之间会不断有一些冲突为例，其中审判修士的机构又是由当地学者组成，很可能说明审判者参与审判的动机与这种冲突有关。至少，曾经教廷眼中的地方分裂势力的存在等问题并没有彻底解决，曾经地方世俗势力控制地方教会，和这一时期宗教法庭的组成是否有一定的相关性，是一个值得研究的问题。如果地方教会与地方势力联合，与教廷与修会发生矛盾，那么此时教俗二元对立的模式，在这一时期应该有了较大的内容变化。

此时，奥利维也据理力争。但是他对贫穷的定义，似乎让他在地方势力眼中成为一个不受欢迎的人。"不管奥利维对穷人的看法在我们看来多么温和，七人委员会还是拒绝了它。他们这样做的原因尚不清楚。事实上，他们甚至没有设法澄清他们拒绝的是他观点的哪一方面。奥利维自己也很困惑。在1285年写给委员会的一封信中，他试图为自己的观点辩护，并指出他们的评论模棱两可。"① 拒绝的原因应该和委员会的性质有关。如上所言，这是一个值得研究的问题。但此时可以看到的是，委员会作为一种未必和教皇一体的权威，站在了基层信仰运动的对立面，成了宣判他们有罪的存在，尽管宣判的理由模棱两可，宣判的罪名也很模糊。这样的情况似乎可以说明，委员会的立场是毋庸置疑的，理由并不重要。他们宣布传统的基层信仰追求是有罪的，对此，布尔也做出分析："七人委员会可能已经认为奥利维对贫穷的观点，不仅在理论上是不正确的或精神上令人不安，而且在政治上也是轻率的。"② 对政治问题的重视，很可能说明审判委员会的世俗性质。这种性质并不是成员的表面身份决定的。这样的身份与立场又决定了他们在处理宗教问题时的态度；而是由时代赋予每个人的价值倾向决定的；这样的身份与立场又决定了他们在处理宗教问题时的态度。"他们在执行任务时充分意识到，方济各会的誓言具有内在的危险，这是其与世俗批评者以及与它同时期修会多明我会长期冲突的一个重要原因。"③

在上述两位修士的身上，还可以看到一个和此后伯格音成员相似的特

---

① David Burr: *The Spiritual Franciscans, From Protest to Persecution in the Century After Saint Francis*, Pennsy Lrania: The Pennsylvanis State University Press, 2001, p. 54.

② David Burr: *The Spiritual Franciscans, From Protest to Persecution in the Century After Saint Francis*, Pennsy Lrania: The Pennsylvanis State University Press, 2001, p. 54.

③ David Burr: *The Spiritual Franciscans, From Protest to Persecution in the Century After Saint Francis*, Pennsy Lrania: The Pennsylvanis State University Press, 2001, p. 54.

点，即以冥想、幻想的方式体验上帝的存在。这样的体验被很多学者称为神秘主义或者狂热主义。"在这里，我们发现了一些已经提到的与意大利狂热分子有关的因素。像安吉洛和乌伯蒂诺一样，奥利维对幻想体验有着浓厚的兴趣，并与修行者之外的男性和女性保持着联系。"① 幻想，即通过一种不可名状的神秘体验达到体会上帝存在甚至与上帝接触的状态，进而达到精神上的狂喜，这也是这种行为被称为狂热主义的原因。此后的一些伯格音成员，如玛格丽特等，均在作品中详细描述过这种体验。玛格丽特以一种"个人灵魂是一滴酒，上帝是酒池"的比喻来解释这种体验，并因此遭到教廷的批评。教皇认为人和上帝不能是同质的存在。有人认为，这样的体验更适合基层民众，因为当时民众的识字率偏低。尽管13世纪西欧人口的识字率有所提高，但是识字对于多数基层民众来说，尤其是对接触社会机会更少的女性基层民众来说，还是一种奢望，更不用说以文字解释复杂烦琐的深奥教义和经院哲学。因此，放弃文字，以一种感官的方式体验信仰，是当时基层运动比较普遍的一种宗教体验方式。而这样的方式，在基督教历史中，也能在一些传统中找到支持。如上文提到的克吕尼修士，认为"有形的语言在体会上帝的真理中毫无用处"，因此要求修士们在修行生活中尽量保持沉默。把此时的修士视为神秘主义者的学者也认为神秘的信仰方式有着悠久的历史。而此时，这样的行为方式和上面提到的一些特征，成为将奥利维等被定义为修会严谨派的根据。这很可能体现出了修会作为一个传统的运动形式，在新时代遇到的最严重的挑战——世俗势力明确反对这样的模糊现实标准的身份、反等级制度的立场。1290年，被认为"第一位有方济各成员身份的教皇"的尼古拉四世要求调查"一些有问题的兄弟"，此时的修会内部已经出现了听从会长的调查官。布尔认为，这样的事至少说明了三个问题，有一些我们已经提及。"第一，它表明法国南部的严谨派远不是一个整体，他们中的相当一部分人站在距奥利维足够远的地方，使他愿意也能够与他们保持距离。……第二，我们看到奥利维所在地区的贫民争议，演变成了一种不同于13世纪80年代早期的问题。当时的问题是，奥利维提出的挑战主要不是行为上的，而是思想上的。……第三，号

---

① David Burr: *The Spiritual Franciscans, From Protest to Persecution in the Century After Saint Francis*, Pennsy Lrania: The Pennsylvanis State University Press, 2001, p. 63.

召采取行动的不是修会的领导人,而是教皇,这还是第一次。"① 这些结论,有的印证了此前本章对整个中世纪的基层宗教运动甚至整个基督教世界性质的判断,"主体远不是一个整体";更多的是反映了当时修会面对的挑战,和自身的一些变化。奥利维等人的原则和立场,和之前的修士与隐士相比,并无大的变化;但是,时代在变,世俗价值观崛起,他们的处境已经有了很大的变化。阻力不但来源于世俗,还来源于越来越有自己立场、可以抛开基层职业信仰者、同世俗妥协的教会上层势力,以及价值观在逐渐变化的基层民众——来自民众阻力的形式,并不一定都是直接的反对。相反,他们在精神道德层面很可能仍然支持修士们,但正如我们看到的,现实经济的发展,出现了像方济各修士们在接受教皇等捐赠的房屋,房产的所有权和使用权分离的现象。这是一个抽象概念与现实存在分离的时代,因此有些基层信众对修士们的支持,很可能也逐渐变得仅限于精神、道德层面的支持。如同此后的伯格音一样,虽然她们的公益行为备受基层市民赞赏,但是当同她们在现实利益层面发生冲突时,行会会毫不犹豫将她们视为敌人,此时也未见有民众坚定地支持伯格音。这就是基层信仰运动在新的时代面临的问题。问题的实质则是我们熟悉的:如何坚持自己的存在方式是一个问题,但即使条件有利,修会和修会的价值观可以继续发展,结果又会怎么样?胜利,即失败。当基层民众掌握了一定的经济资源和话语权后,基层运动迎来的却不是发展的春天。

第三节　方济各会与修女

另外一个值得注意的现象是,此时的方济各会中,女性参与者、修女相对之前的基层运动较多,这也和上文所言的整个时代特征有关。"事实上,如果你仔细研究早期和方济各会修士和修女们有关的教廷文件,你会立刻发现修女们比修士们更常被提及。一个明显的原因是,兄弟们实行中央集权管理,而姐妹们则住在独立的修道院。……由于修女们住在封闭的修道院中,罗马

---

① David Burr: *The Spiritual Franciscans*, *From Protest to Persecution in the Century After Saint Francis*, Pennsy Lrania: The Pennsylvanis State University Press, 2001, p. 68.

教廷需要向每个修道院的女修道院院长求教，以便将其政策付诸实施。因此，对于历史学家来说，这时开始出现了宝贵的材料，可以用来重构早期姐妹会的历史。"① 与前几章提到的贵族女性进入修道院修行现象相同，这一时期方济各会有材料记载的修女们多数也属于贵族阶层。但此时她们和修士们一样，一旦加入修会，同样追求贫穷的价值观，"对于早期的方济各会女性来说，贫穷是一种政治立场，一种经济选择，也是一种精神上的迫切需要。正如克莱尔所说，这是'唯一必要的事情'②。这也许是一个比较值得注意的现象，这一时期女性加入修会，不同于男性，信仰动机所占的比重似乎明显增加。同时，整体来说，这一时期确实是西欧社会女性地位上升的时代，这一现象引起了方济各的注意。"在圣方济各眼中、在13世纪的思想中，女性的地位是前所未有的，除了北真团和世纪末即将出现的赫尔弗塔的本笃会的女性神秘主义者，还有许多女性宗教团体出现。女性在宗教界的地位从未达到过这样的高度。"③ 考虑到伯格音绝大多数成员的性别，此时方济各会的修女现象很可能对了解伯格音运动的一些问题有更直接的启示。从13世纪女性在宗教界的地位变化中，我们也可以看到，伯格音运动的出现绝非偶然现象。

但总体来说，即使是基层团体，对于女性的传统态度也是普遍趋于保守、谨慎的。原因也很简单，团体对女性的接纳，本身就让该团体容易遭到外界舆论的非议。不过，女性进入修女院，也是一个传统，只是早期修道院只接受拥有一定数量财产的上层女性。但是随着时代的变化，这一标准也出现了松动的痕迹——有学者认为，此前女性对基层宗教运动的参与也是存在的，只是当代的学者没有予以足够的重视。11—12世纪开始，尤其在意大利这样的社会率先出现变化的地区，女性修道院再度出现。和法兰克时期相似的是，此时的地方势力是这些女修道院的支持者。"意大利中部和北部地区的宗教仪式起源于11、12世纪的改革运动。这些运动对新的

---

① Joan Mueller：*The Privilege of Poverty-Clare of Assisi, Agnes of Prague, and the Struggle for a Franciscan Rule for Women*，Introduction，Pennsylvania：The Pennsylvania State University Press，2006，p.4.

② Joan Mueller：*The Privilege of Poverty-Clare of Assisi, Agnes of Prague, and the Struggle for a Franciscan Rule for Women*，Introduction，Pennsylvania：The Pennsylvania State University Press，2006,，Introduction，p.6.

③ [法]雅克·勒高夫：《阿西西的圣方济各》，栾颖新译，商务印书馆2022年版，第206页。

宗教生活形式越来越宽容。在意大利中部和北部的许多封建城镇周围，小型的女修道院如雨后春笋般涌现，它们通常得到当地主教的允许，可以追求各种修行生活。"① 我们目前尚不清楚这些女修道院是否有平民化的变化，但此时方济各与其他修会确实为修道的女性降低了入会门槛。理论上，他们顺应形势，承认女性在宗教运动中的作用。"11 和 12 世纪的男性宗教表现出一种令人惊讶的开放和对女性精神需求的理解。当时的神学强调男人和女人在精神上的互补。"② 因此修道院等宗教机构较多接纳了想修行的女性。"在 13 世纪早期，修道院和修女院为修女和宗教修士建造，其数量达到了创纪录的 33 个，男性教徒献身于他们的田园生活和世俗关怀。当时已有的教团不太接纳女性，但新的改革教团，如西斯特拉斯、普莱蒙斯特拉斯、吉尔伯丁等地的修会确实允许女性进入，至少在一段时间内是这样。"③ 只是，这一时期的女性修道运动存在着很多非制度的不确定因素，她们还远不是社会修道机制的一部分，她们的出现和数量的增加，有时更像是一种偶然因素。变化的时代是传统与新秩序的混合体，时间上新、旧秩序的关系性质与教皇、德皇的矛盾类似，女性的修道运动似乎是两种力量斗争的产物。"妇女的宗教信仰有时被夹在相当自由的精神气候和教士的保守主义之间。有时，有宗教信仰的妇女被要求或强迫她们改变法律地位，甚至在她们宣誓之后。"④ 在当时具体的复杂、多元的社会秩序之中，女修道主义变化的具体体现之一就是她们和方济各运动的结合。

这一结合的第一个表现，是上文提到的，这时进入方济各会的贵族女性放弃了财产，和其他男修士一样追求贫穷。约翰·穆勒的著作记述了一位 1194 年出生于翁布里亚（Umbrian）叫克莱尔（Chiara, or Clare）的贵族

---

① Joan Mueller: *The Privilege of Poverty －Clare of Assisi, Agnes of Prague, and the Struggle for a Franciscan Rule for Women*, Introduction, Pennsylvania: The Pennsylvania State University Press, 2006, p. 13.

② Joan Mueller: *The Privilege of Poverty －Clare of Assisi, Agnes of Prague, and the Struggle for a Franciscan Rule for Women*, Introduction, Pennsylvania: The Pennsylvania State University Press, 2006, p. 13.

③ Joan Mueller: *The Privilege of Poverty －Clare of Assisi, Agnes of Prague, and the Struggle for a Franciscan Rule for Women*, Introduction, Pennsylvania: The Pennsylvania State University Press, 2006, p. 13.

④ Joan Mueller: *The Privilege of Poverty－Clare of Assisi, Agnes of Prague, and the Struggle for a Franciscan Rule for Women*, Introduction, Pennsylvania: The Pennsylvania State University Press, 2006, p. 13.

女性，为了逃避自己不满意的婚姻，加入方济各会的事迹。"克莱尔选择追随方济各，而方济各拒绝了她父亲、阿西西的奢侈品布商彼得罗·贝尔纳多（Pietro Bernardone）的财富。"① 同时代，通过加入方济各会，来逃避不可抗拒的现实问题的上层女性，不止克莱尔一位。不久，她本人就遇到了一位志同道合者。"克莱尔成功地在布拉格找到了一位意想不到的灵魂伴侣，艾格尼丝（Agnes）。这位波希米亚公主拒绝了德国皇帝腓特烈二世的求婚，在布拉格建立一个穷姐妹修道院。尽管此前与艾格尼丝从未见过面，但在精神和政治上的斗争中，她站在克莱尔一边，维护穷姐妹会的'原始方济名会品格'。"② 后者所建的修道院得到了教皇的支持，动机似乎也不完全是出于信仰层面。"因为教皇需要波希米亚国王，艾格尼丝的兄弟帮助自己对抗德国皇帝，艾格尼丝有足够的政治影响力来通过谈判，制定有利于女修道院的法律。有了这些，克莱尔和她的姐妹们……与教皇法学家红衣主教雷纳尔多合作，制定了适合克莱尔的修道院和它的伙伴的规则"。③ 从这件事可以看出，坚持贫穷原则的女修道院的成立有一定的偶然性，在政治实体逐渐显现的时代，教皇也越发需要辗转于各种政治势力之间进行周旋。上层女性建立的修道院在这样的形势之中会寻求发展壮大的机会。不过相比之下，女修道院一般也确实有更多的虔诚的成分。和同时代的修会运动一样，此时的女修道院并不完全和传统的贵族女性的修道院一样，它们接受了新时代的价值观。

此后，克莱尔本人放弃了财产，和最普通的姐妹一样，做着修会中照顾病人等最艰苦的工作。克莱尔的选择，和传统的价值观、自身的修养有关，更和当时的社会风气有关。13世纪，在非贵族的基层女性之中，准修道行为空前普遍。"在教会社会的边缘，充满宗教改革热情的妇女团体激增。没有大额嫁妆的女性不允许进入已建立的本笃会家庭，只能简单地过

---

① Joan Mueller: *The Privilege of Poverty-Clare of Assisi, Agnes of Prague, and the Struggle for a Franciscan Rule for Women*, Introduction, Pennsylvania: The Pennsylvania State University Press, 2006, p. 2.

② Joan Mueller: *The Privilege of Poverty-Clare of Assisi, Agnes of Prague, and the Struggle for a Franciscan Rule for Women*, Introduction, Pennsylvania: The Pennsylvania State University Press, 2006, p. 3.

③ Joan Mueller: *The Privilege of Poverty-Clare of Assisi, Agnes of Prague, and the Struggle for a Franciscan Rule for Women*, Introduction, Pennsylvania: The Pennsylvania State University Press, 2006, p. 3.

着'独自忏悔'(penitent)的生活——也就是说,成为一种过着更为刻意为之的福音生活的俗人。"① 这样的生活方式,已经几乎等于伯格音的修行方式。而这样的生活方式的出现,可以让想以更虔诚的方式追求信仰、放弃财产的贵族女性,拥有更大的选择空间。个人认为,这种现象是中世纪中、晚期以来西欧经济、社会发展的副产品。中世纪早期和中期,很多贵族婚姻都是女性年轻而男性年纪偏大,因而丧偶独身是很多贵族女性生活的常态,这也是早期贵族女性进入修道院的原因之一。而修会时代,婚姻问题也影响了平民女性,不止一部著作指出,"没有足够嫁妆的女性"需要寻找另外一种生活方式。由于经济的发展,世俗秩序对人们生活的影响力越来越大。但是阶级社会中,经济发展带来的不止是整个社会的发展,也带来了基层社会与上层的贫富差距拉大、自身的归属感缺失等问题。如前所述,隐士、修士的生活更像是一种生活模式,也是一种抗争方式。当世俗的婚姻以及婚姻的嫁妆等问题成为基层民众必须面对又无力解决的问题时,传统的、可以回避这些问题的生活模式自然也会至少在形式上再度复兴,和这时期其他的修会运动一起,衍生出传统又具时代特征的现象。当然,13世纪的问题不只是基层女性面对的,克莱尔这样的贵族女性也会遇到渴望逃离世俗社会的情况。因此,这种女性参与修道运动也可能是由于世俗秩序的上升,对全社会产生了影响。而相对贵族,缺少资源的基层女性,又要解决传统的生存问题,因此只能选择一种与修道秩序相似的准修道的生活方式。"她们模仿那些服侍耶稣和门徒的女性,经常照料生病或需要休息的男性信徒。方济各会的资料中有这样的例子。方济各请克莱尔照顾一个斯蒂芬修士,他患有精神疾病。克莱尔在斯蒂芬身上画了个十字,让他睡在她平常祈祷的地方。"②

但是,女性大规模加入修会,还是存在现实问题。"1212年的方济各会无法支持修女,因为她们需要的资源超出了早期修士的能力。"③ 在她们决定遵循方济各会的贫穷原则之后,修会才对她们表示接纳。在没有找到更

---

① Joan Mueller: *The Privilege of Poverty-Clare of Assisi, Agnes of Prague, and the Struggle for a Franciscan Rule for Women*, Pennsylvania: The Pennsylvania State University Press, 2006, p. 15.

② Joan Mueller: *The Privilege of Poverty-Clare of Assisi, Agnes of Prague, and the Struggle for a Franciscan Rule for Women*, Pennsylvania: The Pennsylvania State University Press, 2006, p. 15.

③ Joan Mueller: *The Privilege of Poverty-Clare of Assisi, Agnes of Prague, and the Struggle for a Franciscan Rule for Women*, Pennsylvania: The Pennsylvania State University Press, 2006, p. 12.

多证据的情况下，我们只能初步推断，参加修会的基层女性只能以贫穷的方式参与，这就要求参与者有着较强的虔诚性和遵守会规的专业性，以防止她们带来一些问题。"方济各目睹修女们心甘情愿地忍受贫困的艰辛之后，才为她们制定了一种生活守则。"① 此后，女性修道运动也曾经得到上层人物的承认。红衣主教乌格利诺曾为女修道院立法——"乌格利诺·孔蒂·迪·塞格尼（Ugolino Conti di Segni）是教皇的副执事和英诺森三世（Innocent III）的主教，在1198年，他成为被教皇任命的首批枢机主教之一"② ——试图承认她们的合法地位。"他以圣本笃的规则为立法基础，为居住在罗马北部的意大利修女编写了一本生活方式规范。利用教皇给他的权力，乌格利诺继续建立女性社区，女性直接在使徒的管辖下"③。这里有一个细节需要注意，此时的使徒（圣人）的封定，是由教皇决定的。到13世纪末期，这已经发展成一个完整的封圣体系。这个体系是由教皇垄断的，要求提交证据证明申请者的生命的神圣性和死后奇迹的表现。"④ 也就是说，乌格利诺这样一个一心支持女性准修运动的人，支持的前提是将女性运动置于教皇的秩序之内，这也是这一时期教皇承认修会运动的条件。"1218年8月27日，他写信给教皇霍诺里斯三世（Honorius III），描述了他看到的情况，'许多贞女和其他女性希望逃离尘世的浮华和财富，为自己建造一些小住所'。"⑤ 他还描述了这些女性为自己的理想所做的事，"'尽管她们自己的高贵似乎承诺她们在这个世界上可以拥有繁华'。乌格利诺认为这些妇女是受到当时福音派贫困运动的启发，但'除了自己的住所，在人间她们一无所有'"⑥。乌格利诺无疑是支持女性运动的，但是仍有两个问题。第一，这是一个偶然因素，不是所有上层人物都支持这种运动。更重

---

① Joan Mueller: *The Privilege of Poverty-Clare of Assisi, Agnes of Prague, and the Struggle for a Franciscan Rule for Women*, Pennsylvania: The Pennsylvania State University Press, 2006, p. 12.

② Joan Mueller: *The Privilege of Poverty-Clare of Assisi, Agnes of Prague, and the Struggle for a Franciscan Rule for Women*, Pennsylvania: The Pennsylvania State University Press, 2006, p. 19.

③ Joan Mueller: *The Privilege of Poverty-Clare of Assisi, Agnes of Prague, and the Struggle for a Franciscan Rule for Women*, Pennsylvania: The Pennsylvania State University Press, 2006, p. 19.

④ David Rollason: *Early medieval Europe 300-1050: the birth of western society*, New York: Routledge, 2012, p. 287.

⑤ David Rollason: *Early medieval Europe 300-1050: the birth of western society*, New York: Routledge, 2012, p. 287.

⑥ David Rollason: *Early medieval Europe 300-1050: the birth of western society*, New York: Routledge, 2012, p. 287.

要的是，我们找不到这一时期的多数地方教会和世俗上层持续支持这种运动的理由。"为了解决宗教生活中的多样性问题，鼓励宗教生活中的团结，1215年第四届拉特兰会议（Fourth Lateran Council）颁布了一项法令，特别强调禁止建立新的宗教秩序。"① 这样的禁令，总体来说对女修道运动的发展是不利的。以克莱尔为例，"只有在方济各本人的坚持下，教皇才默许他做女修道院院长……"②其次，即使是上层偶然的支持，女性修道运动也未必能得到下层社会的支持。一个基本原因也可以想象，很多基层男性难以容忍社会上存在一个让女性合理避开他们的空间。而很多女性对这一空间的"不忠"，即并不想彻底成为修女的心态，反过来加重了舆论的压力。"乌格利诺说明了这些女性所面临的危机……这种经济和政治体制对妇女来说是一种不稳定的生活方式。今天还在女修道院，明天又在街上的妇女成了丑闻和争议的来源。"③ 这样的舆论压力，反过来作用于修道院体系，很多修士将基层修女视为需要照顾的对象。这样的压力影响了方济各本人。此后他曾重写教规，规定内部兄弟"避免恶言相向，避免与女性交往。他们也不能向她们布道，和她们单独旅行，或者和她们一起吃同一个盘子里的食物"④。基层社会的态度，对于女性修道运动的发展是至关重要的。这是一个各成分政治力量实体化的年代，基层实体对于同样来自基层现象的态度所产生的后果比起之前更直接有效。行会与伯格音的冲突等因素，更让这样的运动遇到了来自基层经济实体制造的阻力。虽然上层会出现保护修女运动的人物，但是这是比较偶然的因素。更何况，教会上层一直缺乏直接控制全社会的手段。所以这一时期，基层之间的矛盾与问题，更大程度上决定了女性修道运动的未来。

---

① Joan Mueller: *The Privilege of Poverty-Clare of Assisi, Agnes of Prague, and the Struggle for a Franciscan Rule for Women*, Pennsylvania: The Pennsylvania State University Press, 2006, p. 17.
② Joan Mueller: *The Privilege of Poverty-Clare of Assisi, Agnes of Prague, and the Struggle for a Franciscan Rule for Women*, Pennsylvania: The Pennsylvania State University Press, 2006, p. 17.
③ Joan Mueller: *The Privilege of Poverty-Clare of Assisi, Agnes of Prague, and the Struggle for a Franciscan Rule for Women*, Pennsylvania: The Pennsylvania State University Press, 2006, p. 19.
④ Joan Mueller: *The Privilege of Poverty-Clare of Assisi, Agnes of Prague, and the Struggle for a Franciscan Rule for Women*, Pennsylvania: The Pennsylvania State University Press, 2006, p. 24.

本章结论

　　方济各修会，和伯格音运动一样，把它放入整个基层信仰运动的历史中，这一运动的属性并不难判断。"方济各设想了一个少数群体，它的追求不仅包括贫穷和谦卑，还包括服从。"① 如上所言，从基层运动的历史来看，这不只是方济各会的特征。同样，我们也不难理解，方济各这样的修会为何此后会在中世纪晚期淡出历史舞台。"这种少数派运动的矛盾之处在于，只有整个教会的当权者允许一个人这样做，它才能存在下去。在 13 世纪，教皇，这一最高权威，做出了不同的决定"②；在现实社会中，无论它成功与否，它都会走向失败。"这个机构越成功，就越容易在成长的岁月里掩盖矛盾的经历或脆弱的本质"③，随着偶然因素的变化，积累的问题随时会爆发。何况，表面的成功可能激化修会内部的矛盾。"该组织的成功最终导致了分裂，因为创始人的生活方式不适合在一大群追随者中推广。体制化的管理和对方济各教义的解释才是多数修士最关心的问题。"④

　　但和克吕尼和隐士等运动一样，我们是否可以用失败来最终定义这样的修会运动的结局？这样的用词和认识态度，个人以为，是不完全合适的。如前几章所言，基层式的（这里再次强调，基层宗教运动不是说运动的发起者和参与者完全是基层信众，而是运动的方式与追求的价值观与体制的相对，甚至对立）宗教运动，本身就是历史问题的客观反映。运动的发起者，主观也未必有现实的整体上完全改变社会的愿望。而且，从修道士到修会，直到今天，这类人员仍存在于西方的社会之中。重要的是，他们追求的与主流、与世俗对立的价值、行为本身，以及行为出现的原因和其中

---

① David Burr: *The Spiritual Franciscans*, *From Protest to Persecution in the Century After Saint Francis*, Pennsy Lrania: The Pennsylvanis State University Press, 2001, p. 10.

② David Burr: *The Spiritual Franciscans*, *From Protest to Persecution in the Century After Saint Francis*, Pennsy Lrania: The Pennsylvanis State University Press, 2001, p. 10.

③ Steven J. McMichael: *The English Province of the Franciscans* (1224–c.1350), Leiden: Brill, 2017, p. 7.

④ Michael Robson: *The Franciscans in the Middle Age*, Chippenham: The Boydell press, 2006, p. 98.

蕴含的情绪,是不会彻底消失的。更重要的是,不止一位研究此类宗教运动的学者都认为,从隐士到修会,他们的追求和他们所在的中世纪社会模式决定了他们成功即意味着失败。因此,用什么样的尺度去衡量它是成功还是失败,是一个问题;是否可以用现代政治运动的标准去衡量之,同样是一个答案比较明显的问题。同时,更不宜简单地用"不符合时代潮流"来形容修会在内的基层信仰运动——即使是边缘化的存在,他们仍是潮流的必然产物——他们的主观愿望未必是要适应世俗社会的变化,甚至客观上对社会包括世俗秩序的影响,也有很大一部分来源于他们对传统、这种非潮流因素的坚持。对于一个普世主义思想体系来说,很多现象在结构层面是循环的。对一个宏观形而上理想的放弃,并不能说就是适应了时代,很多传统的要素并不应该被简单地抛弃,个体也无法做到这一点。和隐士一样,修士们再度被边缘化,这对他们来说,是一种失败吗?至少这是一个应该思考的问题。

当然,衰落是存在的。具体来说,上述矛盾如何影响方济各会走向衰落?方济各会内部的派别争端显示,教皇虽然有着自己的立场——如上所述,教皇作为西欧基督教世界的权威,自然倾向于教会问题的体制化和权力的集中——但是,要实现这一构想,是需要条件的。例如,教皇要依靠什么力量实现上述愿望?从法兰克时代开始,教皇在国家层面依靠的力量,曾经是法兰克王国、神圣罗马帝国;在内部社会依靠的力量,包括本书研究的对象,以信仰为旗帜甚至追求的非世俗人士们,包括曾经的克吕尼修士、隐士和修会。那么对内部秩序的维护,例如完成对某一异端的镇压,教皇又要借助什么势力或条件?这条件之一,就是要利用这些运动自然形成的不同派别之间的矛盾,在机会合适的时候,支持有利于自己的派别,对不利于自己的加以打击。因此,方济各会并没有得到太多实际的支持,但遇到的阻力却是物质性的。至于原因,主要因为其反体制较为坚决,或说其客观形式对体制教会不利。他们的价值观和行为更代表基层信仰,是基层信众(有时并不是民众)自我意识的体现——和其他派别之间,或说非体制的人群与他们的价值观,与体质化人群价值观之间存在矛盾与冲突,这是中世纪基层宗教运动的必然结果。而这样的冲突出现之后,教皇等势力会利用这样的矛盾对一些派别加以打击——如果是在秩序稳定的时期,基层派别的主张往往会体现出一些激进,即过度反世俗、反体制的特征,因此往往会遭到较大的、物质性的阻力。以此时的修会运动为例，方济各对贫穷的坚守，此后伯格音与行会的矛盾，都成为最后教皇利用他们自身问题和与社会其他基层组织的矛盾，进行干涉的契机。最重要的是，在世俗价值观已经在基层乃至全社会逐步确立的中世纪晚期，修会与世俗组织的冲突，往往使自己处于不利的地位。这也成为这些运动形式上暂时走向低潮的直接原因。

从方济各运动中的女性运动可以看出，新时代的女性准修道运动，也是传统形式的信仰运动和新时代矛盾共同作用的一种现象。值得注意的是，这样的运动仍然具有较强的自发性，并不是有组织、有纲领、有明确目标的现代政治运动。但是，在一个世俗秩序日益明显，政治实体逐渐出现的时代，各种世俗势力内部组织化程度愈高的时代，这样的运动遇到的不同层次的阻力则可能是具体的。一些阻力是人为的、有具体目的的，制造这样阻力的主体可能是有实际权力的。因此，女性修道运动的命运，在这个时代也是可想而知的。只是，和方济各乃至所有的基层信仰运动一样，我们能否用现代意义的成功、失败去衡量这样的运动，或者说这样的运动是否有成功的方向，即使有，那么判断标准又是什么，则是一个值得讨论的问题。

同时也可以看出，教廷在反对这些基层运动中，也体现出了一些自身存在的矛盾特性。一方面，教皇在同世俗势力斗争的过程中，需要信仰势力的支持；另一方面，教皇在建立自己权威的过程中，又要反对太具革命性、反体制的价值观。在缺乏足够的物质结构基础的情况下，这样的做法无疑会损害自身在信仰层面的权威。因此，不难看出，在西欧的物质社会向近代迈进，欧洲北部，非拉丁地区逐渐和西欧社会融入一体，并在一定时期可以成为这个新西欧引领者（例如尼德兰地区）的情况下，由于传统矛盾的存在与作用，天主教体系内部也在酝酿着一场革命。

第六章 伯格音运动

本书重点在于通过基督教的基层宗教运动史，以及这其中沉淀下来的历史要素，来刻画伯格音运动的轮廓，而不在于伯格音运动本身。本章综合国内已有的伯格音运动研究成果，对这一运动进行简单介绍，重点在于结合代表性人物玛格丽特·博雷特和哈德维希（Hadewijch）的经历与思想，寻找这一运动在基层信仰历史中的位置。

一般认为，伯格音运动的活跃期是13—16世纪，"13、14世纪达到鼎盛，15、16世纪走向衰落，余波一直延续到现代"[1]。参与者主要的活动地区是西欧，特别是在低地国家。"伯格音运动几乎席卷了整个欧洲大陆，而法国、德国莱茵地区和低地国家的城镇更为活跃。"[2] 其性质一般认为是基督教世俗宗教团体——个人认为，这个概念是和前文提到的专业宗教团体相对——和此前的基层修道组织相比，伯格音的生活方式更为世俗化，组织活动有较为固定的区域，成员生活在半修道社区，但似乎不追求统一的教义，没有正式的宗教誓言。一般来说，简单的入会誓言只有一句"要像伯格音一样活着"，这样的誓言比此前提到的基层组织更简单。她们可以在不愿意再以这样的方式生活时离开社区，恢复成普通女性。从居住的地点来看，兴盛于13世纪城市化兴起时代的伯格音成员居住地点似乎相对集中。和上一章提到的方济各成员一样，伯格音成员强调通过自愿贫穷、照顾穷人和病人，以及宗教奉献来模仿基督的生活。在这样的特征之中，我们仍可以看到上面几章各个时期基层运动成员的影子。

关于"伯格音"一词的起源，现在并没有确切定论。几种相关说法，

---

[1] 张小晶：《欧洲中世纪伯格音运动探析》，硕士学位论文，东北师范大学，2011年。
[2] 张小晶：《欧洲中世纪伯格音运动探析》，硕士学位论文，东北师范大学，2011年。

在此前提到的国内硕士学位论文中都有详细阐述，这里不再重复。和之前的运动相比，这一运动最大的特点是成员多为女性。这样的特点，是否意味着我们可以将其定义为女性运动？按照《第四等级：欧洲中世纪妇女史》中的观点，中世纪女性又确实被视为一个特殊人群。"在12世纪，这些新的社会观念中，妇女总是被单独划分。她们被视为一个特殊的阶层，再按照社会经济地位而非从事的职业进一步细分。"① 从这一点来说，女性在参与当时的宗教社会生活时，在某些情况下确实可以被视为一个单独的人群。同时，阿戴姆·J. 高德怀恩（Abam J Goldwyn）将把包括女性在内的一些群体过度特殊化的做法，称为"生态评论"。对此，他曾解释说："就像这些之前的后结构论述一样，生态评论是一种学术行动主义，至少是一种倡导形式。"② 当我们将伯格音运动定义为女性运动后，呈现在我们面前的是一幅性别对立的画面。"生态女性主义成立的基本前提是，这种意识形态授权不同的种族、阶级、性别以性别特征，一些人群承担了生物性质的压迫，并认为人群也具有同样的意识形态，他们可以反抗自然性别差异带来的压迫。"③ 不难看出，如果单纯强调性别，我们则很容易以一种将性别对立夸张化、将某一性别脸谱化的观念去看待这一运动。伯格音时期，作为一个群体，不可否认女性自我意识空前觉醒。但是，和男性一样，每一名女性和整个女性群体除了性别身份，还有其他身份。在男权社会，女性确实在政治地位等方面处于相对不利的位置，但是和其他的矛盾双方一样，性别之间除了对立，更有统一的关系。如果说这是一个"社会运动"，那么处于中世纪晚期的伯格音运动，从成员的行为和代表人物作品本身来看，不仅是女性运动，也是传统基层信仰运动的一部分。如同刘易斯·芒福德在《城市发展史》里提出的理论，即城市出现前，蕴含此后城市功能的要素可视为"前城市的城市因素"④。也如同查士丁将苏格拉底视为"前基督

---

① [以色列] 苏拉密斯·萨哈：《第四等级：欧洲中世纪妇女史》，林英译，广东人民出版社2003年版，第2页。

② Adam J. Goldwyn: *Byzantine Ecocriticism, Women, Nature, and Power in the Medieval Greek Romance*, Cham: Switzerland: Palgrave Macmillan, 2018, p. 10.

③ Adam J. Goldwyn: *Byzantine Ecocriticism, Women, Nature, and Power in the Medieval Greek Romance*, Cham: Switzerland: Palgrave Macmillan, 2018, p. 11.

④ 详见 [美] 刘易斯·芒福德《城市发展史》，宋俊岭、倪文彦译，中国建筑工业出版社2005年版，第一章。

的基督徒"一样，伯格音运动也反映了近代到来之前，西欧社会传统要素表现形式的变化。

关于伯格音的历史，还有一个值得一提的现象，即各个时期其成员的阶级来源是不同的。如上一章所述，方济各时期，加入修会运动的女性仍来源于贵族阶级。只是据记载，代表性人物选择放弃了财产，坚守贫困。伯格音的最初成员也是如此，早期成员多为贵族女性；此后13—14世纪开始，成员多为手工业者；在14世纪伯格音运动遭到社会直接的抵制之后，上层女性逐渐退出了这一运动，伯格音成员多为下层女性。从这个例子中，不难看出这个时代的另一个特点，在一个经济发展的时代，阶级差异与问题已经越来越明显地成为很多社会现象变化的根本原因。因此，和此前提到的诸多现象一样，伯格音运动已经反映出性别之外的一些社会问题。因此就伯格音运动来说，除了将其视为女性运动之外，更要看到，将不同阶级的女性无条件地视为一个同质人群的看法存在一定问题，并不能完全概括这一运动的本质。

从伯格音运动发起地区来看，低地地区、德意志地区都是远离拉丁文化中心的地带，或者说，教廷的直接影响并不是特别大的地区。从这一点说，伯格音运动也有其反秩序的特点——和以往的基层运动不同，此时的反秩序不只是个人和思想层面的行为。并且伯格音活跃的这些地区多为此后的新教地区。

第一节　伯格音运动的时代背景

伯格音的时代，除了上一章所述的时代背景，还有一些内容需要强调。首先是赫伯特·古德曼所强调的，宗教运动本身的变化。"即在12世纪初以后，异端运动迅速发展，主要是和福音派贫穷和使徒布道的想法有关。"[1] 本节结合古德曼等人作品中提到的时代问题，以及前文所提的问题，补充上一章总结的伯格音运动的时代背景。

---

[1] Herbert Grundmann: *Religious Movements in the Middle Ages*, Indiana: University of Notre Dame press, 2005, p. 5.

伯格音时期，教皇权力相对集中。英诺森三世（Innocent III）曾经努力将各种基层修会运动全部体制化，纳入教阶体系之内。"英诺森三世的政策起了决定性作用，为教皇将宗教运动吸收到等级制教会的结构中的努力开创了先河。这一政策使募缘会士修道团（Mendicant orders）的诞生、宗教贫困运动的组织化以及使徒巡回布道成为可能，而这些可能此前一直是以隐形的方式存在的。在英诺森三世之前，等级教会对整个宗教运动怀有顽固的敌意，在英诺森三世担任教皇期间，教会规则的转变开始了，这使得教会的贫穷运动成为可能。13世纪，教廷组织募缘会士修道团，接管了反对异端的斗争"。[①] 具体来说，12世纪罗马教皇批准成立了四大托钵修会：多明我会、方济各会、加尔默罗会（亦称圣衣会）以及奥古斯丁会。相对于伯格音会，这四大修会更为专业，而伯格音和一些兄弟会的性质则类似于俗人修行组织。教皇承认伯格音的合法性后，曾委托多明我会和方济各会对其进行指导与管理，力图使之成为教皇引领下的托钵修会的第三会或说第三教团（the Third Orders. 与第一教团修士，第二教团修女对应）。当然，教皇对贫穷运动的规划，不等于所有的基层运动都自愿接受教阶组织。教皇权力的上升，也不等于教皇对基督教社会有了直接管辖的手段。如上一章所述，奥利维遇到的七人委员会是在一次审判中为教皇立场服务的准机构。教皇在这一审判中的威信，不过是利用自身固有的形而上的权威，合理利用某一地方社会的内部矛盾而建立起来的。教皇可以较为主动、有效地利用这样的机构，但是，它们很可能仍不属于教皇直属的机构、部门。就如同著名的宗教裁判所，也并不是一个真正的机构，而是一个当时的司法体系，一种法律权威组成的方法。审判一方是临时组成的，代表教皇的可能是有上层化趋势的多明我会成员——这一时期，教廷也在努力控制，并系统化、体制化一些修会，使之为自己服务。这是伯格音运动时代的一个重要背景，即教皇将基层运动努力地体制化，但同时要注意的是教皇的权力并没有完全实体化。

这种趋势和修会之间的阶级特征相结合，一定程度上将一种准教阶制，或说对这种对等级制度的追求，引入了基层运动之中，并使不同基层修会

---

① Herbert Grundmann, *Religious Movements in the Middle Ages*, Indiana: University of Notre Dame press, 2005, Indiana: University of Notre Dame press, 2005, p. 5.

之间出现了等级之分。在同一修会内部,也出现了类似于克吕尼运动时期的体制化现象,即分散的修会组织也开始出现以管理阶层权力实体化为表现形式的统一趋势。同时,传统的地方世俗势力与教廷的矛盾,以及新时代的经济利益之争,以地方势力与修会之间矛盾的形式表现了出来。这也让教廷与教皇在必须有割舍的情况下,有可能放弃更基层的伯格音修会。

教皇集权的努力始于格里高利改革时期。格里高利七世在法理上树立了上层教会的权威,也对他们的行为进行了规范。他认为,"只有值得尊敬的教士才有权力执行他们的宗教职能,因此他把那些不是由教会单独任命的圣职教士,以及已婚和不贞洁的教士,列为非法的、无效的篡夺教士职务的人"①。格里高利七世是教皇至上理论的设计时期,而英诺森时代是这一理论的实践期。但是,和基层的宗教力量在世俗层面取得成功一样,当有些教内问题付诸实践时,这些力量在现实层面取得的成功,很可能意味着背离了出发点和自己的价值观。"然而,一旦教会的等级制得到完善和普及,'教士具有价值'的观念就渗透到其他群体的意识中,开始与神职授职的概念本身相抵触。"② 理论上如此,现实中同样如此。上层教会权力的集中,在方济各、伯格音时代,在基层民众掌握了部分经济资源和话语权的情况下,反而激发了基层民众对上层教会本身和其社会职能的重新审视。"许多被格里高利改革运动唤醒的人开始发问,是否只有通过教士的神职任命才能完成基督教的拯救工作;是否只有教会被召受命,才能实现福音书和使徒们通过教会代表宣布的神圣计划;是不是每一个基督徒都不能直接被福音书的命令和使徒的榜样所召唤,以福音书和使徒的标准来塑造自己的生活。教会任命的人,不像福音书要求的那样生活,也不像使徒那样生活,能否成为真正的教士?"③ 这样的质问,让得到权力的教内人员,逐渐与基层产生矛盾。此时,有人已经意识到,教内的权威不应该被教会上层垄断。"相反,这种新意识要求将基督教作为一种宗教生活方式,直接约束每一个真正的基督徒,而不在乎他在教会的等级中的地位以及他对教会教

---

① Herbert Grundmann: *Religious Movements in the Middle Ages*, Indiana: University of Notre Dame press, 2005, p. 7.

② Herbert Grundmann: *Religious Movements in the Middle Ages*, Indiana: University of Notre Dame press, 2005, p. 7.

③ Herbert Grundmann: *Religious Movements in the Middle Ages*, Indiana: University of Notre Dame press, 2005, p. 7.

父和神学家教义的尊崇程度。这是一种对他的灵魂拯救更为重要的承诺。救赎的教会秩序和神学的教义结构，更需要证明它们的有效性和承诺的兑现程度。根据基督教生活的圣经规范，要求每一个真正的基督教告解者，都要以使徒为榜样，离弃世上的财物，做基督的门徒，为福音做功，真正地像使徒一样生活。"① 教皇的权威变为权力，其代表的上层教会和基层的自我、独立意识觉醒，逐渐演化为一对矛盾。二者在理论上都属于一个共同体，但是这一共同体内部的关系逐渐复杂化，这也是伯格音运动的一个重要背景。基层仍然是一个集合体，而且在运动的过程中出现了内部等级分化的情况。激进的成员要求建立一个平等的价值观，这种平等是针对当时的特权阶层。但是特权阶层和多数基层修会在面对这些情况时却有着共同立场，例如对男权和父权的维护。在下一节我们可以看到，虽然不存在绝对的性别对立，可很多学者将伯格音视为女性的基层运动时，仍然认为她们和男性神职人员产生了某种对立。

新时代教义上争论的焦点之一，也是一个值得注意的现象，即二元论的争议。在下一节我们可以看到，玛格丽特"镜像"的比喻，对于中介的实体化的比喻，和基督教思想早期的二元论是有着很强的相似性的。这说明"教义争论"这样的思想背景，至少对玛格丽特本人来说，应该是有一定的影响的。"在12世纪，二元论的思辨为异端的宗教和道德需求提供了哲学的思想背景。二元论更清楚地告诉人们该做些什么——这就是12世纪二元论为异端运动提供的服务。对于那些被宗教和伦理倾向所激发去思考世界本质的人来说，天主教教义是难以理解的，远比摩尼教教义更难理解。"② 正统教义对于基层民众是难以理解的，而自我意识渐强的基层群众，有寻求符合自身特点的教义的需要。正统上层的精致和基层的粗放的对立，直接反映在教派分裂的问题上。"有两件事使人们相信异端主要在社会底层传播，尤其是在工匠中间。第一，天主教作家经常把异教徒描述为乡下人甚至'乡巴佬'，或没有学识的人或文盲。二是经常把卡塔利亚人描述为骗子，说谎者。如果这些异教徒被称为'乡下人'或'乡巴佬'，这并

---

① Herbert Grundmann：*Religious Movements in the Middle Ages*，Indiana：University of Notre Dame press，2005，p.7.

② Herbert Grundmann：*Religious Movements in the Middle Ages*，Indiana：University of Notre Dame press，2005，p.12.

不意味着他们是农民,而是说他们没有受过学术训练。"① 这样的观念很有古典时代"希腊、罗马—蛮族"的二元对立世界观的味道。这样的观念中,天主教上层人士们并没有严格定义其抨击对象的职业、教育程度,而是将他们笼统地视为一个低级阶层。这一方面反映了基督教社会内部一直存在的上层与基层同时存在的现象,另一方面也反映在这个时代,上层教士已经较明显地将下层民众视为异己。新时代的基督教社会,仍然只是一个想象的共同体。格里高利和英诺森做出了努力并一定程度上取得了成功,但是基督教世界里一直存在的阶级问题和以此导致的悖论,似乎仍然存在。

还有一个值得注意的时代背景,就是这一时期的女性运动逐渐活跃。男权社会里,基督教会在对待女性的态度上,也未能免俗。"根据新约,基督接受男性和女性作为他的信徒,但是在中世纪早期,根据当时的欧洲传教士和领袖态度判断,上帝也支持性别基督教。"② 但新时代女性在社会中的作用有了改变,更多地参与社会活动。"在这里所考虑的时间和空间里,总是有更多的妇女渴望进入宗教生活,但同时,社会又没有足够的宗教场所提供给她们。"③ 在这样的情况下,女性的修道运动成为一种社会风气,甚至有人认为,"那些想要进入修道院生活的妇女很多被接纳了,特别是在1080年到1170年的时候,妇女们自己已经掌握了主动权"④。如果说"女性掌握了主动权"似乎略有不妥,但至少说明,在前伯格音时代已出现了女性大规模参与修会运动的现象,而且,这一时期的女性也有相当程度的独立性。"显然,这一时期女性修道主义的扩张并不是对以男性为中心的改革修道主义的简单反映或模仿。在12世纪尤其如此,在此期间,64%的女性新修道院成员与男性修道院会众没有真正的联系。"⑤ 到了13世纪,女修道院的规模在部分地区也已经达到了相当大的程度:"到了13世纪末,几

---

① Herbert Grundmann: *Religious Movements in the Middle Ages*, Indiana: University of Notre Dame press, 2005, p. 14.

② Judith Bennett and Ruth Karras: *The Oxford Handbook of Women and Gender in Medieval Europe*, p. 429.

③ Bruce L. Venarde: *Women's Monasticism and Medieval Society-Nunneries in France and England, 890-1215*, Ithaca and London: Cornell University Press, 1997, Preface, p. 7.

④ Bruce L. Venarde: *Women's Monasticism and Medieval Society-Nunneries in France and England, 890-1215*, Ithaca and London: Cornell University Press, 1997, Preface, p. 8.

⑤ Bruce L. Venarde: *Women's Monasticism and Medieval Society-Nunneries in France and England, 890-1215*, Ithaca and London: Cornell University Press, 1997, p. 15.

乎所有住在这一地区的居民离女修道院的距离都不超过一天的路程,而且大多数人离女修道院的距离都更近。"[1]。而且,有学者认为,这一时期女性已经发展出了不同的信仰风格:"在13世纪,男性和女性的神信仰风格差别很大。那些被册封或崇拜的男性几乎都是神职人员……但圣女的声誉比男人更有魅力,特别是异象方面。"[2] 不过,这一时期,"女性"也是一个集合体,她们心中自我意识的觉醒可以被视为一个社会现象,但是各地区的女性不太可能组成一个统一的组织,为了某一目的而共同努力。"回顾和展望在公元890年至1080年,女性修道院的一个显著特征,是通常缺乏与自觉改革运动直接的制度性联系。"[3] 到了13世纪后期,这样的情况有所改变,尽管没有根本性的变化。这也从侧面反映了,伯格音运动并没有突破传统基层信仰运动的局限。包括伯格音运动在内的女性运动的共同目标,都是很抽象的。"女性运动和宗教运动的共同目标是福音书中所说的基督教生活方式,她们认为这可以通过自愿的贫穷和贞洁来实现。这一女性的虔诚区别于异端贫困运动,主要是通过'是否放弃使徒一样的活动原则',以及组织成员是否履行使徒规范的要求,以合法地管理他们的修会职务。"[4] 但是从这些共同目标中不难看出,这样的共性和之前基层运动的共性并无本质差别,应该还属于在一定的社会模式之中,在传统的信仰问题反复出现的情况下,结合时代矛盾,自然出现的一种反映,而不是运动成员主观上的蓝图和策划。因此,这一时期的另一个重要背景是,女性自我意识有了觉醒,运动成员的共性较之以前的女性运动也有了量的变化,但是还是不该夸大其成员的共性和这一运动的整体目的性。

作为一种现象的具体表现,这一时期各地区女性运动的处境和特点也是不一样的。这似乎再次提醒我们,对于基层信仰运动,不应完全用一个有形事件或者线性的视角去看待。"北方的宗教运动没有像南方讲罗曼语的宗教运

---

[1] Bruce L. Venarde: *Women's Monasticism and Medieval Society-Nunneries in France and England, 890-1215*, Ithaca and London: Cornell University Press, 1997, p. 15.

[2] Caroline Walker Bynum: *Holy Feast and Fast*, Los Angeles, University of California Press, 1987, p. 78.

[3] Bruce L. Venarde: *Women's Monasticism and Medieval Society-Nunneries in France and England, 890-1215*, Ithaca and London: Cornell University Press, 1997, p. 47.

[4] Herbert Grundmann: *Religious Movements in the Middle Ages*, Indiana: University of Notre Dame press, 2005, p. 82.

动那样受到教廷的重视,但北方的宗教运动的规模在 13 世纪初变得越来越大。"① 这很大程度上可以解释,伯格音运动为何源于尼德兰地区。除了这里在这一时期商业发达、新兴城市较多之外,"远离这一时期的秩序中心"也是一个重要条件。"部分是在秩序和宗教机构内,部分是在不规则的异端圈子内。与拉丁地区不同的是,这里的女性较强地受到新宗教思想的影响。在北方的宗教运动中,始终以女性为中心。与南方不同的是,他们中的大多数人在 12 世纪于修会和修道院中找到了一席之地。"② 这也在很大程度上反映了西欧的传统问题,以及在这一格局基础上基层运动的分散性质。

此外,整个社会,以及性别、婚姻问题特征的变化,是值得注意的。国内对伯格音有所研究的学者,普遍注意到了"这一时期西欧性别男少女多"这一问题。对于造成这一现象的原因,一般认为是和当时的社会环境有关:骑士阶层兴起,战争频仍,导致男性非自然死亡比率提高。如果这一时期婚姻双方的年龄差有所增大,那么这一性别比例失衡的原因就是值得考虑的。"大量年轻寡妇的出现,表明她们的丈夫年纪更大或死亡率更高——这在战争文化中并不奇怪——或两者兼有。在亨利的调查中,有些妇女曾两次丧偶,比如艾雯吉娜·皮克特(Ewgenia Picot),她年仅 30 岁,有一个 10 岁的孩子;玛蒂利斯·佩奇从三次婚姻中生下了 11 个孩子,40 岁的玛丽亚……也失去了 3 个丈夫。"③

而在这样的情况下,西欧女性的财产却没有增加。这也反映了这一时期西欧女性的地位。"在 11 世纪和 12 世纪,欧洲女性的财产权也被大幅削弱,这是由于偏爱男性继承人的继承制度和对她们所拥有土地的控制权的削弱。特别是,寡妇很容易失去对自己婚姻财产的控制,尤其是如果她没有孩子的话。"④ 这和上一章提到的嫁妆问题一样,构成了女性参加修道运动的一个现实动力——尽管对于"嫁妆产生经济压力"一说,并不是所有

---

① Herbert Grundmann: *Religious Movements in the Middle Ages*, Indiana: University of Notre Dame press, 2005, p.77.

② Herbert Grundmann: *Religious Movements in the Middle Ages*, Indiana: University of Notre Dame press, 2005, p.77.

③ Bruce L. Venarde: *Women's Monasticism and Medieval Society-Nunneries in France and England, 890-1215*, Ithaca and London: Cornell University Press, 1997, p.94.

④ Bruce L. Venarde: *Women's Monasticism and Medieval Society-Nunneries in France and England, 890-1215*, Ithaca and London: Cornell University Press, 1997, p.95.

人都支持，但是由此折射的现象，多数人还是认为其反映了修道问题与经济压力的关系。"这是一个古老的说法：把女儿安置在宗教机构，比提供嫁妆更便宜。在女性修道院增长的时代，关于这一点的证据太少，不能完全支持这样的概括。特别是在这个时代，宗教院里的大量人口并不是由未婚女儿组成的。不过，值得考虑的是，西北欧下层贵族在建立和支持修女院方面的做法惊人地盛行，这多少反映了父母对女儿造成的经济负担层面的考量。"[1]

综上，不难看出，对于西欧社会来说，12—13世纪是一个变化的时代。但是这样的变化是在一定历史轨迹之上出现的，并不是一种可以阻断历史的突变。在伯格音兴起的时代，新的社会要素已经初现雏形，传统的价值观也依然在起着作用。"西欧精英阶层不断变化的家庭和经济环境，是法国和英国女修道院从公元1080年到公元1170年成倍增长的基本背景——这不是有人以任何机械的方式'造成'的。另一个基本的社会事实似乎是与之相关的：这是个权力碎片化，一个没有政府管理，经常由暴力和强制性决定一切的欧洲。"[2]。这段论述虽然提到了变化，但是不难看出，变化是量上的。没有一个统一的政府，暴力和强制性推动着社会，让这个社会的很多现象更像是面对这些情况，自发的反映。和前面提到的一样，这一时期西欧，尤其是基层的事物，仍然是分散而自发的，基层信仰运动存在的整体社会格局，很大程度上并没有改变。教皇权力的集中激化了一些矛盾，伯格音最后站在了教廷的对立面。这也让我们可以通过这样的矛盾结构，和伯格音在这样结构中的位置，来进一步认识她们的性质。

第二节 伯格音的发展

作为一种自发的社会现象，伯格音运动的兴起与衰落和社会的整体环境有关。其间基督教社会的一些重要人物和人群，如教皇等的态度，可以

---

[1] Bruce L. Venarde: *Women's Monasticism and Medieval Society-Nunneries in France and England, 890-1215*, Ithaca and London: Cornell University Press, 1997, p. 115.

[2] Bruce L. Venarde: *Women's Monasticism and Medieval Society-Nunneries in France and England, 890-1215*, Ithaca and London: Cornell University Press, 1997, p. 126.

第六章 伯格音运动

在一定程度上影响其发展，但是作用并不是决定性的。此时的教皇尽管可以被视为一个机构，但是其在某一领域的影响，应该仍是有限的。所以，对于修会运动来说，教皇的态度对其发展会起一定的作用，但是现实中这种现象的出现、衰落的根本原因，是建立在整个社会物质性结构的基础上。更重要的是，虽然伯格音在形式上有相对固定的活动空间，但是其成员的目的也无非是个人通过某种修行达到信仰层面的目的——或说这是基层女性在这一时代的一种存在和自我表达的方式。和此前的基层信仰运动一样，我们似乎不能对这样一个运动的诸多特点、性质和结局进行简单的、一言以蔽之的判断。在伯格音运动兴起的历史中，我们可以看到一些具体的事件，但是这些具体事件和伯格音这样一个分散性的社会现象之间有着什么样的关系，是值得思考的。伯格音运动究竟是一个新兴的社会运动，还是此前的基层运动的又一次延续，或是更适合被定义为一种生活方式，同样值得进一步思考。

在对伯格音历史叙述的过程中，一些作者以教皇和上层教会对伯格音态度的变化作为运动发展的重要节点。当然，将这些作为一个时间参照并无问题，但需要指出的是，尤其在中世纪的西欧，上层的态度并不是决定基层运动走势的唯一决定性因素。第四次拉特兰会议的目的是通过新建教区需要审批、减少宗教的形式这样的决议，但是，让上层尤其是教会上层这样的意愿真正在一个分散、复杂的社会中真正落实，是一个相当困难且效果难料的事情。即使在会议之后，教皇对伯格音的态度也并不是始终如一的——教皇对于基层运动的态度，与其说能决定运动命运，不如说是反映了某种风向。教皇政策的有效性客观上受很多现实因素的影响，最终的态度可能是各因素相互作用，达成合理的结果的反映。即使在为人熟知的卡诺莎事件中，也不过是教皇合理利用了神圣罗马帝国皇帝和封臣之间的矛盾。因此，"只要单独研究这些问题中的一个，就会发现教廷对修会的措施显得充满矛盾，缺乏连续性，往往是荒谬的。然而，结合修女宗教运动和各种宗教团体之间的普遍冲突，每一个事实都能在教会政策中分解为一个合理的、可以理解的事件。"[①] 教皇的态度是权衡利弊之后的选择，其本

---

① Herbert Grundmann：*Religious Movements in the Middle Ages*Indiana：University of Notre Dame Press，2005，p. 90.

身对基层信仰运动的影响，也不是十分的直接。但是，教皇一直有利用基层的虔诚因素扩大自己影响力的愿望。在条件允许时，对修会的联合政策反映了教皇的这一诉求。不过，如上所述，这一时期的基层运动不止伯格音一种形式，何况，基层修会之间，基层宗教运动组织和世俗基层组织之间也存在矛盾。"男性修会坚持不懈地抵制接受修女宗教运动所必须承担的义务。在整个13世纪，修女宗教运动的组织形式问题经常导致激烈的冲突。修女们自己也想加入大的教会组织（large orders），而教廷的介入使之成为可能；然而，这些组织却与之斗争，试图用一切可能的手段来逃避接受和管理修女社区的义务。"① 这样的情况，说明教皇的决策仍会遭到抵制。因此重要的决定也未必在现实中产生相应的重要影响。因此，从教皇对伯格音的态度之中，我们首先看到的也许是伯格音整体生存环境的变化，其次才是教皇代表的天主教权威对这一运动的具体影响。

就教皇的主观想法来说，很多基本的立场与价值观是和上述愿望相关的，即所有的宗教组织都要置于自己的管辖之下。这是一个传统的原则，违背这一秩序的教派都将被斥为异端，古代晚期的阿里乌斯派就是如此：不服从教皇，淡化教会的组织结构，这也是西部教会异端的重要特征。"教廷的一项原则是适当意义上的'宗教生活'，即对宗教目的和生活形式的排他的承诺，必须受到具体规则的约束，并得到坚实的条例的保证，这样这些承诺才能在教会的结构内持久存在。"② 因此，当教廷意识到伯格音的发展处于其控制之外的状态时，态度自然会发生转变。但如上所述，对于伯格音的发展，教皇和教廷的态度不是最重要的。其态度如何产生作用，教皇态度反映的实质性问题，这可能才是决定一个基层运动命运的关键。

在1215年的拉特兰会议上，教廷也意识到了只靠上层来控制整个基督教社会，是远远不够的。"教廷明确地认识到，主教作为受命的传教士，不再能够独自完成讲道的要求。为了弥补这一不足，教廷批准主教和大主教委托、支持合格的传教士来协助布道和体现教牧关怀。但这些规则仍然不

---

① Herbert Grundmann: *Religious Movements in the Middle Ages*, Indiana: University of Notre Dame press, 2005, p. 90.

② Herbert Grundmann: *Religious Movements in the Middle Ages*, Indiana: University of Notre Dame press, 2005, p. 82.

第六章　伯格音运动

能缓解宗教团体使徒一样的传教压力。"① 因此，包括伯格音在内的修会运动都曾不同程度上得到了教皇的支持，"伯格音运动获得了霍诺里乌斯三世的口头批准"②，但前提是不能作为新型的信仰形式存在，即要纳入教廷的秩序之内。此时，教皇的支持至少起到了宣传的作用。此后，在很多城市，尤其是伯格音活跃的低地地区的城市，很多当地主教修建了伯格音社区以示支持。

"低地国家的主教除了在教区层面上促进了伯格音的发展之外，还以各种方式参与各个伯格音社区。坎布雷主教吉多允许维尔沃德的伯格音修建一所医院，并于1248年在蒙斯把坎蒂佩特的伯格音组织成一个自治的教区。亨利·德·盖尔德里，作为列日主教的候选者，允许伯格音和布西比尔森人在他们已经获得的土地上建造一座教堂。他还规定，这些伯格音将有自己的主教，由毕尔逊教区的官员提名或介绍。图尔奈主教帮助将布鲁日的伯格音组织加入自己的教区。在居里教区，教廷批准伯格音教区的生活方式并承认她们的正统观念之后，从此伯格音教区在该地区开始发展并有繁荣之势。伴随着这些教区的建立，当地的主教为她们的发展作出了不同的贡献。然而，并不仅仅是上层教会推动了伯格音的发展。其他宗教团体，无论是单独行动还是与他们的各个社区一起行动，也帮助组织和支持低地国家南部的伯格音社区。"③ 城市支持伯格音运动的原因，除了主教的推动之外，还有她们本身起到的社会功能——此后伯格音的衰落，也可能和她们这一功能的副作用有关——她们半修半俗的特征，决定她们的存在可以促进所在城市的经济，增加城市的税收。此外，她们还在教育、医疗、公益等领域起到了不可取代的作用。"伯格音学校的教育对所在区域孩子的发展尤其是女孩的成长产生了重要影响。受伯格音学校教育的孩子大都学业有成、出类拔萃。例如，伊达·莱奥（Ida of Laiau）在16岁正式成为西多会修女之前，是在当地的伯格音团体度过她的童年生涯的。进入一所名

---

① Herbert Grundmann: *Religious Movements in the Middle Ages*, Indiana: University of Notre Dame press, 2005, p. 60.

② Ernest McDonnell: *The Beguines and Beghards in Medieval Culture*, New Brunswick New Jersey: Rutgers University Press, 2002, p. 155.

③ 华晓露:《中世纪晚期伯格音运动及其衰落原因探究》，硕士学位论文，云南大学，2018年。

为拉·拉米（La Ramee）的修道院之后，她就凭借自己的写作才能成为一名经文抄写者（scriptorium），而这得益于她曾在伯格音学校所受的教育。"① 在公益方面，"伯格音在其奉献、服务大众理念的指导下，致力于慈善事业，面向世俗社会的性质为其服务社会作用的发挥提供了广阔的空间。她们开展各种社会服务工作。医护是一种比较常见的社会服务工作。为了照顾病人，早期的伯格音成员大都居住在与医院相隔不远的地方。一些规模较大的伯格音所内部建立医院，为当地居民提供医疗服务。史料记载，'列日、卢万、布鲁日、布鲁塞尔等地区的伯格音成员会定期为城市居民做义务治疗'"②。有人认为，伯格音是马大和玛利亚的结合体③——众所周知，据《圣经》记载，前者是在耶稣传道过程中细心为耶稣准备食物的人，后者则是悉心听耶稣布道者。④ 个人认为，二人代表了上述信仰生活的专业与非专业、劳作与修行。但值得注意的是，基层运动起到的上述作用都是基层层面的。虽然对于世俗社会来说也有意义，但如果她们的存在对下文提到的世俗政权产生不利影响，以上这些作用显然不会成为她们打动敌视自己的势力的原因。

　　如上所述，伯格音分散的状态，致使她们在不同地区的命运也不完全相同。在哈德维希（Hadewich）看来，"'伯格音'这个称呼是指虔诚的女性，并没有任何'异端邪说'的意味。'伯格音'这个词的转变显示出，在13世纪的前几十年里，女性虔诚的宗教特征在多大程度上得到了澄清。在1215年，一个女人被称为'伯格音'仍然会引起异端式的怀疑，因为这是法国南部异教徒的名字，但早在1223年，科隆市议会的记录就毫不犹豫地将宗教女性视为'伯格音'"⑤。因此不同地区伯格音的发展脉络也并不相同。相较于低地地区和德意志地区，法国正在崛起的世俗统一政权，开始对伯格音、圣殿骑士团在内的不属于法王可控制的特定地域的宗教运动形

---

① 张小晶：《欧洲中世纪伯格音运动探析》，硕士学位论文，东北师范大学，2011年。
② 张小晶：《欧洲中世纪伯格音运动探析》，硕士学位论文，东北师范大学，2011年。
③ 参见 Judith Bennett and Ruth Karras：*The Oxford Handbook of Women and Gender in Medieval Europe*, Oxford: Oxford Oniversity Press, 2013, pp. 255-256。
④ 详见《圣经》（路10：38-42）。
⑤ Herbert Grundmann：*Religious Movements in the Middle Ages*, Indiana: University of Notre Dame press, 2005, p. 82.

第六章　伯格音运动

式和组织采取了打击措施。"玛格丽特异端案与圣殿骑士团审判同时进行"①，这应该是法国地方势力崛起的一个重要表现。"1228年，在巴黎的最高法院，第一部综合的修宪集颁布了，就在这一年，法律禁止西多会接收任何新女修道成员——所有的兄弟会被禁止支持接收新的女修士，否则将被逐出教会。他们不能支持修女，也不能接受她们的誓言。"② 法国的情况不是西欧全部地区的情况，但是以法国为例，可以看出这一时期包括伯格音在内的修会运动遇到的新阻力已经出现。也就是说，曾和教皇联合的一些地方势力，在这个时期也逐渐体现出自己的新立场和价值观。同时，法国也有因传统教内阶级问题而对伯格音运动加以排斥的人物。例如1274年，第二届里昂会议之前，法国的吉尔伯特（Franciscan Gilbert）向教皇格里高利九世提交了一份报告，直接地表达了对伯格音的批评：

　　在我们当中，有一些女性被称为伯格音，她们中的一些人因她们在文学中的贡献而受到尊敬。她们受新异端（novitatibus）的影响，把《圣经》的奥秘译成了通俗的高卢地方语言并自行解读注释，但实际上，连研究《圣经》的专家们都很难理解这些奥秘。在她们封闭的成长环境中、工作地和广场上，她们以相似的、不敬的、大胆的方式阅读，这是对神的不敬行为。我看到过、读过、研究过一本法语版的《圣经》，它由巴黎书商公开展示。我读它，为了揭露异端、错误、可疑和荒谬的解释。③

吉尔伯特"揭露"了伯格音运动中，教皇最不能忍受的一面。这一现象也体现了教会代表的上层教会和基层修会之间的矛盾，以及这一时期基层进一步觉醒后对整个教会上层的冲击。值得注意的是，以法语解读《圣经》是吉尔伯特斥其为异端的重要原因之一，但是，这又是基层运动必然拥有的特征。"他认为伯格音的智力不足，又没有受过神职教育，更为严重

---

① 郭建淮：《中世纪的圣战者：圣殿骑士团》，吉林人民出版社2011年版，第191页。
② Herbert Grundmann：*Religious Movements in the Middle Ages*, Indiana：University of Notre Dame press, 2005, p.96.
③ Ernest McDonnell：*The Beguines and Beghards in Medieval Culture*, New Brunswick New Jersey：Rutgers University Press, 2002, p.36.

的是她们的一些异端思想和荒谬的解释正以讲道或文本的形式向人们传播。"① 同年，教皇发布敕令，"重申 1215 年的拉特兰禁令，并补充道：'自 1215 年兴起且没有得到教会承认的宗教组织都将受到压制'。"② 整个教会上层对于伯格音的态度发生了变化，但综上所述，这种态度的变化充满了必然性。

不过在上层很多人的态度发生变化后，尤其在北部地区，一些中、下层民众则继续支持伯格音运动。"一些城市免除了伯格音纳税的义务，贵族和富裕的市民阶层以各种形式资助该运动。如布鲁塞尔的勃拉邦特公爵，让当地的伯格音使用拉维格尼教堂，并划出一块地作为伯格音的专用墓地。更多的人以捐助蜡烛、衣布、现金的形式表达对该运动的认同。"③ 这是在隐士运动时代可见的一幕，它显示了基层民众对于道德引领者的认同和自我独立意识的觉醒，一些地区对教廷、对基层运动的态度没有随着时代的变化而出现明显的变化，在伯格音时代，我们仍然可以看到这样的情形。这样的态度也和上层世俗势力形成了鲜明的对比。但总体来说，如上所述，时代还是给伯格音的生存条件带来了相对不利的变化。这一时期行会的兴起，和一些男性对于伯格音这种"不是妻子不组建家庭"的状态不满，让基层也在酝酿着反伯格音的情绪。最重要的是，基层民众对某一事物的态度往往也是摇摆、不坚定的。毕竟，在经济上，"女性一直被排除在需较高地位和有利可图的活动之外"④。当女性也开始进入这些领域，基层男性的态度很有可能是排斥的。而在男权社会的文化中，女性有时也必须被限制在顺从者的范围内，甚至独立都会遭到反对。"诺维基（Norwich）的朱利安（约 1343—1416）记载了一则大约发生在 1224 年的悲惨故事：一名寻求隐修生活的女性，当企图寻找一个村子外面的地方居住时，被其村里人强行用铁链拉了回来。这一过程导致她的腿严重受伤。一般认为，她受此虐待，主要因为她没有资助人保护，也缺乏男性家人做其后盾。"⑤ 传统支持

---

① 张小晶:《欧洲中世纪伯格音运动探析》，硕士学位论文，东北师范大学，2011 年。
② 张小晶:《欧洲中世纪伯格音运动探析》，硕士学位论文，东北师范大学，2011 年。
③ 张小晶:《欧洲中世纪伯格音运动探析》，硕士学位论文，东北师范大学，2011 年。
④ Judith Bennett and Ruth Karras: *The Oxford Handbook of Women and Gender in Medieval Europe*, Oxford: Oxford Oniversity Press, 2013, p. 321.
⑤ Ulrike Wiethaus: *Agnes Blannbekin, Viennese Beguine: Life and Revelations*, New York: BOYE6, 2012, p. 2.

的因素和现实社会的反对动机交织在一起，让伯格音在基层的生存条件充满了不确定因素。一般认为，巴黎法庭对玛格丽特的审判，意味着伯格音被上层彻底定为异端，也意味着对这一人群来说，社会总体环境的变化。在女性与异端的关系问题上，约翰·哈诺德（John H. Arnold）认为，性别并不是她们被斥为异端的原因，毕竟每个"异端教派"都认为自己是正统，每个异端的产生也都和具体的历史背景有关。① 客观来说，多数异端也并没有明显违背《圣经》中体现的教义的证据。就伯格音来说，最初教皇也并没有将她们视为异端。

第三节　玛格丽特·博雷特的《简单灵魂之镜》

　　玛格丽特被认为是伯格音代表人物之一，她的代表作品是《简单灵魂之镜》（以下简称《镜像》）（*Le Mirouer des simples ames anienties et qui seulement demourent en vouloir et desir d'amour*）。此后，她正是因为这部作品遭到审判。"在1300年，法国北部城市瓦朗谢讷（Valencienne），教会当局认定伯格音成员玛格丽塔·博雷特的作品《简单灵魂之镜》为异端作品，并下令将收缴的这部作品各种版本当众销毁。在接下来的几年里，教会试图迫使玛格丽特放弃她的信仰，并否认《镜像》中表达的观点。她不仅拒绝这样做，事实上还重申了她的观点。在巴黎大主教的煽动下，她被投入监狱并受到审判。在整个审判过程中，博雷特拒绝回答任何向她提出的问题。1310年6月1日，她在巴黎被判处死刑并被烧死在火刑柱上。教会以'逐出教会'相威胁，要求其他人销毁所有《镜像》的复制品。……然而，后来的三个法语版本幸存下来……"② 巴黎教会的审判者们，宣布她属于异端，认为她的思想"包含了几十年前出现的新的散布'亵渎神灵'内容的异端教义，以及与之相关的内容"③，而判断其思想属于异端的根据则较为间接。比如，

---

① 参见 Judith Bennett and Ruth Karras：*The Oxford Handbook of Women and Gender in Medieval Europe*，Oxford：Oxford Oniversity Press，2013，pp. 500-501。
② Robert D. Cottrell：" Marguerite Porete's Heretical Discourse；or，Deviating from the Model"，*Modern Language Studies*，Vol. 21，No. 1，Winter，1991，p. 16.
③ Juan Marin：" Annihilation and Deification in Beguine Theology and Marguerite Porete's Mirror of Simple Soul"，*The Harvard Theological Review*，Vol. 103，No. 1，p. 89.

审判委员会判定，玛格丽特认为"一个人可以成为神（God）"，理由是她曾说过，"一个与神结合的灵魂是神圣的（a soul united to God is made divine）"①。该委员会还声称，"这一异端邪说属于一个'令人憎恶的邪教组织。其成员男性被称为贝格哈德（Beghards），女性被称为伯格音'"②。当代学者对于玛格丽特学说的问题，自然也有持续研究，"后人对这一问题也多有研究——在其作品《自由精神的异端》中，罗伯特·E. 勒纳（Robert E Lerner）认为幻灭（annihilation）和神化（deification）的学说就是后来在维也纳的1311年宗教会议判为'精神自由'的异端邪说"③。勒纳还发现，"这个组织成员多数为女性，其中包括玛格丽特·博雷特。许多男性也加入了一群被称为伯格音的虔诚女性群体。在那些被指控异端的人当中，许多人同情有着'自由精神'情节的神秘主义者，尤其13世纪和这些神秘主义者意气相投的女性。他也认为，这些伯格音让对属灵情感的表达（affective spirituality）方式产生了变化，成为一种'极端的神秘主义'"④。勒纳不仅概括了玛格丽特被判为异端的原因、伯格音的特点，也指出了玛格丽特的精神核心。"神秘主义"是后人对伯格音思想者的概括，但是个人认为，"精神自由"更能代表她的思想特点，但这也是她被斥为异端的最重要原因。

也有当代学者怀疑现存版本是否是玛格丽特本人所作，因为其中的很多传统哲学内容，似乎不是玛格丽特这样身份的人可以掌握的。《镜像》是一部对话形式的作品，作者让"理性"（reason）、"爱"（love）等角色通过对话，来展现它们在作者本人的思想世界中的位置和作用。这样风格的作品，在中世纪并不少见，对话作品形式上更容易吸引基层读者。在《镜像》所设计的对话中，"理性"和"爱"都认为只有自己才能把控人类的灵魂，最后，爱取得了辩论的胜利，她宣称自己就是上帝。"'我就是上帝'，

---

① Juan Marin: "Annihilation and Deification in Beguine Theology and Marguerite Porete's Mirror of Simple Soul", *The Harvard Theological Review*, Vol. 103, No. 1, Jan. 2010, p. 89.

② Juan Marin: "Annihilation and Deification in Beguine Theology and Marguerite Porete's Mirror of Simple Soul", *The Harvard Theological Review*, Vol. 103, No. 1, Jan. 2010, p. 89.

③ Juan Marin: "Annihilation and Deification in Beguine Theology and Marguerite Porete's Mirror of Simple Soul", *The Harvard Theological Review*, Vol. 103, No. 1, Jan. 2010, p. 89.

④ Juan Marin: "Annihilation and Deification in Beguine Theology and Marguerite Porete's Mirror of Simple Soul", *The Harvard Theological Review*, Vol. 103, No. 1, Jan. 2010, pp. 89-90.

'爱'说，'因为爱就是上帝，上帝就是爱'。……'现在，请带着谦卑的心情听一个关于世界上爱的小寓言，要明白，神圣的爱也是类似的。'"①而且，"爱"不但说出了自己的作用，还描述了自己的地位："如果不是我，上帝没有办法来表达他的善良……没有地方让自己完美。因此，我就是救恩的典范，更是每一个生命的救恩，也是神的荣耀……他是善良的，一个人必须给最贫穷的人施舍……上帝也不会做错事……我是他的良善。"② 因此没有人否认，这不仅是一部反映玛格丽特本人思想的作品，还应该是一部反映伯格音思想的代表作。"然而，现代学者相信，他们可以通过仔细阅读一个中世纪拉丁语译本来重新构建这部作品。1491 年，北约克郡格雷斯·查特豪斯山（Mount Grace Charterhouse）的僧侣理查德·梅斯利（Richard Methley）将《镜像》从中古英语翻译成拉丁文，并在文本中添加了冗长的注释。这些注释特别指出了文本中提出的教义上的棘手问题，以至于最近对梅斯利的文本进行评论的埃德蒙·科利奇（Edmund Colledge）和罗马娜·瓜尼亚里（Romana Guarnieri）认为，梅斯利很可能在翻译之前就接触过此后在巴黎被审判的文章。"③

玛格丽特作品被斥为异端的主要原因之一，是其否定了教皇的权威。这一特征和上文提到的"自由精神"是一脉相承的。和其他基层的专业宗教人士一样，她在作品中提出了很多对教皇和上层教会来说很棘手的问题。而棘手的原因之一，就是因为这些问题反映了传统基层信仰行为与体制化的教会之间的矛盾。共同的宗教信仰旗帜，一直没有弥合现世人群间的隔阂和他们之间的矛盾。新的形势之下，阶级之间的矛盾让这样的传统矛盾更加激化。至少，这样的激化在教义层面体现了出来。"例如，博雷特声称，自由的灵魂不需要《圣经》，只靠个人的理解就能完全了解上帝；自由的灵魂既不渴望也不拒绝圣餐、弥撒或布道、禁食或祈祷；神借着信心救自己，而不是行为。"④ 这样的诉求和此后宗教改革的诉求已经有高度的相

---

① Robert D. Cottrell："Marguerite Porete's Heretical Discourse; or, Deviating from the Model", *Modern Language Studies*, Vol. 21, No. 21, No. 1, Winter, 1991. p. 18.

② Marguerite Porete：*The Mirror of Simple Souls*, New York：Paulist Press, 1993, p. 47.

③ Robert D. Cottrell："Marguerite Porete's Heretical Discourse; or, Deviating from the Model", *Modern Language Studies*, Vol. 21, No. 21, No. 1, Winter, 1991. p. 16.

④ Robert D. Cottrell："Marguerite Porete's Heretical Discourse; or, Deviating from the Model", *Modern Language Studies*, Vol. 21, No. 21, No. 1, Winter, 1991. p. 17.

似之处，区别可能在于，玛格丽特的诉求出发点在阶级。她认为信仰的终极依据不是上层权威的承认，也不需要奢华的物质基础，而是虔诚。和此前的修士与隐士一样，这样的诉求反映的是典型的基层立场：简化社会结构，自行追求信仰。只是在玛格丽特的时代，和之前的传统修士与隐士不同，她们将远离尘世的价值观搬到了人口集中的城市，在社会中践行反权威的价值观；而且她的思想更具革命性，竟然直接否认了《圣经》在信仰中的作用。这样的价值观，在人口密集的城市时代，如上所述，必然引起各种性质的上层社会警觉，可能遭遇的阻力也可想而知。进而，她还指出，"那是没有犯罪的危险；那些爱基督的神性的人不再爱他的人性；自由的灵魂构成了她所说的'大教堂'，这与'小教堂'是不同的，也就是说，教会是一个存在；属于'伟大神圣教会'的精神精英不需要'小神圣教会……'"①。显然，她认为教廷等上层教会机构，只是一个不属于大众，在理论上并不能垄断信仰的小教会。虽然她没有否认小教会的神圣性，但是她否认了小教会在大众中的权威。那么谁是真正权威的教会呢？上文她自己所下的"爱即上帝"的判断显然已经给出了答案。这样的教义，也让我们明白教皇和巴黎教会将其定义为异端的根本原因。如上一章所言，巴黎审判玛格丽特的委员会未必完全是教皇掌控的，但是面对新时代阶级矛盾逐渐清晰的形势，以及玛格丽特如此具有革命性的教义，各种权威意见的不谋而合也就是再正常不过的事了。

凯瑟林·博斯认为玛格丽特的作品表达了这一时期她所代表的群体自我意识的觉醒。"《镜像》的创作动机不仅源于它的虔诚的内容——这一直是大多数读者关注的焦点，也是玛格丽特作为一名女作家的自信——还源于她对语言本身的反思。"②她对关键性的判断中是直接的。例如，在对灵魂的性质和地位问题的讨论，"灵魂在第97章中意识到这一困境，因为她坐在上帝旁边，每一个灵魂都是自由和满足的"③。这些平等和自由的灵魂可以直接与上帝交流，并不需要任何的人和事物作为中介。"通过被上帝创

---

① Robert D. Cottrell: "Marguerite Porete's Heretical Discourse; or, Deviating from the Model", *Modern Language Studies*, Vol. 21, No. 21, No. 1, Winter, 1991. p. 17.

② Catherine M. Bothe: "Writing as Mirror in the Work of Marguerite Porete", *Mystics Quarterly*, Vol. 20, No. 3, September 1994, p. 105.

③ Catherine M. Bothe: "Writing as Mirror in the Work of Marguerite Porete", *Mystics Quarterly*, Vol. 20, No. 3, September 1994, p. 107.

造的镜子的神圣功能，人类和神圣的凝视可以被连接起来创造一个简单的灵魂。因此，镜子的观众可以在神圣的镜子中找到自己的形象。"① 人类和神圣的上帝具有同质性，这是玛格丽特的又一个极具革命性的观点。如同在这本书中，她认为人的灵魂回归上帝身边之后，就像"酒滴入酒池一样"，和上帝再次融为一体。这样的比喻遭到教廷的反对，认为将这个比喻改为"水滴入酒池"是可以的。这里，她还创造了一个思想而非现实维度的中介，即以明喻的形式出现的"镜子"。从上层的角度来说，这一比喻确实是危险的，2 世纪的马吉安曾因为其教义中出现"永恒中介"这一概念，而被判为诺斯替异端。玛格丽特的作品对这一概念的创造，体现了此时她的一种自信，这种自信的产生并非由于她的个性，而是建立在某个群体的自我觉醒基础上。而且，这个群体一直存在于西欧社会之中默默吸收着西欧的文化。"她写了这本书，可能为了更高的目标，即她把自己提升到了成为这个词的化身的地步。作为完美的沉默，她是神圣的声音的标志，是一个原始的空间，在那里可以诞生一首歌。因此，玛格丽特·博雷特的书不仅仅是对逻各斯（logos）的一种解读，更是一种爱的注解：它是对自己语言的一种启示。"② 玛格丽特这本书，反映了新时代一个以隐性形式存在多年的人群的显性化过程。这种变化决定，她们不仅是要借助其他人群的语言来表达自己的存在和自我的价值观，更是创造了一种属于自己的语言。

因此，也有人认为，"凝视"和"镜子"这样的概念，本身就是对父权和男权的反抗。"正如大量关于宫廷式爱情的文学作品所充分展示的那样，女性的身体在中世纪一直被视为男性凝视的对象、男性欲望的场所、男性权力的特权场所。女性神秘主义者认为，用父权制的话语来定义自己，意味着从肉欲的角度、从兽性的角度、从愿意服从于他者的角度凝视自己，并在十字架上折磨和堕落的肉体上看到了自己的形象。"③ 如果这样的结论是成立的，那就不难想象，伯格音作品思想的革命性和遭到反对的又一原因。面对传统的中世纪宫廷文学风格，"博雷特拒绝接受这一秩序。她拒绝

---

① Catherine M. Bothe: "Writing as Mirror in the Work of Marguerite Porete", *Mystics Quarterly*, Vol. 20, No. 3, September 1994, p. 109.

② Catherine M. Bothe: "Writing as Mirror in the Work of Marguerite Porete", *Mystics Quarterly*, Vol. 20, No. 3, September 1994, p. 110.

③ Robert D. Cottrell: "Marguerite Porete's Heretical Discourse; or, Deviating from the Model", *Modern Language Studies*, Vol. 21, No. 21, No. 1, Winter, 1991. p. 19.

把女性自己描绘成基督的新娘。她也不是通过与十字架上受苦的形象,与象征肉体和生物的基督相认同来体验基督的。"① 这种对肉体形象的抗拒,让人联想起对有形的教会机构的反抗。从这样的比喻中,人们确实可以看到革命性的意识。"用诺里奇的朱利安(Julian of Norwich)的话来说,与她'亲密无间'的基督是她自己的爱所产生的基督。在她的文本中,博雷特追溯了基督的形象,也就是说,她认为他的爱的形象的建立,基本逻辑是主观意识。她将女性自我呈现为一种主观意识,根据自己的欲望需求塑造和控制自己的视觉,而不是作为他者注视的被动对象。博雷特否定了父权制赋予女性肉欲的命令,无视性别的限制,将女性自身置于主体性和权力的记录中。简而言之,她借用了父权话语,但将使用话语的主体转换为女性。"② 因此,如上所述,伯格音不仅是基层运动的一种表现形式,也是新时代的更具革命性、反抗性的社会运动。这种革命性不仅针对教会上层,也针对有性别阶级色彩的父权社会。这种反抗意识与宗教语言结合,就是上层眼中的异端。"男性神职人员,父权话语的守护者,他们在博雷特的文本中看到了异端邪说。他们肯定是对的。"③ 当然,性别的矛盾并不是绝对的。但社会化的性别,绝不只是自然层面的性别——所以说,伯格音成员反抗的,是带有阶级色彩的、符号化了的性别和性别语言,以及这种语言代表的社会阶层,显然,不只是这自然属性的某一性别那样简单的概念。

所以说,这是玛格丽特的作品最大的特点。她有了很强的女性价值意识,并以此作为反抗的起点。"这本书在这个物质层面上的存在,代表了其女性作者大胆、毫不妥协的陈述,从而为子孙后代提出了要求。"④ 另一个体现这一特点的是,很多学者指出的,她的作品实际上也具有中世纪宫廷爱情的风格——在这样的情节中,女性往往是被追求的一方,处于比较主动的位置。此外,"在伯纳德麦克金(Readers of Bernard)关于基督教神秘

---

① Robert D. Cottrell: "Marguerite Porete's Heretical Discourse; or, Deviating from the Model", *Modern Language Studies*, Vol. 21, No. 21, No. 1, Winter, 1991. p. 19.

② Robert D. Cottrell: "Marguerite Porete's Heretical Discourse; or, Deviating from the Model", *Modern Language Studies*, Vol. 21, No. 21, No. 1, Winter, 1991. p. 20.

③ Robert D. Cottrell: "Marguerite Porete's Heretical Discourse; or, Deviating from the Model", *Modern Language Studies*, Vol. 21, No. 21, No. 1, Winter, 1991. p. 20.

④ Wendy R. Terry、Robert Stauffer: *A Companion to Marguerite Porete and The Mirror of Simple Souls*, Leiden: Brill, 2017, p. 149.

主义历史的大量作品中，我们可以注意到一个现象，他会使用'强大'（strong）或'大胆'（daring）这样的词来描述一种神秘的学说，他指的是一种由女神秘主义者传授的教义。或者说，即使这种教义是由一个男性教授的，他也会把它与女性教义联系起来——这样的学说已经成为某女性教派的代名词"①。玛格丽特确立这种风格的手法之一，是用比喻诠释教义。"如果笔者的推测是正确的，伯格音的这种隐喻性的深刻思维对博雷特的神化主义教义（doctrine of deification）也是有影响的。这样的结论和肯特·埃米雷（Kent Emery）的结论一致……"② 这种多用比喻的风格，也是她被称为神秘主义者的原因之一。"博雷特在其作品中展示、通过其作品传播了这些传统的神秘主义，但是一般认为她也是一些神秘主义教义的原创者，'幻灭主义'理论的（theology of annihilation）始作俑者。简·M. 罗宾（Joanne Maguire Robin），博雷特理论的研究者，曾说'博雷特之后，她的幻灭论从没成为基督教神学的主流。但是，它很可能深刻地解释了上帝和灵魂的关系'"③。幻灭主义也是一种颇具革命性的教义，因为玛格丽特认为，现实的幻灭让人们放弃一切，通过自由的灵魂中才能进入天堂——和"末世论"不等于消极主义一样，幻灭论也有着积极成分。不过，这样的想法，很容易让人感觉放弃的一切也包括位于人间的教会组织——"她的目标是精神上的毁灭，而不是与上帝的暂时结合或看到上帝的景象。玛格丽特的目标是毁灭灵魂，这是一个不断完善的七个阶段的顶点，在这七个阶段中，灵魂变成了'与上帝同质'的状态……"④。"与上帝同质"即灵魂被创造之前的状态；玛格丽特认为人"幻灭"之后，灵魂会回到上帝身边，与上帝融合，返回最初的状态。因此有"同质"之说，也有"酒滴入酒池"的比喻。因此，"幻灭说"本质上并不是一种悲观主义。"事实上，幻灭与其说是一种从一种状态到另一种状态的转变，不如说是灵魂与生俱来本性的实

---

① Juan Marin：" Annihilation and Deification in BeguineTheology and Marguerite Porete's Mirror of Simple Soul"，*The Harvard Theological Review*，Vol. 103，No. 1，Jan. 2010，p. 90.

② Juan Marin：" Annihilation and Deification in BeguineTheology and Marguerite Porete's Mirror of Simple Soul"，*The Harvard Theological Review*，Vol. 103，No. 1，Jan. 2010，p. 91.

③ Juan Marin：" Annihilation and Deification in BeguineTheology and Marguerite Porete's Mirror of Simple Soul"，*The Harvard Theological Review*，Vol. 103，No. 1，Jan. 2010，p. 91.

④ Wendy R. Terry、Robert Stauffer：*A Companion to Marguerite Porete and The Mirror of Simple Souls*，Leiden：Brill，2017，p. 38.

现。与许多同时代的人不同的是，玛格丽特对禁欲带来的身体上的痛苦轻描淡写，因为她理想中的贫困是意志上的贫困，而不是物质上的贫困。此外，她很少引用《圣经》或传统的理由来证明她的观点。她的某些教义遭到谴责，这并不会让她的当代读者感到惊讶，因为她显然是想打破现状。"①束缚灵魂的一切有形实体都是虚幻的，理论上应该也包括人世间的教会。显然，这样激进的、人神同质的观点，以及打破现状的愿望，会遭到作为当时教内秩序代表的教廷以及上层教会的强烈反对。

在这些比喻中，她还表达了自己对"爱"的理解。"玛格丽特使用了几个传统的比喻，这些比喻特别适合表达这些概念，如成熟、铁在火中的形象、情人送给所爱的人的礼物和陶醉。她倾向于选择一些隐喻，认为永恒比变化更重要，宁静比无休止的探索更重要；支持贫穷和自由，反对体制和束缚；号召和平而不是战争，充足而不是不足，慷慨而不是吝啬。"②她的世界观里很有传统隐士乃至修士的原则要素，有宗教价值中对永恒的追求。她反对被世俗秩序同化的以及自成一套准世俗体系的体制化教会垄断教内权威。《镜像》中有这样一段话：

> 这灵魂说，我之所以是我，是因为上帝的恩典。所以我只是神在我里面的，并不是别的什么……所以我若存在，就不在神以外，也无物超于神。在我所能找到的地方，除了上帝以外，我什么也找不到；因为他除了自己以外，一无所有……③

宗教人类学的学者对这段话的解读为，"对这些较弱的灵魂来说，世俗的工作和'小神圣教会'的调解是不可选择的。即使它们不是不可选的，但也不是最佳的"④。而所谓的"小神圣教会"，很可能就是上文所述的上层的、体制化的教会。到玛格丽特的时代，基层运动对上层的态度，由跟

---

① Wendy R. Terry、Robert Stauffer: *A Companion to Marguerite Porete and The Mirror of Simple Souls*, Leiden: Brill, 2017, p. 39.
② Wendy R. Terry、Robert Stauffer: *A Companion to Marguerite Porete and The Mirror of Simple Souls*, Leiden: Brill, 2017, p. 43.
③ Wendy R. Terry、Robert Stauffer: *A Companion to Marguerite Porete and The Mirror of Simple Souls*, Leiden: Brill, 2017, pp. 43-44.
④ Wendy R. Terry、Robert Stauffer: *A Companion to Marguerite Porete and The Mirror of Simple Souls*, p. 44.

随、疏远,发展到了疏离和反抗。即上文一再提到的现象:如果说伯格音时代较之此前有什么变化,那么变化之一就是"阶级"逐渐成为社会的一个重要因素,并已经以各种状态出现在一些人的意识之中。而且,玛格丽特尽管没有针对现世,但是在她的神学教义中强调没有传统中介,"在幻灭中,灵魂实现了对简单统一的基础——上帝的突破,从而以多样的形式经过爱走向与上帝的绝对无差别的统一。在这种情况下,没有中介,结尾反映了开始"①,这样的个体与上帝的直接结合,对于自诩为上帝在人间代言人的教廷来说,显然是一种直接的否定。在朱安·马林看来,"'幻灭主义'这一概念旨在净化伯格音的神学理论,他的这一概念相当于方济各会的'谦虚、贫穷和完美'。……诸如博雷特的'通过幻灭从美德(贞操)的束缚中解放出来'……这种'平民化(vulgar)'的言论,在13世纪的伯格音当中得到发展,成为一种诸如'深海和水'之类的隐喻,经常出现在当时的布道词之中"②。所以说,玛格丽特的写作特点不只是反映了女性作家的特点,更是一种传统基层信仰立场和价值观的继承与发展。在这里,女性不仅仅是一种具有生物属性的概念,更是男权社会中一个更彻底的革命者。只是这样的革命性还不能完全体现在现实行动中,而是体现在了思想里。

第四节 哈德维希的思想

哈德维希是另一位生活在13世纪的伯格音作家。她出生在今比利时的弗莱芒(Flemish),被认为是"最重要的倡导以'爱'为主题的神秘主义者"③。将其定义为神秘主义者,是因为她和玛格丽特一样,作品中有很多因为所为"幻境"而出现的场景。"有一次,在五旬节过后的一个星期天,可能是13世纪20年代的某一年,哈德维希觉得无法去教堂做弥撒。当她躺

---

① Wendy R. Terry、Robert Stauffer: *A Companion to Marguerite Porete and The Mirror of Simple Souls*, p. 47.

② Juan Marin: "Annihilation and Deification in Beguine Theology and Marguerite Porete's Mirror of Simple Soul", *The Harvard Theological Review*, Vol. 103, No. 1, Jan. 2010, p. 92.

③ Paul Mommaers: *Hadewijch*, *The Complete Works*, New York: Paulist Press, 1980, Preface, p. 8.

在自己房间的床上时，教士悄悄地把圣餐带给她。在接受了圣礼之后，她被深深地吸引到与基督的圣体合一这一现象中，然后突然发现自己就像在一片广阔的草地上，一位天使出现在那里，充当她的向导，向她解释生长在那里的树木的象征意义。在草地的中央，他们来到一棵树边，树根向上，树梢向下。这棵树有许多树枝，离地面最近的是信念和希望，这是灵魂开始的地方。天使对她说：'你爬上这棵树，从最下面爬到顶端，一直到那上帝的不可言表的深邃的根基！'哈德维希明白，神的知识之树始于信仰，终于爱。"[1] 这样的体验和价值观是典型的伯格音式的、幻想式的神秘体验，强调"爱"在信仰中的无法取代的作用。"芭芭拉·纽曼（Barbara Newman）将她描述为'mystique courtoise'，以表明她融合了新娘神秘主义和行吟诗人或宫廷诗歌的爱情元素"[2]。"爱"是这种神秘主义的主题，也是信仰中的重要因素，每个个体都可以通过"爱"回归到上帝身边，不需要任何中介。"其特点是有显著的女性化现象。如这个概念自身所示，'爱'（minnie）是个体与上帝的联盟，在现实同上帝的爱的关系建立的过程中，上帝让那些用爱与自己联系的人体现自己。这种爱的神秘主义最显著的特征是强烈的情感和欣喜若狂的状态。"[3] 她也鼓励她的听众和读者去"爱"。"哈德维希鼓励她的读者把自己献给爱，也就是上帝，并希望超越自己，成为他们所达到的目标：'有人愿意为爱服务吗，他将从她那里得到奖赏；如果他用爱的力量去爱，他很快就恋爱了。在爱情中徘徊是很甜蜜的，爱让我们沿着荒凉的道路前行……'。"[4]

此外，在她的作品中，也可以看到对谦卑等美德的重视。这也是传统修士和隐士强调的概念。而且，她最初在伯格音社区很可能承担教育任务，因此她的作品表达的并不是完全出世的、自我隔绝以静修的态度，而是有些类似新隐士的积极入世，以自己的价值观影响他人的姿态。"与孤立主义

---

[1] Paul Mommaers: *Hadewijch*, *The Complete Works*, New York: Paulist Press, 1980, Foreword, p. 6.

[2] Donald F. Duclow: "The Hungers of Hadewijch and Eckhart", *The Journal of Religion*, Vol. 80, No. 3, Jul., 2000, p. 422.

[3] Paul Mommaers: *Hadewijch*, *The Complete Works*, New York: Paulist Press, 1980, Preface, p. 9.

[4] Jessica A. Boon: "Trinitarian Love Mysticism: Ruusbroec, Hadewijch, and the Gendered Experience of theDivine", *Church History*, Vol. 72, No. 3, Sep., 2003, p. 490.

形成鲜明对比的是，哈德维希特别关注的一个领域是社区。在她的生命中体验上帝，她参与了一个爱的社区，从中她了解到她在这个世界上的位置，并看到年轻的伯格音人作为一个群体共同沉思"①。在与人相处的原则问题上，她再次诠释了"爱"的含义。在其作品集书信10第26页中，她说：

> 不是等待甜蜜，而是一种忠诚地为爱服务的方式。他们不贪图美味，只追求实效；他们只考虑到自己的手在做什么，而不想到报酬。他们把一切托付给爱，并因此变得更好……他们只寻求爱的意志，他们向爱恳求的唯一甜蜜，就是她能赐予他们一切她最亲爱的意志。②

在这段话中，"爱"是美德，是人与人交流中的原则。人们应通过这个实践原则指导人际关系，并追求信仰。"这不是为了追求美德本身的完美；我们在与基督，并在基督里与父的信心关系中寻求爱。"③ 这样的原则也是自我修行的方式。和此前的修士、隐士一样，伯格音的代表人物也非常强调个人道德修养。相传哈德维希曾因为提出的道德标准过高，因此遭到了组织内其他人的反对。道德的强调也并不是通过教条做出的直接规定，而是通过隐喻，通过核心概念，以一种文学形式提出的。"哈德维希还可以告诉我们如何逃离肤浅的生活，走向深层的灵性。诗9可以作为这个过程的一个例子。为了使其更容易理解，她在这里以隐喻的形式展示了她的指导，可以这样解释：卑鄙的人坚持以自我为中心的独立性；他连爱神的第一步都不敢迈出，更不用说让自己服从于神了。"④ 伯格音成员写作的另一个特点为直接且严厉地指出不符合道德之事。"卑鄙的人坚持以自我为中心"，这样的说辞在经济发展的时代，是很有针对性的。在阶级分化逐渐严重的社会，对共同信仰的追求，有时更能引起基层民众的共鸣。因此，哈德维希的纯粹信仰，在当时也许有了新的含义。"通过接受满足，一个灵魂可以到达至爱，但如果它被懒惰征服，它就宁愿给自己穿上自私的破烂衣服。我们应该不辞辛苦地穿上为上帝而做的美德的外衣。我们为此所受的苦难，

---

① Paul Mommaers：*Hadewijch*，*The Complete Works*，New York：Paulist Press，1980，p. 39.
② Paul Mommaers：*Hadewijch*，*The Complete Works*，New York：Paulist Press，1980，p. 40.
③ Paul Mommaers：*Hadewijch*，*The Complete Works*，New York：Paulist Press，1980，p. 40.
④ Paul Mommaers：*Hadewijch*，*The Complete Works*，New York：Paulist Press，1980，p. 40.

会使我们的行为在神面前显得华美和悦纳。通过在这苦难中坚持不懈，我们可以获得如此深的神之爱，我们将为被爱所征服而欢欣，并将进入神在道成肉身中充满爱的奥秘中。然而，错误的信心将损害这项事业的成功。我们必须提防自己的浅薄和无常；最重要的是，我们必须说服自己……"①

和之前的修士和隐士类似，哈德维希的教义同样有很多对比。她告诫人们什么是对的，什么是错的；她的立场也同样站在基层，并坚持以信仰为目标。她所说的错误的价值观似乎更针对世俗社会。她在作品中反映的听众的问题似乎不再是会被世俗同化，而是"世俗的繁华不再属于他们"的失落。在信仰的对立面，是"因为懒惰而穿上了自私衣服"的人们，而追求信仰的人一定"要受苦难"；但是只要坚持信仰，最后可以"在上帝面前穿上美德的外衣，获得神的爱"。这样的布道词，本身说明了当时听众所需要的东西，这是时代的特点；但是哈德维希的立场，则体现了基层信仰运动的传统。她的喻体很多，但是本体似乎较之从前的隐士更加明确，距离普通信众更近。

和传统的修士与隐士一样，哈德维希也对贫穷有直接的论述。不难想象，她的立场决定了她对贫穷的看法。"啊，我是多么穷困啊！甚至他曾经给我的，作为真正爱的果实的保证的东西，现在也作废了——在某种程度上，你很清楚。唉！上帝是我的见证，我恳切地承认他是我的主，并向他祈求给我的比他愿意给我的多一点。但是，如果他愿意把我培养起来，我将很高兴地接受他任何给我的东西。起初我很忧愁，所以有许多东西赐给我，我才肯领受。但现在我的命运就像他一样，有人开玩笑地把东西给他，当他想要拿起来的时候，就会被人打他的手，并告诉他：'上帝的愤怒，谁以为这是真的！'而他认为他拥有的东西却被夺走了。"② 这一段文字中的贫穷，并不只是经济上的贫穷。但是即使是个层面的贫穷，也并不值得沮丧，因为当年的耶稣也是如此，一无所有，受尽欺凌。和此前的基层运动成员一样，她号召追求耶稣的生活方式，返回基督教的原始状态，这同样和此前的修士与隐士们的号召相似。"因此，你们要保持警惕，不要让任何东西打扰你们……凡事都要行善，但不要贪图利益、祝福、诅咒、救恩、

---

① Paul Mommaers：*Hadewijch, The Complete Works*, New York：Paulist Press, 1980, p. 40.
② Paul Mommaers：*Hadewijch, The Complete Works*, New York：Paulist Press, 1980, p. 48.

殉难。但你所做的或没有得到的，都是为了爱的荣耀。如果你遵循了这样的原则，你很快就会东山再起。……对所有需要你的人要温顺、及时，在不贬低自己的前提下，尽可能地满足所有人。要与那喜乐的人一同喜乐，与那哭泣的人一同哭泣。"① 除了上述原则之外，这里还有和玛格丽特一样的一个特点，那就是自信。"在不贬低自己的前提下"，这是非常重要的一点。还有一点类似的，是前面提到的，强调"爱"的重要性。在玛格丽特的作品中，"理性"和"爱"有直接的对话，在哈德维希的作品中，在承认"爱"的情况下，也认为"理性"在"爱"之下。在"爱"面前，"理性"是不完美的。"理性深知，我们应当敬畏上帝，上帝是伟大的，人类是渺小的。但如果理性担心上帝的伟大，因为它渺小，它会无法支撑起来他的伟大，并开始怀疑它是否能成为上帝的最亲爱的孩子。可以认为，这是可预见的结果，即许多人是无法靠理性强大起来的。理性在这方面和许多其他方面都有错误。"②

哈德维希和玛格丽特一样是伯格音的重要作家。她们的思想很有时代特性，也体现了很强的传承性。她的哲学观和写作风格是当今学者们研究的重要问题，是伯格音成员留给后人的重要作品。

本章结论

伯格音成员的行为和作品可以很大程度上向我们反馈当时社会的一些现象和变化、她们所在的社会环境及她们的出身、立场，以及她们的思想特点。更重要的，她们是新时代基层信仰运动成员，这可能也决定了她们可以从什么样的传统中汲取养分。但是，如上所述，新的时代是一个教皇权力集中、西欧社会政治实体现实化的时代，基层民众逐渐被吸纳到不同的政治框架中，上层对基层的直接统治欲望也空前加强，想象中的基督教社会也逐渐被现实政治结构所解构。这种情况下，伯格音运动的生存环境是可想而知的。基督教世界不会再有法兰克时期的简单的、大一统的王国

---

① Paul Mommaers: *Hadewijch, The Complete Works*, New York: Paulist Press, 1980, p. 49.
② Paul Mommaers: *Hadewijch, The Complete Works*, New York: Paulist Press, 1980, p. 54.

与教皇合作、克吕尼时期教皇与修道院团结的情况，更不会出现隐士时期体制化教会与基层运动并行不悖、"相安无事"的状态。在政治实体化的时代，允许基层自由存在、发展的空间越来越小，社会的矛盾越发复杂，传统式的信仰生活方式也遇到了很大的挑战。基层民众之间，甚至修会之间的矛盾在新的环境中日益尖锐，这是同时期包括伯格音运动在内的基层信仰运动遇到的挑战。但是这还不是伯格音、托钵僧等运动遇到的全部挑战。此后，伯格音运动陷入低谷，其主要原因即环境的变化。但是，基层运动和信仰运动不止一次地呈现在我们面前，这一定程度说明这些运动很多时候是以隐性的方式存在的。伯格音运动并没有就此消失。这似乎也预示了，其承载、反映的社会问题也只是暂时以非显性的方式或者其他的方式存在。同时，如上所述，传统的问题仍然没有彻底解决：即使在理论上，如果伯格音运动取得了胜利，那么她们胜利的标志又是什么？这仍是一个无法回答的问题，修会运动的最终胜利，也是一个在现实中无法实现的愿望。即使没有正面的阻力，最终的结局很可能仍是"胜利即失败"。

结　　论

　　毋庸置疑，对于西方文明来说，基督教是一个非常重要的概念。如何去认识这一个宏观而变化着的概念，对我们认识西方文明来说，是至关重要的。总体来说，对于这样一个概念，要用简单概括的方式去认知是不可能的。但是，我们可以通过理解基督教历史中的代表性的存在去认知基督教这一概念的结构。本书拟将中世纪伯格音运动，放在西欧中世纪的基层基督教信仰运动这一历史大背景中去认识。如前文所述，和很多基督教历史上的重要现象、事件一样，伯格音运动也是一个有着多重特点的社会现象，如何定义，从什么角度去认识它，是一个关键。个人以为，"多为女性参与"这一特点，并不是这一现象的全部特征，因此，本书试图将其放在另一主体的历史中去认知。在中世纪西欧的基督教体系内，基层并不完全是符合现代的阶级特征的概念，在政教关系等背景下，基层有时是同上层世俗政权对立的、追求"信仰"的概念，有时又是指相对专业的追求信仰者。但无论他们的身份如何，这样的背景可以为我们勾勒出一条相对清晰的，与伯格音运动有关的历史线索。放在这一线索之中，这一运动的出现显得不是那么突然，运动本身似乎也不是非常的具有特殊性。

　　基督教自产生之日起，就不是一个一体性非常强的体系。作为一种上层建筑，基督教的形态和主要矛盾一直受着物质社会的影响。最初的基督教是边缘化人群中的民间信仰，此后与希腊文化结合，在希腊化犹太人的作用下，呈现普世性的姿态。最重要的是，其结构包含了地中海主流文化的成分。此后，基督教进一步在地中海范围内传播，2世纪基督教的问题，是如何适应多元的地中海世界中。在基督教合法化、成为主流意识形态之后，其主要问题是如何在这样多元的世界中建立起一套统一的教义。这一时期，基督教的地位经历了从下至上的变化，其自身的内容，从组织形式到教义，也都经历了比较大的改变。这也为此后西欧社会反复出现以返回最初为口号的基层运动，埋下了伏笔。

3世纪危机之后，西欧逐渐出现了独立于东部的趋势。3世纪危机造成的社会动荡让底层民众处于生存危机之中，传统的保护人制度成为底层的生存之道。这一时期，奴隶制度再度出现，很大程度上说明此时的底层对上层是依附关系，独立的基层价值观与运动并没有产生的条件。但是这一时期，动乱的社会给了基督教吸纳上层社会成分并进一步发展的机会。对世俗支持者的寻求，让这一时期的西欧社会出现了教权与王权并存的状态，理论上，教会独立成为可能。但是，即使这个时代，教会也仍然是一个概念，而不是一个物质性、结构化很强的组织。这也让西欧范围内，下一个时代，教会自然会产生阶级在内的各种维度的分化。在教皇与法兰克王权确立了合作关系之后，教会势力在形式上得到发展。但是，和古代末期的教会整体吸收了罗马社会的诸多因素一样，此时的教会也过多地吸收了诸多不同文化、不同性质、不同阶级等社会结构。例如，因为世俗动机加入教会者，诸如一些法兰克贵族等或许对教义的理解并不深刻，但是为了体现自己的合法化身份而成为"附庸风雅"者，也纷纷以信仰基督教或支持基督教者自居。这决定了条件允许时，上层教会由于种种原因也会整顿内部风气。法兰克时代之后，西欧基督教自下而上传播的时代逐渐到来，基层和其对立概念逐渐出现，基层运动体系与"他者"的概念逐渐清晰。

在法兰克王国解体后，教皇迎来了整合西部社会的机会。罗马帝国和法兰克王国给教皇留下来大量的修道院，在当时世俗势力矛盾的推动下，在西欧范围内出现了尊教皇为秩序中心的克吕尼运动。从教内的结构看，这应该是一次自下而上或说以教会影响世俗的整合。当然，克吕尼运动和后来的基层运动并不是完全相同的运动，但是从修道院的存在形式和这次运动中体现出的信仰原则来看，这次运动也有很多基层运动的重要要素。在克吕尼运动时期，西欧社会逐渐稳定，社会内部的阶级问题逐渐明显，这是决定基层信仰运动发展的直接条件。

在这种情况下，基层民众独立意识逐渐加强，而西欧社会的碎化、分散问题和教会的世俗化、上层化问题仍然存在——上层教会必然产生的经济、政治特权让他们逐渐世俗化，而世俗地方势力又有可能进一步导致世俗化的上层社会与有意坚持教会独立、保持"虔诚"的教皇势力之间离心离德。这是克吕尼时代的问题，也是此后西欧社会仍然存在的问题。此后，基层民众逐渐开始用自己的形式追求社会价值，逃避甚至反抗上层社会带来的世俗化等现实问题。在这样的情况下，新隐士等运动兴起。但是，基层民众也有着自身难以克服的问题，这样的运动往往也缺乏体制化之下，上层对组织和运动必要的规范化的指导。自发的形式、理想化的目标、分散的或说抽象化的组织形式，让基层运动很难最终"成功"。专业修士、隐士等总是想通过放弃权力的方式获得权力，这本身似乎就是一个悖论。中世纪西欧的社会结构，物质社会的不断变化，让教廷与上层教会与基层运动之间的关系若即若离，变化不定。总体来说，教皇在和世俗势力关系恶化且自身具有一定活动能力时，会通过拉拢基层修会等组织的方式抗衡世俗力量。教皇也一直需要基层运动和机构来传播自己的价值观，但是又不允许本不属于自己直接管辖的基层运动脱离自己的管理。在阶级逐渐成为具有决定性作用的要素、政治势力崛起的时代，基层运动和体制教会更加无法形成统一的信仰社会。整个天主教社会更无法通过基层信仰运动达到"在人世间实现信仰秩序"的目的。更重要的是，基层社会也始终面临着"成功即失败"的循环，没有办法摆脱这一宿命。天主教世界的上层和下层无法统一，本就抽象的理想更无法实现。最终，世俗势力崛起，整个传统的天主教世界之外的新教世界形成。

伯格音运动是一个比较典型的中世纪基督教运动，或说现象。就其本身而言，它是一个有着多重特征，轮廓模糊，又有着很强的时代特点的运动。但是将这样的一个个案放在整个基层信仰运动的历史中，结合运动本身的时代特性，这个运动的性质似乎可以清晰一些。在这个运动中，我们可以看到很多西欧此前传统的历史要素，从她们用民族语言写作、否定教皇权威等诉求中，结合其他基层运动的特点，我们也可以通过伯格音这样一个活动，看到西欧即将发生的历史事件，以及西欧历史未来的脉络。而在世俗势力占据了上风，新教产生以后，是否意味着基层信仰运动的历史结束了呢？从中世纪信仰运动的历史来看，似乎并不会如此。如同天主教信仰层面的追求无法完全在现实世界实现一样，同样诞生于西欧社会，但是站在天主教对立面的世俗势力也继承了此前天主教世界的诸多问题，也过于夸张地矫正了一些信仰问题。现代社会的形成并不意味着西欧信仰历史的结束，同样也不意味着基层信仰运动的终结。如上所述，基督教的历史伴随着上层与基层、专业与大众、信仰与现实、教会与世俗等多重矛盾的发展。这些矛盾相互作用，让我们看到了一个向前发展，又有一定周期、反复性的基督教的历史。也许像人们再度认识玛格丽特一样，不久后人们会重新审视现实中，以追求信仰为目的的基层运动；未来，这样的运动可能再度以另一种形式出现。

参考文献

中文参考文献

中文论文

曹为：《克吕尼运动的性质及其与格里高利改革的关系》，《学术探索》2014年第3期。

顾銮斋：《在王权与教权之间》，《文史哲》2019年第1期。

侯建新：《交融与创生：西欧文明的三个来源》，《世界历史》2011年第4期。

华晓露：《中世纪晚期欧洲伯格音运动及其衰落原因探究》，硕士学位论文，云南大学，2019年。

李建军：《试析中世纪晚期的伯格音运动》，《史学理论研究》2007年第3期。

李隆国：《从"罗马帝国衰亡"到"罗马世界转型"——晚期罗马史研究范式的转变》，《世界历史》2021年第3期。

李文丹：《〈贡赋册〉中的13世纪宗教史学》，"北京大学历史系"公众号，2021年12月27日推文。

刘林：《制造教皇权力》，《新史学》第十五辑，大象出版社2014年版。

孟凡青：《国外希腊化时期王后参政现象研究综述》，《外国问题研究》2017年第3期。

孟凡青：《希腊化王国的女主政治现象》，《外国问题研究》2012年第4期。

孟凡青：《亚历山大帝国分裂的原因探析》，《西南大学学报》2014年第5期。

张婷：《13—14世纪尼德兰南部伯格音运动探析》，硕士学位论文，华东师范大学，2008年。

张小晶：《欧洲中世纪伯格音运动探析》，硕士学位论文，东北师范大学，2011年。

张一哲、吴冰冰：《毁坏圣像运动的起因：以伊斯兰政权和拜占庭帝国关系为视角》，《阿拉伯世界研究》2017年第7期。

朱君杙：《"欧洲"还是"罗马"——基于历史文献对于法兰克人"欧洲"认同意识形成的探讨》，《西部史学》2019年第1期。

朱孝远：《欧洲文明的文化内涵》，《光明日报》2014年6月25日第015版。

中文著作（含译著）

郭方、刘诚、施诚等：《中古时期的基督教与民族》，江西人民出版社2012年版。

郭建淮：《中世纪的圣战者：圣殿骑士团》，吉林人民出版社2011年版。

王晓朝：《罗马帝国文化转型论》，上海世纪出版集团2017年版。

王亚平：《权力之争——中世纪西欧的君权与教权》，东方出版社1995年版。

王亚平：《修道院的变迁》，东方出版社1998年版。

杨真：《基督教史纲》（上册），生活·读书·新知三联书店1979年版。

张新刚：《友爱的共同体》，北京大学出版社2020年版。

［法］安·比尔基埃等：《家庭史，第一卷：遥远的世界，古老的世界·上卷》，袁树仁译，生活·读书·新知三联书店1998年版。

［英］保罗·福拉克主编：《新编剑桥中世纪史》第一卷，徐家岭等译，中国社会科学出版社2021年版。

［美］彼得·布朗：《穿过针眼：财富、西罗马帝国的衰亡和基督教会的形成，350—550年》，刘寅、包倩怡等译，社会科学文献出版社2021年版。

［美］彼得·布朗：《〈廷臣〉的命运：一部文艺复兴时期经典著作的欧洲之旅》，闵凡祥译，北京大学出版社2023年版。

［美］彼得·布朗：《古代晚期的权力与劝诫》，王晨译，生活·读书·新知三联书店 2020 年版。

［英］彼得·希瑟：《帝国与蛮族》，任颂华译，中信出版社 2020 年版。

［英］大卫·勒斯科姆、乔纳森·赖利–史密斯主编：《新编剑桥中世纪史》第四卷第二分册，陈志强等译，中国社会科学出版社 2021 年版。

［美］哈罗德·J. 伯尔曼：《法律与革命》第一卷，贺卫方、高鸿钧、张志铭等译，法律出版社 2008 年版。

［比］亨利·皮朗：《穆罕默德和查理曼》，王晋新译，商务印书馆 2021 年版。

［美］克里斯·威克姆：《罗马帝国的遗产》，余乐译，中信出版集团 2019 年版。

［俄］列宁：《社会主义和宗教》，《列宁全集》（第 12 卷），人民出版社 2017 年版。

［法］列维-斯特劳斯：《忧郁的热带》，王志明译，中国人民大学出版社 2009 年版。

［美］刘易斯·芒福德：《城市发展史》，宋俊岭、倪文彦译，中国建筑工业出版社 2005 年版。

［意］路易吉·萨尔瓦托雷利：《意大利简史》，沈珩、祝本雄译，中国出版集团、商务印书馆 2013 年版。

［法］米歇尔·福柯：《惩罚的社会——法兰西学院演讲系列》，陈雪杰译，上海人民出版社 2016 年版。

［罗马尼亚］米尔恰·伊利亚德：《神圣与世俗》，王建光译，华夏出版社 2002 年版。

［法］涂尔干：《宗教生活的基本形式》，渠东、汲喆译，上海人民出版社 1999 年版。

［英］M. M. 波斯坦、H. J. 哈巴库克主编：《剑桥欧洲经济史》，王春法等译，经济科学出版社 2003 年版。

［法］欧内斯特·勒南：《耶稣传》，梁工译，商务印书馆 2021 年版。

［英］乔纳森·赖利-史密斯：《十字军史》，欧阳敏译，商务印书馆 2016 年版。

［法］乔治·杜比：《大教堂时代》，顾晓燕译，南京大学出版社 2022 年版。

［以色列］苏拉密斯·萨哈：《第四等级：欧洲中世纪妇女史》，林英译，广东人民出版社2003年版。

［美］汤普逊：《中世纪经济社会史》上册，耿淡如译，商务印书馆1997年版。

［英］提姆西·路特主编：《新编剑桥中世纪史》第三卷，顾銮斋等译，中国社会科学出版社2021年版。

［美］沃格林：《政治观念史稿·卷二·中世纪（至阿奎那）》，叶颖译，华东师范大学出版社2009年版。

［法］雅克·勒高夫：《试谈另一个中世纪》，周莽译，商务印书馆2014年版。

［法］雅克·勒高夫：《阿西西的圣方济各》，栾颖新译，商务印书馆2022年版。

［法］雅克·勒高夫：《炼狱的诞生》，商务印书馆2022年版。

［意］亚历桑德罗·巴尔贝罗：《欧洲之父查理大帝》，赵象察译，民主与建设出版社2021年版。

英文参考文献

英文论文

Catherine M. Bothe：" Writing as Mirror in the Work of Marguerite Porete ", *Mystics Quarterly*, Vol. 20, No. 3, September 1994.

David Keep: " Cutural Confilicts in the Missions of Saint Bonsface ", *Studies in the Church history*, Vol. 80, 1982.

Donald F. Duclow: " The Hungers of Hadewijch and Eckhart ", *The Journal of Religion*, Vol. 80, No. 3, Jul. 2000.

Haydon V. White: " Pontius of Cluny, the 'Cursa Romana' and the end of Gregorianism in Rome ", Church History, Sep., 1958Jessica A. Boon, " Trinitarian Love Mysticism: Ruusbroec, Hadewijch, and the Gendered Experience of the Divine ", *Church History*, Vol. 72, No. 3, Sep. 2003.

Juan Marin, "Annihilation and Deification in Beguine Theology and Marguerite Porete's Mirror of Simple Soul", *The Harvard Theological Review*, Vol. 103, No. 1, Jan. 2010.

L. M. Smith, "Cluny and Gregory VII", *The English Historical Review*, Jan. 1911.

Robert D. Cottrell, "Marguerite Porete's Heretical Discourse; or, Deviating from the Model", *Modern Language Studies*, Vol. 21, No. 1, Winter, 1991.

Rose Graham, "The Relation of Cluny to Some other Movements of Monastic Reform", *The Journal of Theological Studies*, Jan. 1914.

Steve Mason, "*Jews, Judaeans, Judaizing, Judaism*: Problems of Categorization in Ancient History", Journal for the Study of Judaism, Vol. 38, 2007.

英文著作

Adam J. Goldwyn: *Byzantine Ecocriticism Women, Nature, and Power in the Medieval Greek Romance*, Cham, Switzerland: Palgrave Macmillan, 2018.

Andrew Jotischky: *A Hermit's Cookbook*, Aucklandz: Continuum International Publishing Group, 2011.

Bachrach, Bernard S. Liber: *Historiae Francorum*, Coronado Press, 1973.

Bruce L. Venarde: *Women's Monasticism and Medieval Society – Nunneries in France and England, 890–1215*, Ithaca and London: Cornell University Press, 1997.

Caroline Walker Bynum: *Holy Feast and Fast*, Los Angeles, University of California Press, 1987.

David Brakke: *Athanasius and the Politics of Asceticism*, Oxford: Clarendon Press, 1995.

David Burr: *The Spiritual Franciscans–From Protest to Persecution in the Century After Saint Francis*, Pennsylvania: The Pennsylvania State University Press, 2001.

David Rollason: *Early Medieval Europe 300–1050 The Birth of Western Society*, New York: Routledge, 2012.

Ernest McDonnell: *The Beguines and Beghards in Medieval Culture*, New Brunswick New Jersey: Rutgers University Press, 2002.

Fiona Bowie: *Beguine Spirituality*, translated by Oliver Davies, New York: Crossroad, 1990.

Giacomo Todeschini: *Franciscan Wealth from Voluntary Poverty to Market Society*, New York, The Franciscan Institute, Saint Bonaventure University, 2009.

Georges Duby: *Guerriers et paysans VIIe–XHe siecle: premier essor de Veconomie europeenne*, translated by Howard B. Clarke, New York: Cornell University Press, 1974.

Herbert Grundmann: *Religious Movements in the Middle Ages*, Indiana: University of Notre Dame press, 2005.

Henrietta Leyser: *Hermits and the new Monasticism*, London: Macmillan Press, 1984.

Jacques Le Goff: *Time, Work and Culture in the Middle Ages*, translated by A. Goldhammer, Chicago: Chicago University Press, 1980.

Joan Mueller: *The Privilege of Poverty–Clare of Assisi, Agnes of Prague, and the Struggle for a Franciscan Rule for Women*, Pennsylvania: The Pennsylvania State University Press, 2006.

Jonathan Z. Smith: *Religion, Religions, Religious, Critical Terms for Religious Studies*, Chicago: University of Chicago Press, 1998.

Judith Bennett and Ruth Karras: *The Oxford Handbook of Women and Gender in Medieval Europe*, Oxford: Oxford University Press, 2013.

Marios Costambeys, Matthew Innes, Simom Maclean: *The Carolingian World*, New York: Cambridge University Press, 2012.

Michael Robson: *The Franciscans in the Middle Age*, Chippenham: The Boydell Press, 2006.

Miri Rubin、Walter Simons: *The Cambridge history of Christianity IV: Christianity in Western Europe c. 1100 – c. 1500*, New York: Cambridge University Press, 2009.

Noreen Hunt: *Cluniac Monasticism in the Central Middle Ages*, London and Basingstoke: The Manmillan Press LTD, 1971.

Paul Mommaers: *Hadewijch, The Complete Works*, New York: Paulist Press, 1980.

Pierre Bonnassie: *From Slavery to Feudalism in Southwestern Europe*, translated by Jean Birrell, New York: Cambridge University Press, 2009.

Owen Chadwick: *Western Asceticism*, Kentucky: Westminster John Knox Press, 2006.

Richard Finn: *Asceticism in the Graeco-Roman World*, Cambridge: Cambridge University Press, 2010.

Sally J. Cornelison: Nirit Ben-Aryeh Debby, and Peter Howard: *Mendicant Cultures in the Medieval and Early Modern World Word, Deed, and Image*, Turnhout: Brepols, 2016.

Scott G. Bruce: *Silence and Sign Language in Medieval Monasticism-The Cluniac Tradition c. 900-1200*, New York: Cambridge University Press, 2007.

Steven J. McMichael: *The English Province of the Franciscans (1224-c. 1350)*, Leiden: Brill, 2017.

Thomas F. X. Nobel: *From Roman Provinces to Medieval Kingdoms*, New York: Routledge, 2006.

Thomas F. X. Noble and Julia M. H. Smith: *The Cambridge History of Christianity, Early Medieval Christianities c. 600-c. 1100*, New York: Cambridge University Press, 2008.

Ulrike Wiethaus: *Agnes Blannbekin, Viennese Beguine: Life and Revelations*, New York: BOYE6, 2012.

Wendy R. Terry, Robert Stauffer: *A Companion to Marguerite Porete and The Mirror of Simple Souls*, Leiden: Brill, 2017.

St Francis's Rule, c. 1.

The Catholic Encyclopedia. New York: Robert Appleton Company, 1912.